신토피컬 논술의 원리와 실제 2

저자 소개 ●●●●●●●●●●●●●●●●●●●●●●●●●●●●●●●●●●

류수열

서울대학교 국어교육과 및 동 대학원 졸업, 국어교육학박사
현재 전주대학교 국어교육과 교수
주요논저 『읽기교육과 글쓰기교육에 대한 통합적 접근』, 『명쾌한 디지로그 글쓰기(공저)』

송영주

전북대학교 국어교육과 및 동 대학원 졸업, 문학박사
군산대학교, 한국방송통신대학교 강사
현재 전북대학교사범대학부설고등학교 교사
주요논저 『발화의 시간의미 연구』, 『담화분석(역)』

장미영

전북대학교 국어국문학과 및 동 대학원 졸업, 문학박사
전북대학교 전라문화연구소 전임연구원
현재 전주대학교 객원교수
주요논저 『창의적 발상과 문화콘텐츠 작법(공저)』, 『디지털시대의 글쓰기Ⅰ, Ⅱ(공저)』

신토피컬 논술의 원리와 실제 2

초판1쇄 인쇄 2006년 6월 1일 | **초판1쇄 발행** 2006년 6월 7일
지은이 류수열·송영주·장미영 | **펴낸이** 최종숙 | **편집** 이은희·공혜정 | **펴낸곳** 도서출판 글누림
등록 제303-2005-000038호(등록일 2005년 10월 5일)
주소 서울 성동구 성수2가 3동 301-80 (주)지시코 별관 3층
전화 3409-2055 | **팩스** 3409-2059 | **이메일** nurim3888@hanmail.net
ISBN 89-91990-25-8 53370
　　　89-91990-23-1 (세트)

정가 10,000원
* 잘못된 책은 교환해 드립니다.

신토피컬 논술의 원리와 실제 2

류수열 · 송영주 · 장미영

Syntopical Essay Art

교재 구성 일람표

표제명	단원	논술 기법	쓸거리 주제
신토피컬 논술의 원리와 실제 1	제1장	논술과 논술 고사	생태계와 세계관
	제2장	논제 분석의 중요성과 방법	경제와 인간
	제3장	제시문 읽을 때의 주의점	교육 대중화와 민주주의
	제4장	글의 주제와 주제문 작성	더불어 사는 삶
	제5장	개요 작성과 글의 분량 안배	효의 윤리
신토피컬 논술의 원리와 실제 2	제6장	서론 쓰기의 방법	이름의 의미와 가치
	제7장	단어의 정확한 개념 인지와 주술 호응관계	전통의 미덕과 한계
	제8장	결론과 마지막 문장	역사 해석의 시각과 태도
	제9장	정서(正書, 淨書) 습관의 중요성	배움의 가치
	제10장	첨삭 지도의 중요성	문명과 환경 위기

　　논술이란 자신의 주장을 다른 사람에게 납득시키기 위해서 쓰는 글이다. 논술의 대상은 마땅히 답을 찾기 어려운 문제이거나, 쉽게 결론을 내릴 수 없어 끊임없이 해결이 미루어지고 있는 근원적인 질문이거나, 참과 거짓이 아직 확정되지 않아 논의 중에 있는 논쟁거리들이다. 논술의 핵심은 자신의 주장이 분명하여 주제가 명확하게 드러나는 것이다.

　　자신의 주장을 확고히 하기 위해서는 해결해야 할 논제의 어떤 한 측면에 특별히 초점을 맞추어야 한다. 이럴 수도 있고 저럴 수도 있다는 양다리 걸치기식의 모호한 태도로는 자신의 주장을 설득력 있게 내세울 수 없다.

　　논제를 보는 안목은 논술자의 세계관, 즉 인간관, 자연관, 역사관, 사회관, 경제관, 교육관 등에 따라 달라진다. 어떤 정보나 사실의 나열은 논술이 아니다. 논술은 논제에 대한 논술자의 주장을 풍부한 논거로서 입증하는 것이다. 논거는 인류 보편적인 사실이나 객관적인 지식, 권위 있는 의견 등을 들어 논술자의 주장이 왜 정당한지를 뒷받침하는 글이다.

　　글을 쓸 때는 효율적인 체계와 조직을 짜서 자신의 생각을 독자에게 잘 드러날 수 있게 구조화시켜야 한다. 누구든 글을 쓰고자 하는 사람은 글을 통해 나타내고자 하는 중심 생각이 있기 마련이나, 막상 써진 글을 보고 만족할 만큼 자신의 생각이 잘 표현되었다고 느끼는 사람은 많지 않을 것이다. 더구나 논술문은 주어진 논제와 제시된 방식에 의해 자신의 생각을 효율적으로 엮어야 하기 때문에, 일반적인 생각을 담은 글쓰기와는 그 난이도가 판이하게 구별되는 면이 있다.

이 책이 표방하고 있는 신토피컬 논술이란 곧 이 책의 특징이자 장점이기도 하다. 신토피컬 논술이란 하나의 논쟁거리에 대해 두 종 이상의 자료를 점검하여 변증법적 객관성을 획득하는 데 목적을 둔다. 논술자의 주장이 절대의 객관성과 공정성을 확보하기 위해서는 논쟁거리와 밀접한 관련이 있는 자료를 찾아 분석하는, 즉 논쟁거리 자체에 대한 명확한 개념 파악이 선행되어야 한다. 논술자는 자신이 세운 논점을 미리 정리해 두되, 선행 논술자들의 논점을 분석해가며 그것들이 자신의 논점과 어떻게 관련되는지 주의해서 살펴야 한다. 그래야 논술자는 논쟁거리에 대한 다각도의 다면적인 통찰력과 깊은 이해력에 바탕을 둔 창의적이고 개성이 넘치는 논술문을 써낼 수 있다.

각 장의 맨 앞부분에 있는 <논술 기법>난은 실제 논술문을 쓰고자 하는 학습자를 위해 실전 논술에 필요한 정보와 구체적인 기법을 제시하고 있다. <읽을거리>난은 논쟁거리가 될 만한 논제와 관련해서 권위 있는 문헌들 중 참고할만한 내용을 수록했다. <논술 실전>난은 논쟁거리가 될 만한 논제를 두 종류의 제시문과 함께 제공한 뒤 '논술 해결의 길잡이'를 통해 논제를 파악하고 제시문을 파악하는 실제 사례를 소개하고 '해결과정 생각하기', '주제문 작성', '주제어 찾기', '개요 작성' 등을 거쳐 모범 답안과 함께 그에 대한 강평까지를 예시해 놓았다. <개념 심화>난은 논제나 논점과 관련된 주요 용어의 개념을 잘 파악할 수 있도록 선행 연구들을 비교와 대조의 방법으로 일목요연하게 정리해 놓은 부분이다.

우리 필진들은 그동안 고등학교, 대학교, 대학원 등의 학교 현장과 교사연수 프로그램을 통해서 비판적 글쓰기, 논리적 글쓰기, 예술적 글쓰기 등을 지도해 왔다.

최근에는 특별히 논술을 가르치면서 이론적인 설명과 실제를 곁들여 지도하고 있다. 그런데 역시 글쓰기 교육이라는 것은 만만치 않다는 것을 실감한다. 이러한 상황에서 우리 필진들은 체계적이면서도 자기주도적인 학습에 실제적인 도움을 주는 교재의 필요성을 절감하게 되었다. 논제를 소화해내기 위한 배경 지식과 짧기는 하지만 내용 이해에 주의를 요하는 논제의 분석, 제시문의 이해와 소화 방법, 머릿속으로 구상된 내용의 전개 방식, 그리고 이왕이면 생동감이 있으면서도 인상이 강한 표현 및 마무리까지 제대로 체계화시킨 교재가 절실하게 필요했던 것이다.

이런 이유에서 우리 필진들은 뜻을 같이하게 되었고 어언 2년 동안 매주 만나서 함께 고민하고 토론하고 원고를 썼다. 논의에 논의를 거듭하고 수정에 수정을 거듭하면서 어느 덧 우리들의 원고는 책의 모양새를 갖추게 되었다. 우리는 뜻을 같이하게 된 시간에 대해 서로가 서로에게 감사한다. 처음 이 책을 준비할 때 막막하기만 했던 심정이 떠오른다. 머리로 구상할 때는 그럴 듯하게 느껴졌던 생각들이 막상 글로 표현되었을 때는 전혀 다른 글이 되어 당황했던 시간들도 많았다. 각자 생각이 다르고 안목이 다르고 각기 일하는 방식이 판이하게 다른 필진들끼리 의견을 조율해내고 일하는 스타일을 조정하고 만나는 시간을 맞추는 일은 원고 쓰는 것만큼이나 무척 힘든 일 중의 하나였다. 이 작업을 하면서 우리들은 서로 상대방의 감정을 배려하고 의견을 수용하고 시간의 편의를 고려하면서도 각자의 개성을 살릴 수 있는 공동작업의 효율적인 기법을 체득하는 쾌거를 올리게 되었다.

이 책은 류수열 교수님의 논술에 대한 오랫동안의 고민과 이미 준비된 원고로부터 시작되었다. Reading & Writing Center를 책임지고 있는 류 교수님과 함께 대학생들의 논리적 글쓰기 지도 방안을 모색하던 중 우리는 뜻밖에 영재 중심 고등학교와 일반 인문계 고등학교로부터 논술특강 의뢰를 받게 되었다. 이러저러한 경험을 가진 후에 우리는 일선에서 논술을 지도하시는 중등학교 선생님들을 대상으로 하는 교원연수까지를 기획하게 되었다. 그 가운데 중등학교에서 직접 논술을 지도하시는 송영주 선생님과 인연이 되어 같이 일을 하는 동료로 만나게 된 것은 커다란 행운이었다. 송영주 선생님 덕분에 우리는 이 작업에 박차를 가할 수 있었기 때문이다. 다음은 오랜 시간 대학과 고등학교에서 학생들을 지도해 온 송영주 선생님의 글이다.

이 책의 만족스런 구성을 위해 첨삭 원고를 만들 수 있도록 예시답안을 써 준 제자들에게 이 지면을 빌어 고마움을 전한다. 이들은 가르치는 대로 열심히 따라 주고 우리들의 논술지도에 각별히 고마워한 학생들이다. 그리고 이들은 거듭 논술문을 실제로 써 보면서 글쓰는 능력이 향상되는 것을 보여줌으로써 우리 필진들을 기쁘게 해주었다. 학교생활에 더하여 하고 싶은 연구에 몰두할 수 있게 도와 준 남편과, 한창 손이 필요한 나이에도 엄마가 하는 일에 무언의 도움을 주는 속 깊은 딸 은설과 은빈 그리고 아들 윤상이에게도 특히 고마움을 전하고 싶다.

세 사람이 겪은 논술지도 현장의 다양한 체험은 논술에 대한 필진들의 안목을 넓히는 데 좋은 기반이 되었다. 우리 필진들은 Future Korea를 위해 Brain Korea를 조성하는 데 작은 힘이나마 보탤 수 있기를 소망한다.

여러 가지 논술 지도 경험을 갖게 해 주신 전주대학교 김승종 교수님, 전주상산고등학교 이현구 교장선생님, 전주영생고등학교 전봉권 교장선생님께 감사를 드린다. 밤늦게까지 작업할 수 있도록 쾌적하고 넓은 공간을 마련해 준 전주대학교에도 깊은 감사를 드린다. 애써 컴퓨터를 구해주고 소파며 테이블이며 커피탁자까지를 갖출 수 있도록 힘써 주신 류수열 교수님과 최경호 교수님의 배려는 각별하게 기억될 것이다. 바쁘게 돌아가는 학교의 숨가쁜 상황에서도 칼같이 시간을 지키고 꼼꼼하게 작업을 수행하신 송영주 선생님의 노고에는 감사와 함께 경의를 표하고 싶다. 서울에 있는 출판사까지 직접 교정을 보러다니는 전주에 사는 필진들을 위해 매번 고속버스터미널까지 마중을 나와 준 글누림 출판사의 최종숙 사장님의 열성은 말로 다할 수 없다. 거친 원고를 예쁘게 만들어 주신 글누림의 이은희, 공혜정 님의 수고가 없었더라면 이 책은 빛을 보지 못했을 것이다. 이제 이 책을 계기로 알게 된 우리 모두의 만남은 아름답고 흐뭇한 추억이 되었다. 책을 출판하고 보니 부족함과 아쉬움이 더 또렷하게 도드라져 보인다. 미래의 언젠가는 오늘의 부족함을 채우고 현재의 아쉬움을 충만함으로 바꿀 수 있기를 희망한다.

예향의 도시 전주에서
2006년 초여름의 싱그러운 냄새를 음미하며.
필진을 대신하여 장미영 적음

Contents_ 제2권

Contents_제1권

이름의 의미와 가치

 **논술 기법**

☺ 서론 쓰기의 방법

　서론 쓰기는 논제에 따라 이미 구상된 내용을 집필하는 단계이다. 주어진 시간에 글을 구상하는 것도 대단히 어렵지만 그것을 직접 글로 적어내려가기 시작하는 이 단계는 적잖은 부담과 어려움을 동반하는 것이 사실이다. 그런 만큼 이 서론 쓰기는 매우 중요하기도 하다. 왜냐하면 일단 원고지에 글을 쓰기 시작하면 써 내려가는 흐름대로 글이 이어지고 실제적인 글의 내용이 완성되기 때문이다. 경우에 따라서는 글이 진행되면서도 이것은 자신이 쓰고자 하는 방향이 아닌데 하는 생각이 드는 경우도 있다. 우리는 이러한 잘못을 저지르지 않기 위해 개요의 중요성을 이미 공부한 바 있다. 이러한 우려는 탄탄하고 적정량이 안배된 개요를 옆에 두고 보아가며 글을 전개함으로써 극복할 수 있으리라 믿는다.

서론을 쓸 때 가장 어려운 점의 하나는 어떤 내용으로 시작할 것인가 그리고 첫 문장을 어떻게 시작할 것인가가 될 것이다. 첫 문장과 서론의 내용 전개만 끝 나면 본론부터는 실제적인 글의 내용을 전개하면 되기 때문에 상대적으로 글을 써 가는 사람의 입장에서는 글의 시작인 서론 쓰기가 정말로 어려울 수밖에 없다. 그 러나 아무렇게나 써서는 정말 안 된다. 따라서 논술문을 연습하거나 훈련을 할 때 는 서론 쓰기의 실제가 다른 어떤 것보다도 많이 실습되어야 할 것으로 생각한다. 실습뿐만 아니라 실제 서론 쓰기의 다양한 예시와 고친 사례 등을 면밀한 눈으로 고찰하여 살피면서 자기 학습을 해야 할 것이다.

그러면 서론은 어떤 내용으로 어떻게 꾸며야 할까? 일반적인 논설문을 쓸 때와 논술 고사에서의 논술문을 쓰는 방식은 약간 차이가 있다. 논설문의 경우는 자신 이 쓰고자 하는 문제 현상에 대하여 자신의 목소리를 설득력 있게 전개하면 되기 때문에 글을 전개하는 내용이나 유형이 비교적 넓고 자유로워서, 예화를 삽입하여 독자를 부드럽게 자신의 주제에 접근시키거나, 문제의 상황을 제시하여 자신의 의 견에 맥락을 같이할 수 있도록 끌어당기는 등 그 방법이 다양할 수 있다. 그리고 그 끌어낭심의 내용 분량도 비교적 지유룝디.(경우에 따라서 2개 단락 가능) 그러 나 논술 고사에서는 전체 논술문의 분량이 구체적인 글자수로 제한되어 있고(이 글자수는 반드시 지켜야 함), 논지에서 다루어야 하는 글의 범위와 구체적인 내용 자료도 이미 제시문에서 주어진 상태이기 때문에 실제 글을 전개할 때는 내용상의 군더더기가 없이 압축된 느낌이 있어야 한다. 따라서 논술문에서의 서론의 분량은 한 단락이면 족하고 그 분량도 전체 글의 1/6을 넘지 말라는 충고도 있다.

짧은 분량의 서론 쓰기이지만 이 부분에서는 서론으로서의 기능과 특성이 제대 로 살아있어야 한다. 서론에는 '시작하기 - 문제제기(논지암시) - 글의 방향 및 전개 방식'이 꼭 드러나 있어야 한다.

먼저 '시작하기'는 도입적 성격인데 긴장감과 글의 분량을 의식해 다짜고짜 문제제기적인 성격의 내용을 전개할 수 없다는 것에 주의를 해야 한다. 곧바로 핵심 내용을 전개하거나 문제제기를 하면 누가 보아도 글이 전체적인 균형이 없고 성급한 글을 쓴 것으로 판단하게 된다. 도입적 성격의 '시작하기'로 적절한 내용의 예는 다음과 같다.

1. 몇 년 전 '국민학교'라는 이름을 '초등학교'로 개명한 일이 있었다.
2. '최고의 쾌락이 곧 최고의 선'이라는 표어는 헬레니즘 에피쿠로스 사상을 대변해 주는 말이다.
3. 유사 이래 인간 사회는 개인과 집단 사이의 조화 문제에 골몰해왔다.

다음으로 중요한 것은, 서론에서는 반드시 '문제제기' 또는 '논지암시'의 성격이 드러나야 한다는 것이다. 사실은 내용적으로 이 점이 서론에서의 핵심이다. 그러나 이 내용을 무작정 드러낼 수가 없어서 형식적인 안정감과 순리를 살려 '시작하기' 부분으로 출발한다. 따라서 '문제제기'의 성격이 없으면 서론의 글이 없는 것과 같다. 중요한 것은 이 내용은 곧 논술문의 주제적 내용과 통해야 하며 결론과 맥락을 같이한다는 데 있다. 글을 쓰는 사람은 이미 논제와 제시문을 충분히 읽고 자기 논술문의 전개 방향과 논지를 분명히 한 상태이기 때문에 서론에서는 이 논지를 효과적으로 잘 살리기 위한 형태적 글쓰기를 갖추어야 한다. 따라서 글의 내용 전개면에서 본다면 서론의 문제제기와 결론의 분명한 논지는 구조적으로 균형감이 잘 살아나야 한다. 그렇다고 서론에서 결론적인 인상을 강하게 제시할 필요는 없다. 다만 결론과의 연결이 자연스러운 문제제기의 성격이 가장 좋은 것이다. 이러한 글의 내용을 만들어내기 위해서는 문제와 방향을 자신이 내린 결론적 사고를 토대로 바라보아야 하며, 그래야 글의 전개 내용이 흔들림이 없이 진행될 수 있다. 서론의 '시작하기'를 어떤 내용으로 출발할까 하는 고민도 자신의 결론적 사고를 바탕으로 접근하려는 준비가 되면 매우 적절한 문장이 개괄적인 내용으로 선택될 수 있을 것이며 '문제제기'의 글도 결론이 아닌 결론과의 관련성을 암시하는 내용으로 잘 선택될 수 있을 것이다.

짧은 서론이지만 서론에서 담아야 하는 마지막 내용은 '글의 방향과 전개 방식'을 간략하게 제시하는 것이다. 이 부분은 지나치게 경직되어 드러날 필요는 없고 명시화될 필요도 없다. 이 부분이 마치 공식처럼 드러나 버리면 글이 논문식으로 인상지어지면서 너무 판에 박은 듯한 느낌을 주어 오히려 신선한 맛을 감하거나 딱딱해 질 수도 있다. 그러나 적어도 전개할 글의 방향은 드러나는 것이 좋다. 다음 예를 보자.

> ......
>
> 그런데 각각의 문화가 지향하는 가치나 의식은 모두 같을 수는 없기 때문에, 서로 오해하게 되고, 결국은 갈등하게 된다. 그러한 갈등은 더욱 성숙한 문화를 이루어가는 하나의 절차가 될 수도 있지만, 경우에 따라서는 대책 없는 혼란만을 불러일으킬 수도 있다.

이 부분은 서론의 마지막 부분으로서 경식되지 않고 글의 흐름을 자연스럽게 자신의 논리 방향으로 이끌어주고 있다. 이렇게 되면 본론에서 다루어질 내용도 암시되지만 무엇보다도 귀결될 결론의 내용이 미리 암시되기도 하여 전체적인 글 내용의 구조적 균형감을 살릴 수 있다.

이 밖에 논술문의 서론 쓰기 단계에서 고민해야 할 것은 적절한 내용과 구성은 물론이거니와 이 부분이 완성되었다고 한다면 채점자에게 강한 인상을 줄 수 있는 문장을 쓰는 것이 또한 고민해 보아야 할 부분이다. 격식에 맞는 서론 쓰기에 참신한 발상이나 비유, 적절한 단어 선택이나 표현 등이 곁들여지면 그야말로 금상첨화일 수 있다. 어디까지나 우리가 지향하는 논술문은 평가 대상이고 그 평가는 상대적인 속성을 벗어날 수 없기 때문이다. 예를 들어 최근의 화제, 속담, 명언의 이용, 주제와 대립된 주장이나 의문형의 출발, 주제와 관련된 사례 언급 등을 고려해 볼 만하다. 그러나 너무 진부하거나 상투화된 표현은 또 감점이 될 수도 있으므로 이런 부분은 걸러내야 한다. 글은 상황이나 맥락에 적절하면서도 참신하게 전개되면 가장 좋다. 이제 '서론 쓰기'의 한 예를 참고로 그 실례를 확인해 보자.

〈논제〉

다음의 (가)에서는 현실의 고통과 이를 극복하고자 하는 의지가 표현되어 있다. 글 (나)에 나타난 세계화에 대한 설명을 참조하여 (가) 시(詩)의 화자가 처해 있는 상황과 그가 바라는 이상이 정당한지를 평가하고, 이를 토대로 한국인으로서 세계화에 대하여 가져야 할 바람직한 관점을 제시하시오.

〈서론〉

㉠ 21세기는 전 세계가 글로벌화 되어 있다는 것을 주요 특징으로 하고 있으며, 이는 인터넷이 대중화됨으로써 더더욱 중요한 특질이 되었다. 이러한 사회는 문화, 사회, 인력 등 모든 것들이 지역적인 한계를 넘어 서로 연결되어 있으며 상호간에 강한 영향을 미치고 있다. 이러한 사회 변화는 이른바 '세계화'라는 화두로 우리에게 다가서고 있으며, 세계화를 위한 온갖 변화는 우리 생활 도처에서 일어나고 있다. ㉡ 그렇지만 세계화 경향 그 자체가 정당한지 아닌지의 여부를 가리기는 어렵다. 그것은 마치 칼이 의사의 손에 쥐어질 때와 강도의 손에 쥐어질 때 용도가 달라지는 것과 마찬가지이다. ㉢ 따라서 세계화의 경향을 인정하고 이를 추진하되, 어떠한 방향으로 이끌어갈 것인가 하는 문제가 관건이라 할 수 있다. ……

〈결론〉

　세계화는 우리가 세계의 보편 문화 속에 들어가는 일방적인 것이 아니라, 이와 동시에 우리 스스로 세계의 보편 문화를 창조하여 그것을 세계로 전파하는 쌍방향적인 것이어야 한다. 이를 위해 우리는 먼저 가장 '한국적인 것'이 무엇인지 파악하여야 한다. 가장 한국적인 것을 파악한 후 이를 가장 '세계적인 것'으로 발전시킬 수 있는 노력을 하여야 한다. ……

　위의 예는 논술 고사의 한 <논제>와 그를 기초하여 답안을 정리한 논술문의 '서론 쓰기'의 예이다. 서론에서 ㉠은 '시작하기'의 내용이어서 개괄적인 언급으로 시작되고 있다. ㉡은 '문제제기'의 성격으로서 본 논술문을 통해서 다루어지면서 핵심화될 내용이다. ㉢은 본론을 전개할 글의 방향을 제시해 주고 있다. 그리고 ㉢은 ㉡과 내용적으로 맞물리면서 결론의 방향과 연결될 수 있다. 그렇다면 ㉡과 ㉢의 내용으로 미루어 볼 때 최종 결론에는 ㉢의 '어떠한 방향으로 이끌어갈 것인가'가 해명되어야 할 것이다. 이렇게 서론을 쓰면 서론으로서는 거의 군더더기 없이 잘 구성된 것으로 평가된다. 그리고 이에 의거, '쌍방향적인 접근 노력'이라는 결론적인 내용과 잘 부합할 수 있는 것이다.

 **읽을거리 1**

장미와 주판의 싸움

봄은 언제 오는가. 어느 시인의 말처럼 그것은 도둑고양이처럼 몰래 왔다가 몰래 사라지는가. 아니다. 적어도 내게는 그렇지 않다. 봄이 오는 날을 나는 달력에 적힌 날짜로 표식[1]할 수 있다. 입춘 절기[2]인 양력 2월 4일이다. 그날이면

---

1 표식(表式, fixed rule for expression) : 표시하는 일정한 법식.
2 절기(節氣, the subdivisions of the seasons ; the 24 solar terms) : 5일을 1후(候)라 하고, 3후를 1기(氣)라 하여 1년을 24기로 나눌 때 월초(月初)에 있는 것. 태양의 움직임을 따라 계절의 변화를 나타낸 것.

※ 옛 중국사람들은 천문학 지식을 동원, 지구의 태양 공전 주기, 즉 태양이 움직이는 길인 황도를 동쪽으로 15° 간격으로 24개로 나누었다. 그리고 기후를 나타내는 용어를 하나씩 붙였는데, 이것이 절기(節氣)이다. 즉, 24절기는 태양이 각 점을 지나는 시기를 말한다. 좀 더 정확히 말하면 천구상에서 태양의 위치가 황도 0°, 15°,⋯ 300° 되는 지점을 통과하는 순간을 춘분, 청명, ⋯대한으로 한 것. 그런데 24절기의 이름은 중국 주(周)나라 때 화북지방의 기후를 잘 나타내도록 정해졌기 때문에 우리나라의 기후와는 약간 차이가 날 수 있다. 이처럼 절기는 태양의 움직임을 따라 정한 것이기 때문에 절기들은 양력으로는 매년 같은 날, 간혹 하루 정도 차이를 두고 돌아온다.

1월 : 입춘은 1월의 절기이고 양력 2월 4일경이며 봄에 접어들었다는 것을 알린다. 우수는 1월 중기이며 날씨가 많이 풀려 봄기운이 돋고 초목이 싹트게 되는 중기이다. 즉 동풍이 불어서 언 땅이 녹고 땅 속에서 잠자던 벌레들이 움직이고 물고기가 얼음 밑을 돌아다니기 시작한다. 수달이 물고기를 잡아다 늘어놓고, 기러기가 북으로 날아가며, 초목에서 싹이 튼다.

2월 : 경칩은 2월의 절기이고, 춘분은 2월의 중기이다. 경칩은 양력 3월 6일경이고 춘분은 3월 21일경이다. 경칩은 땅 속에 들어가 잠을 자던 동물들이 깨어나서 꿈틀거리기 시작한다는 뜻이고 춘분은 겨울에 짧았던 낮이 길어져서 밤낮의 길이가 똑같아지는 날이다. 복숭아꽃이 피기 시작하고, 꾀꼬리가 울며 제비가 날아온다. 우레가 울고 번개가 친다.

3월 : 청명은 3월의 절기이고 곡우는 3월의 중기이다. 청명은 양력 4월 5일경이고 곡우는 4월 20일경이다. 대부분의 농가에서는 농사 준비작업으로 논밭둑 가래질을 시작하고, 봄비가 잘 내린다.

4월 : 입하(양력 5월 6일경)는 4월의 절기이고 소만(양력 5월 21일경)은 중기이다. 입하는 여름이 다가온 것을 알리는 절기이고, 소만은 여름 기분이 나기 시작하면서 냉이가 죽고 보리가 익는다.

5월 : 망종(양력 6월 6일경)은 5월의 절기이고, 하지(6월 21일경)는 5월의 중기이다. 망종은 곡식의 씨앗을 뿌리기에 적당한 때라는 뜻으로 모내기와 보리 베기가 겹쳐서 일 년 중 가장 바쁜 때이다. 하지는 일 년 중 낮이 가장 긴 날이다.

어김없이 내 부친은 한지에 정성스레 쓴 「입춘대길」을 한 장은 대문에, 다른 한 장은 대청마루에 붙이고 나서 "이제 봄이 왔고 진정한 새해가 시작된다."고 말했다. 나의 봄은 부친의 이 의식(儀式)에서 시작되었던 것이다. 산등성이에 아직도 희뜩이는 잔설과 잎 떨군 나무 끝에서 여전히 잉잉거리는 삭풍3도 아버지가 마련하는 이 대춘(待春)4의 찬란한 의식을 흔들어 놓지는 못했다. 내 유년기5 기억의 어느 대목에서도 봄의 출몰이 혼란스러웠던 적은 없다. 따라서

6월 : 소서(양력 7월 7일경)는 6월 절기이고 대서(양력 7월 23일)는 중기이다. 소서는 작은 더위라는 뜻으로 본격적이 더위가 시작되는 때이며, 대서는 큰 더위라는 뜻으로 몹시 덥고 큰 장마가 지는 경우가 많다.

7월 : 입추(양력 8월 8일경)는 7월 절기이고 처서(양력 8월 23일경)는 중기이다. 입추는 여름이 지나고 가을에 접어들었다는 것이며, 처서는 여름이 지나 서늘한 바람이 불고 더위가 가시며 천지가 쓸쓸해지기 시작하고 벼가 익는다.

8월 : 백로(양력 9월 8일경)는 8월의 절기이고, 추분(양력 9월 23일경)은 8월의 중기이다. 백로는 밤에 기온이 내려가고 풀잎에 서리가 맺히는 등 가을 기운이 완전히 나타난다는 뜻을 가지고 있으며, 추분은 밤과 낮의 길이가 같아지며 이후로는 밤의 길이가 길어진다.

9월 : 한로(양력 10월 8일경)는 9월의 절기이며 상강(양력 10월 23일경)은 중기이다. 한로는 찬 이슬이 맺힌다는 뜻이며 국화가 노랗게 꽃을 피운다. 상강은 서리가 내린다는 뜻으로 이 무렵은 쾌청한 날씨가 계속되면서 밤에는 온도가 매우 낮아져서 서리가 맺히고 입동이 들기 5일 전에는 땅 속에서 잠을 자는 벌레들이 모두 땅 속으로 들어간다.

10월 : 입동(양력 11월 7일경)은 10월의 절기이고 소설(양력 11월 22일경)은 10월의 중기이다. 입동은 겨울로 접어든다는 뜻이며, 입동이 지나면 배추가 얼어붙기 때문에 입동을 전후해서 김장을 한다. 소설부터는 살얼음이 잡히고 땅이 얼기 시작한다.

11월 : 대설(양력 12월 7일경)은 11월의 절기이고, 동지(양력 12월 22일경)는 중기이다. 대설은 눈이 많이 내린다는 뜻을 가진 절기이고, 동지는 일년 중 밤이 가장 길며 동지 다음 날부터는 낮이 다시 길어진다. 동짓날을 '작은 설'이라 하고 "동지팥죽을 먹어야 진짜 나이를 한 살 더 먹는다"는 속담도 있다.

12월 : 소한(양력 1월 6일경)은 12월의 절기이고 대한(양력 1월 21일경)은 중기이다. 소한은 작은 추위라는 뜻이고 대한은 큰 추위라는 뜻이다. 중국에서 겨울 추위는 입동에서 시작해서 소한으로 갈수록 추워지고 대한에 이르러서는 최고에 이른다고 한다. 그러나 우리나라에서는 소한 때가 더 추워서 "춥지 않은 소한 없고 포근하지 않은 대한 없다." "소한의 얼음 대한에 녹는다."는 속담도 있다.

---

3 삭풍(朔風, the north wind of winter, a wind from the north) : 겨울철에 북쪽에서 불어오는 찬 바람. 북풍(北風). ¶ 삭풍은 나무 끝에 불고 명월은 눈 속에 찬데(古時調).

4 대춘(待春, waiting for spring) : 봄을 기다림.

5 유년−기(幼年期, infancy, childhood, puerility) : 1. (어린이의 발달 단계를 나타내는 말로) 유아기와 소년기의 중간 시기, 곧 유아기의 후반 2년과 초등학교 1, 2학년의 시기. 2. 지질학에서, 침식 윤회에서의 초기. ¶ 유년기 지형.

도둑고양이 잡으려는 충혈된 시인의 눈으로 봄의 진퇴를 추적해 본 적 또한 없다.

봄이 어느 특별한 날 하루에 온다는 주장은 확실히 황당하게 들리리라. 그것은 언제부터라 할 것 없이 피다 지는 벚꽃처럼 왔다 가는 게 아닌가. 아마 그럴지도 모른다. 하지만 어제가 오늘 같고 오늘이 내일 같은 그 통속6한 나날 속에서 그 성스러운 봄의 도래가 소리없이 묻혀버린다는 건 어쨌든 참을 수 없는 일이다. 그 어느 날과도 뒤섞일 수 없는 하루 그 특별한 날을 정해 대춘부를 부르는 의식은 이 분망7한 일상에서의 사치일 뿐인가. 설8을 쇠지9 않아도

---

6 통속(通俗, popularity, conventionality, commonness ; 일반적인 풍속 a popular[common] custom) : 1. 세상에 널리 통하는 일반적인 풍속. 2. 전문적이 아니고 일반 대중이 쉽게 알 수 있는 일.

※ 〈관련어〉
通俗歌謠(통속가요) ① 통속적(通俗的)인 내용(內容)을 담은 가요(歌謠). ② 일반(一般) 사람이 부르기 쉽고 널리 알려진 노래.
通俗文學(통속문학) 문학적(文學的) 교양이 비교적(比較的) 낮은 독자를 위하여 흥미(興味) 있는 소재(素材)와 평이(平易)한 내용(內容)을 다룬 문학(文學).
通俗語(통속어) 통속적(通俗的)으로 쓰이는 말.
通俗的(통속적) ① 일반(一般)에게 속되게 통하는 모양(模樣). ② 흥미(興味) 본위(本位)로 일반(一般)을 즐겁게 하는 모양(模樣).

7 분망―하다(奔忙, the press of business) : 몹시 바쁘다. ¶ 분망한 나날을 보내다. 분망―히[부사].
8 설(New Year's Day) : 1. 새해의 첫날. 또는 그날을 명절로 이르는 말. 음력 1월 1일. 원단(元旦). ¶ 설을 쇠다. 2. 새해의 첫머리. 연수(年首). 연시(年始).

※우리나라 명절
명절이란 옛부터 계절에 따라 의미 있는 날을 정해 놓고 기념하는 날을 말하는 것으로 보름에 한 번씩 있는 24절기와는 구분된다.
● 설날(元日, 음력 1.1) : 새해의 첫날.
● 정월대보름(上元, 음력 1.15) : 새해의 첫 보름.
● 한식(寒食, 冬至로부터 105일째 되는 날) : 양력 4월 5, 6일쯤 되는 날.
● 초파일(初八日, 음력 4.8) : 석가탄신일(釋伽誕辰日).
● 단오(端午, 음력 5.5) : 수릿날.
● 유두(流頭, 음력 6.15) : 맑은 물에 목욕하고 하루를 정결하게 보내는 날로 流頭는 맑은 흐르는 물에 머리를 감는다는 뜻.
● 백중(伯仲, 음력 7.15) : 백종(百種).
● 추석(秋夕, 음력 8.15) : 한가위, 가윗날, 중추절(仲秋節).
● 동지(冬至, 양력 12.22경) : 유일하게 절기에도 포함하는 날.
이중 우리나라 3대 명절은 설날·단오·추석을 말하며 4대 명절은 한식을 포함하는 것을 말한다.

우리는 나이를 먹고 추석[10]차례[11]를 지내지 않아도 들판의 곡식은 익어 간다. 그런데 왜 우리에게 그 번거로운 의식이 필요하다는 말인가.

사막에 떨어진 어린 왕자. 그 사막에서 사귄 친구 여우가 아무 때나 불쑥 나타나는 왕자에게 부탁한다. "언제나 같은 시간에 찾아와 주었으면 해. 이를테면 네가 오후 네 시에 온다면 난 세 시부터 행복해지기 시작하는 거야. 시간이 갈수록 난 점점 더 황홀해 지겠지. 4시에는 흥분해서 안절부절 못할[12] 거야. 그래서 행복이 얼마나 값진 것인가 알게 되는 거지. 아무 때나 오면 몇 시에 마음을 곱게 단장[13]을 해야 하는지 모르잖아."

그렇다. 기다림으로 황홀해지기 위해서, 행복이 얼마나 값진 것인지를 알기

---

9 쇠 : 다(celebrate, observe, keep) : (명절이나 생일 따위를) 기념하여 지내다. ¶ 설을 쇠다.
10 추석(秋夕, Chuseok, the harvest[moon] festival) : 우리나라 명절(名節)의 하나. 음력(陰曆) 8월 보름. 중추절(中秋節), 한가위.
11 차례(茶禮, ancestor-memorial services, a brief family-memorial service) : (음력 초하루·보름이나 명절날, 또는 조상의 생일 등에 지내는) 간단한 낮 제사. 다례(茶禮). 차사(茶祀). ¶ 차례를 지내다.

※ 차례는 원래 다례(茶禮)라고 하여 문자 그대로 다(茶)를 행할 때의 모든 예의범절을 뜻하는 말이었으나, 지금은 다례라 하면 옛날 궁중의 다례나 불교의 다례 등을 뜻하는 말이고, 차례는 명절에 지내는 속절제(俗節祭)를 가리킨다. 또 한 차례 자제도 지방에 따라 다르지만, 내내 설 조하룻날과 추석에만 지내는 것이 관례로 되었다. 옛날에는 정초에 차례를 지낼 때 '밤중제사(또는 중반제사)'라 하여 섣달 그믐날 밤 종가(宗家)에서는 제물과 떡국을 차려놓고 재배(再拜)·헌작(獻酌)·재배한 다음, 초하룻날 아침에 다시 차남 이하 모든 자손이 모여 메를 올리고 차례를 지냈다. 모시는 조상도 고조부모·증조부모·조부모·부모의 4대를 대접하였으나 지금은 가정의례준칙에 의하여 조부모·부모의 2대만 제사지낸다. 사당(祠堂)이 있는 집에서는 사당에서 지내고 기타 가정에서는 대청이나 안방에서 지내며 차리는 음식은 정초에는 떡국, 추석에는 송편을 기본으로 하고 과일·포·탕·식혜·어적·산적·나물·전·편·국·메 등을 마련한다. 제사는 먼저 제물의 진설이 끝나면 장자(長子)가 재배하고 헌작한 다음 메를 올린다. 올린 메에 수저로 十자의 자국을 낸 다음 45°각도로 꽂고 일동이 재배한다. 국을 내리고 숭늉을 올린 다음 숭늉에 밥 세 술을 만다. 메에 뚜껑을 덮은 다음 차남이 아헌(亞獻), 3남이 첨작한 후 일동 재배하는 것으로 끝낸다.

12 안절부절-못하다(be restless[nervous, anxious, fidgety, irritated]) : 몹시 초조하고 불안하여 어쩔 줄 몰라 하다. ¶ 가족들은 안절부절못하며 수술 결과를 기다렸다.
13 단장(丹粧 ; 1. 화장(make-up). 2. 장식(ornament;decoration)) : 1. 화장을 하고 머리나 옷차림 따위를 매만져서 맵시 있게 꾸밈. ¶ 모처럼 얼굴을 곱게 단장하신 어머님. 2. 손을 대어 산뜻하게 꾸밈. ¶ 집을 새로 단장하다.

Syntopical Essay Art

위해, 우리에게는 특별한 날의 의식이 필요한 것이다. 아무 때나 나이를 먹고 어느 때나 곡식이 익어간다면 기다림과 만남만이 줄 수 있는 이 황홀한14 행복 들을 어디에서 찾겠는가.

결국 두 종류의 삶이 있다. 하나는 어제와 오늘, 나와 너, 이것과 저것을 차별 없는 동일함 속에서 받아들이려는 삶이고, 다른 하나는 그것들 각각을 특별한 존재로 기다리고 만나려는 삶이다. 전자의 세계는 주판과 문법이 지배하고, 후자의 세계는 장미와 종달새가 지배한다.

(중략)

두 세력 간의 싸움은 우리 삶 도처에서 벌어지고 있지 않은가. 누가 승자인가. 주민등록 번호, 납세 번호, 신용카드 번호 속에 파묻혀 사라지는 우리의 고유15한 이름들을 보라. 거기에 그 슬픈 답이 있다.

어느 시인의 말처럼 우리는 숫자나 대명사로서가 아니라 고유한 이름으로 불려지길 원하며 또 부른 그에게로 가서 꽃이 되고 싶다. 흐르는 세월 속의 어느 하루를 정해 대춘부를 부르듯 흘러가는 군상16 가운데 누군가를 '너'로 불러 나의 영가를 들려주고 싶은 것이다.

ㅡ김영민 · 이왕주, 「소설 속의 철학」에서

---

14 황홀(恍惚 · 慌惚, rapture, ecstasy, trance) : 1. 빛이 어른어른하여 눈이 부심. 2. (사물에 마음이 팔려) 멍한 모양. ¶ 황홀한 마음으로 바라보다. 3. 미묘하여 헤아려 알기 어려움. 황홀ㅡ히[부사].

15 고유(固有 ; 1. 특유(characteristics;peculiarity), 2. 본질(essence), 3. 천성(nature)) : 본디부터 지니고 있거나 그 사물에만 특별히 있음. ¶ 우리나라 고유의 문화. 거문고 고유의 음색.

16 군상(群像, 1. a large group of people 2. 조각 a sculptured group) : 1. 그림이나 조각에서, 많은 인물의 모습을 주제로 하여 표현한 것. 2. 많은 사람이 모여 있는 모습.

읽을거리 2

이름, 그 명멸[17]하는 존재의 언어

고등학생이었던 시절, 선생님께서 키 순서로 정해진 일련번호를 불러 질문을 던지시거나 그날이 2일이면 2번, 12번, 22번…… 순서로 지목하실 때면, 때로 우리가 '사람'이 아니라 '번호'인 것처럼 느껴졌던 기억이 있다. 대학에 다닐 때에도 크게 다르지 않아 출석을 제외하고는 이름 불리는 기회가 드물어 익명[18]의 무리로 흘러다니곤 했던 것 같다. 그래서 더욱 더, 선생님이 나를 알고 내 '이름을 불러 주었을 때'의 그 짧고 강렬한 환희를 기억하고 있다.

선생이 된 지금, 이제는 우선 출석부를 가지고 학생들의 이름을 먼저 익힌 후 강의실에서 이름과 얼굴을 맞추어 보기도 하고, 출석을 부를 때 서로 '눈짓'을 마주치자고 약속해 학생들의 쑥스러운 시선을 마주하기도 하며, 과제물을 읽을 때에도 우리가 서로 소통이 이루어지고 있다는 느낌을 주기 위해 '○○의 감상과 분석에는 ○○만의 빛깔과 향기를 지닌 생각이 가득하여 돋보입니다'라는 평가를 덧붙이기도 한다. '이름'을 통해 '나는 너를 알고 있다', '나는 너를 인식 혹은 인지하고 있다', 즉 '너는 내 사고의 범주 안에 존재하고 있다'라고 말해 주고 싶은 것이다.

물론, 이름을 '붙여 주는' 행위와 이름을 '불러 주는' 행위는 다르다. 즉 명명(命名)과 호명(呼名)은 다르다. 이름 없는 하나의 사물에 지나지 않을 때, 그

---

17 명멸(明滅, glimmering, flickering, blinking) : 1. (불빛 따위가) 켜졌다 꺼졌다 함. 깜박거림. ¶ 밤하늘에 명멸하는 별빛. 2. (멀리 있는 물체가) 보였다 안 보였다 함. ¶ 먼 수평선 너머로 명멸하는 어선들.
18 익명(匿名, anonymity) : 본이름을 숨김. ¶ 익명의 제보./익명으로 발표하다.

Syntopical Essay Art

래서 존재하고 있다는 것을 자각도 인식도 할 수 없을 때, 그 사물에 처음 이름을 '붙여 주는' 행위는 한층 진지할는지 모른다. 하지만, '사랑'이라는 말이 아무리 무성하게19 남발20하고 진부하게21 여겨져도 내가 처음 사랑을 느껴 마음과 입으로 '사랑'을 되뇌일 때, 그 '사랑'은 내게 있어 호명이 아니라 명명이다. 처음 불러 보는 이름이기 때문이다. 다시 말해서, 이미 존재하던 이름이었을지라도 누군가 그 이름을 느끼고 인식해 '불러 주었을 때', 그것은 이름을 붙여 주는 행위와 다름없다. 내 이름이 어느 누군가에 의해 불릴 때 마치 처음 듣는 새로운 이름처럼 내 귀에 다가오기도 하듯, 이 세상에 이미 존재해 온 수많은 이름들일지라도 내 인식과 사고 안에 들어와 내가 그를 불러 줄 때 그것은 내게 있어 명명의 행위와 같다.

그러므로 누군가 나의 이름을 불러 주는 것이 곧 내 존재를 인식해 주는 첫 단계라고 생각하는 '우리들은 모두', 서로를 알지 못할 때의 무지와 무명(無名)의 어둠에서 명명을 통해 비로소 존재의 밝음으로 나서게 된다고 믿는 '우리들은 모두', 막연하고 희미한 '몸짓'이 아니라 눈과 눈을 맞추어 서로의 생각 안으로 들어선 '눈짓'이 되고 싶은 '우리들은 모두', 벌써부터 김춘수의22 시 <꽃>을 잘 이해하고 있었는지도 모른다.

－문학과교육, 제4호, 「문학과교육연구회」에서

---

19 무：성-하다(茂盛, (be) thick, exuberant, luxuriant)：(초목이) 우거져 있다. ¶ 잡초가 무성하다. 무성—히[부사].

20 남：발(濫發, overissue)：1. (화폐나 어음·증명서 따위를) 함부로 발행함. 난발(亂發). ¶ 부도 수표를 남발하다. 2. (어떤 말이나 행동을) 함부로 함. ¶ 선거 공약을 남발하다.

21 진：부-하다(陳腐, (be) commonplace;old-fashioned)：케케묵고 낡다. ¶ 진부한 이론. ↔참신(斬新)하다.

22 김춘수(金春洙, 1922.11.25〜2004.11.29) 한국의 시인. 본관은 광산이며, 경상남도 충무시 동호동에서 태어났다. 경기고등학교를 졸업하고 일본으로 건너가 1943년 니혼대학[日本大學] 예술학과 3학년에 재학중 중퇴하였다. 통영중학교와 마산고등학교 교사를 거쳐 1965년 경북대학교 교수, 1978년 영남대학교 문리대학 학장을 역임하였다. 1981년 제11대 전국구 국회의원 및 대한민국예술원 회원, 1986년 한국시인협회 회장 등을 지냈다. 1946년 광복 1주년 기념 시화집『날개』에 시「애가」를 발표하였으며, 대구 지방에서 발행된 동인지『죽순』에 시「온실」외 1편을 발표하였다. 1948년에 첫 시집『구름과 장미』를 내며 문단에 등단한 이후「산악」,「사」,「기(旗)」,「모나리자에게」를 발표해 주목을 받았다. 주로『문학예술』,『현대문

논술 실전

❖ 인간은 누구나 자신의 고유한 이름을 가지고 산다. 인간이 이름을 가진다는 것은 인간이 다른 누구와도 구별되는 고유한 존재임을 보여주는 것이다. 다음의 (가)에서는 다른 사람들에 의해 자신의 '이름'이 불리어지기를 바라는 욕망을 확인해 볼 수 있다. 이러한 '이름'의 가치를 중심으로 하여, (나)에서 서술자인 '나'가 '장인'과 다투는 이유와 그 결과로서 성취하고자 하는 목표를 밝히고, 여기에서 추론한 인간관을 토대로 하여 인간의 수단화를 경계하는 논술을 작성하시오.

가

내가 그의 이름을 불러 주기 전에는
그는 다만
하나의 몸짓에 지나지 않았다.

내가 그의 이름을 불러 주었을 때
그는 나에게로 와서
꽃이 되었다.

내가 그의 이름을 불러 준 것처럼

학』, 『사상계』 등의 잡지에 작품을 발표하였고, 평론가로도 활동하였다. 초기 경향은 라이너 마리아 릴케의 영향을 받았으나, 1950년대에 들어서면서 사실을 분명히 지시하는 산문 성격의 시를 써왔다. 그는 사물의 이면에 내재하는 본질을 파악하는 시를 써 '인식의 시인'으로도 일컬어진다. 시집으로 첫 시집 외에 『늪』, 『기』, 『인인(隣人)』, 『꽃의 소묘』, 『부다페스트에서의 소녀의 죽음』, 『김춘수시선』, 『김춘수전집』, 『처용』, 『남천(南天)』, 『꽃을 위한 서시』 등이 있으며, 시론집으로 『세계현대시감상』, 『한국현대시형태론』, 『시론』 등이 있다.

나의 이 빛깔과 향기에 알맞는
누가 나의 이름을 불러 다오.
그에게로 가서 나도
그의 꽃이 되고 싶다.

우리들은 모두
무엇이 되고 싶다.
나는 너에게 너는 나에게
잊혀지지 않는 하나의 의미가 되고 싶다.

- 김춘수[23], 「꽃」에서

우리 장인님이 딸이 셋이 있는데 맏딸은 재작년 가을에 시집을 갔다. 정말은 시집을 간 것이 아니라 그 딸도 데릴사위를[24] 해가지고 있다가 내보냈다. 그런데 딸이 열 살 때부터 열아홉 즉 십년 동안에 데릴사위를 갈아 들이기를, 동리에선 사위부자라고 이름이 났지마는 열네 놈이란 참 너무 많다. 장인님이 아들은 없고 딸만 있는 고로 그 다음 딸을 데릴사위를 해올 때까지는 부려먹지 않으면 안 된다. 물론 머슴을 두면 좋지만 그건 돈이 드니까, 일 잘하는 놈을 고르느라고 연팡[25] 바꿔 들였다. 또 한편 놈들이 욕만 줄창[26] 퍼붓고 심히도

---

23 김춘수(金春洙 1922~2004) 시 「애가」를 통하여 등단. 시적순수성을 옹호하며 의미와 무의미를 선회하는 시를 주로 썼고 절대언어의 시, 무용지용(無用之用)의 시 세계를 추구함. 의미와 무의미의 언어적 투망질을 통해 존재의 본질에 대하여 파악하려는 시상 전개를 보여줌.
24 고구려의 전통 혼인풍습으로 딸만 있는 집안에서 혼인한 딸을 시집으로 보내지 않고 처가에서 데리고 사는 사위.
25 연팡 : 연달아 곧, 연방
26 줄곧 : 끊어지거나 그치지 않고 잇달아.

부려먹으니까 밸[27]이 상해서 달아나기도 했겠지. 점순이는 둘째 딸인데 내가 일테면 그 세 번째 데릴사위로 들어온 셈이다. 내 다음으로 네 번째 놈이 들어올 것을 내가 일두 참 잘하구 그리고 사람이 좀 어수룩하니까 장인님이 잔뜩 붙들고 놓질 않는다. 셋째 딸이 인제 여섯 살, 적어도 열 살은 돼야 데릴사위를 할테므로 그 동안은 죽도록 부려먹어야 된다. 그러니 인제는 속 좀 채리고 장가를 들여 달라고 떼를 쓰고 나자빠져라, 이것이다.

(중략)

실토이지 나는 점순이가 아침상을 가지고 나올 때까지는 오늘은 또 얼마나 밥을 담았나, 하고 이것만 생각했다. 상에는 된장찌개하고 간장 한 종지 조밥 한 그릇 그리고 밥보다 더 수부룩하게 담은 산나물이 한 대접 이렇다. 나물은 점순이가 틈틈이 해오니까 두 대접이고 네 대접이고 멋대루 먹어도 좋으나 밥은 장인님이 한 사발외엔 더 주지 말라고 해서 안 된다. 그런데 점순이가 그 상을 내 앞에 내려놓으며 제 말로 지껄이는 소리가,

"구장님한테 갔다 그냥 온담 그래!" 하고 엊그제 산에서와 같이 자꾸 종알거린다. 딴은 내가 더 단단히 덤비지 않고 만 것이 좀 어리석었다. 속으로 그랬다. 니도 지쪽 벽을 향하야 외면하면서 내 말로,

"안 된다는 걸 그럼 어떻건담!?" 하고 또 얼굴이 빨개지면서 성을 내면서 안으로 샐쭉하니[28] 튀들어가지 않느냐. 이때 아무도 본 사람이 없었게 망정이지 보았다면 내 얼굴이 에미 잃은 황새새끼처럼 가엾다 했을 것이다.

사실 이때만치 슬펐던 일이 또 있었는지 모른다. 다른 사람은 암만 못생겼다 해두 괜찮지만 내 아내 될 점순이가 병신으로 본다면 참 신세는 따분하다.

---

27 밸 : 배알의 준말. 배알은 창자를 가리키는 순 우리말인데 여기서는 뜻이 확장되어 자존심이라는 뜻으로 쓰임. 그러므로 '밸이 상하다'는 '자존심이 상하다'란 의미로 쓰인 것임.
28 샐쭉하니 : 마음에 차지 아니하여서 약간 고까워하는 태도를 드러내는 모양.

밥을 먹은 뒤 지게를 지고 일터로 갈려 하다 도루 벗어던지고 바깥 마당 공석29 위에 들어누어서 나는 차라리 죽느니만 같지 못하도 생각했다.

내가 일 안하면 장인님 저는 나이가 먹어 못하고 결국 농사 못짓고 만다. 뒷짐으로 트림을 꿀꺽, 하고 대문밖으로 나오다 날 보고서,

"이 자식아! 너 왜 또 이러니?"

"관객이30 났어유, 아이구 배야!"

"기껏 밥 처먹구 나서 무슨 관객이야, 남의 농사 버려주면 이 자식아, 징역 간다 봐라!"

"가두 좋아유, 아이구 배야!"

참말 난 일 안 해서 징역가도 좋다 생각했다. 일후31 아들을 낳아도 그 앞에서 바보 바보 이렇게 별명을 들을 테니까 오늘은 열쪽에 난대도 결정을 내고 싶었다.

장인님이 일어나라고 해도 내가 안 일어나니까 눈에 독이 올라서 저편으로 횡하게 가더니 지게막대기를 들고 왔다. 그리고 그걸로 내 허리를 마치 돌떠 넘기듯이 쿡 찍어서 넘기고 넘기고 했다. 밥을 잔뜩 먹고 딱딱한 배가 그럴 적마다 퉁겨지면서 뱃창이 꼿꼿한 것이 여간 캥기지32 않았다. 그래도 안 일어나니까 이번에는 배를 지게 막대기로 위에서 쿡쿡 찌르고 발길로 옆구리를 차고 했다. 장인님은 원체 심청33이 궂어서 그러지만 나도 저만 못하지 않게 배를 채었다. 아픈 것을 눈을 꽉 감고 넌 해라 난 재미난 듯이 있었으나 볼기짝을 후려갈길 적에는 나도 모르는 결에 벌떡 일어나서 그 수염을 잡아챘다마는

---

29 공석(空石) : 벼를 담지 않은 빈 섬.
30 관객(關格) : 음식이 급하게 체하여 먹지도 못하고 대소변도 못보고 인사불성이 되는 병.
31 일후(日後) : 뒷날.
32 캥기지 : 빳빳하게 당겨져 불편함을 느낌.
33 심청 : 심술의 방언.

내 골34이 난 것이 아니라 정말은 아까부터 부엌 뒤 울타리 구멍으로 점순이가 우리들의 꼴을 몰래 엿보고 있었기 때문이다. 가뜩이나 말 한마디 톡톡히 못한다고 바보라는데 매까지 잠자코 맞는 걸 보면 짜장35 바보로 알 게 아닌가. 또 점순이도 미워하는 이까짓 놈의 장인님 나곤 아무석도 안 되니까 막 때려도 좋지만 사정 보아서 수염만 채고36(제 원대로 했으니까 이때 점순이는 퍽 기뻤겠지) 저기까지 잘 들리도록,

"이걸 까셀라부다37!" 하고 소리를 쳤다.

장인님은 더 약이 바짝 올라서 잡은 참에 지게막대기로 내 어깨를 그냥 내려갈겼다. 정신이 다 아찔하다. 다시 고개를 들었을 때 그때엔 나도 온몸에 약이 올랐다. 이녀석의 장인님을, 하고 눈에서 불이 퍽 나서 그 아래 밭 있는 둔덕 아래로 그대로 떼밀어 굴려 버렸다. 조금 있다가 장인님이 씩, 씩, 하고 한 번 해볼려고 기어오르는 걸 얼른 또 떼밀어 굴려버렸다.

— 김유정38, 「봄·봄」에서

유의 사항 ●●●●●●●●●●●●●●●●●●●●●●●●●●●●●●●●●●●●

1. 분량은 띄어쓰기를 포함하여 1,200자 내외(±100자 허용)로 할 것
2. 자신의 구체적인 체험을 반영할 것

---

34 골 : (무엇이 비위에 거슬리거나 하여) 벌컥 내는 성.
35 짜장 : 참. 과연. 틀림없이 정말로.
36 채다 : 갑자기 힘을 주어 당기고.
37 까세다 : 여기서는 '까실르다'의 뜻. 까실르다는 그슬리다의 방언.
38 김유정(金裕貞 1908~1937) : 강원도 춘천 출생. 1935년 단편 「소낙비」가 〈조선일보〉에, 「노다지」가 〈중앙일보〉에 각각 당선되어 문단에 등단하였다. 순문예 단체인 구인회(九人會)에 가입하여 활동하기도 하였다. 대표작에는 「소낙비」(1935), 「노다지」(1935), 「금 따는 콩밭」(1935) 등이 있다. 그의 작품 경향은 토속적인 어휘를 사용하여 농촌의 모습을 해학적으로 묘사하고 있으며, 농촌의 문제성을 노출시키면서 그것을 능동적으로 그리기보다는 웃음으로 치환시켰다. 그러나 그는 세계 인식의 방법에 있어서 냉철하고 이지적인 현실 감각이나 비극적인 진지성보다는 인간의 모습을 희화화함으로써 투철한 현실 인식과는 거리가 멀었다.

논술 해결의 길잡이

✪ 논제 파악하기

논제에서는 두 가지를 요구하고 있다. (나)에서 세 번째 데릴사위인 내가 정식 사위가 되고자 투쟁하는 이유가 무엇인가, 그리고 결과로서 성취하고자 하는 목표가 무엇인가를 밝히는 것이고, 두 번째는 여기에 반영된 인간관을 바탕으로 인간의 수단화에 대한 경계를 주제로 하는 글을 작성하는 것이다.

이러한 문제들을 해결하기 위해서는 논제의 핵심이라 할 수 있는 '인간관'을 파악하는 것이 선행되어야 한다. 인간관이란 말 그대로 인간을 보는 관점이다. 인간의 특성이나 본질은 여러 가지 측면에서, 혹은 여러 가지 층위에서 논할 수 있다. 여기에서는 '나'가 '장인님'과 다투게 되는 동기를 통해서 그 특성이나 본질을 파악해야 한다. 다만 이 과정에서 '이름'의 가치나 의미에 담긴 특별한 뜻을 염두에 두어야 한다. (가)에서 말한 '이름'이란 인간 개개인이 가지는 고유명사의 의미 이전에 인간관계를 맺고 있는 모든 사람들에게 자신의 존재를 나타내는 표상으로 해석해야 한다.

그렇다면 '나'가 '장인님'과의 다툼을 통해 얻고자 하는 것은 무엇이겠는가? 그것은 세 번째 데릴사위 혹은 사위 후보가 아니라 다른 누구와도 자신의 존재를 구별할 수 있는 정식 사위라는 이름이다. '나'는 사위라는 이름을 얻음으로써 노동력을 제공하는 수단에서 벗어나 그 자체로 존재 가치를 가지는 인간이 된다. 인간은 어떤 목적을 위해 필요한 수단이 아니라 항상 그 자체가 목적인 존재이기를 원하는 것이다. 여기에 인간 존엄의 본질적인 가치가 있다. 그리고 이것이 논제의 두 번째 요구 사항을 충족시킬 수 있는 내용이며, '나'의 투쟁에 반영되어 있는 인간관이기도 하다.

이들 문제가 순차적으로 해결됨으로써 이 논제에서 요구하고 있는 두 가지 사항은 모두 자연스럽게 해결될 수 있다.

❂ 제시문 파악하기

(가)는 '이름'의 실존적 의미를 꽃으로 형상화한 작품이다. '이름'을 부르기 전에는 모두가 의미가 없는 몸짓에 불과하지만, '이름'을 부르게 되면 그 순간부터 '꽃'이 되고 '의미'가 되는 것이다. 이런 점에서 '이름'을 부른다는 것은 대상에 자신과 관련되는 어떤 특정한 의미를 부여하는 일이라 할 수 있다. 중요한 것은 '이름'은 아무렇게나 붙여질 수 있는 것이 아니고, '빛깔'과 '향기'에 알맞아야 한다는 점이다. 꽃은 제각기 다른 빛깔과 다른 향기를 가지고 그에 어울리는 이름을 제각기 가진다. 여기에서 빛깔과 향기는 그 꽃의 고유성을 상징하는 하나의 표지이다. 마찬가지로 인간은 누구나 다른 사람과 비교되는 고유한 환경, 성격, 인간성 등을 가지며, 이 고유성 때문에 준엄한 존재로 자리잡게 된다. 이 시에는 이처럼 다른 사람과 구별되는 자신만의 고유한 의미와 가치를 가지는 인간관계에 대한 희구가 반영되어 있다.

한편 (나)에서 '나'는 점순이와 결혼을 시켜준다는 약속을 믿고 머슴과 다름없이 '장인님(정확히는 장인 될 사람)'의 부림을 받는 존재이다. '나'는 다소 어수룩하고 우둔한 성격의 소유자이기도 하면서 한편으로는 결혼이라는 목표를 성취하기 위해 장인에게 함부로 대들기도 하는 과감함도 지니고 있다. 여기에서 '장인님'은 딸을 이용하여 노동력을 얻어내는 비정한 아버지이기도 하다.

첫째 딸을 시집보내면서 10명의 '데릴사위'를 '머슴'으로 부려먹었고, 둘째 딸을 미끼로 하여 벌써 세 번째 데릴사위를 노동력으로 이용하고 있다. 말하자면 '나'도 언제든지 데릴사위의 자격을 상실할지도 모르는 형편에 있는 '사위 후보' 중의 하나에 불과한 것이다.

✪ 해결 과정 생각하기

　① (가)를 통해 '이름'의 가치와 의미를 파악하여, 이것이 인간 본질의 어떤 면을 드러냈는지를 추리해 본다.

　(가)에서 내포적 의미를 중심으로 시어를 이해해 보자. 이는 '이름'을 부르는 시점을 기준으로 그 전과 후를 구별해 보면 쉽게 파악될 수 있다. 이름을 불러 주기 전에는 '하나의 몸짓'에 불과하다 하였다. 이름을 불러 주었을 때 '꽃'이 되었다. 그리고 이 '꽃'은 '잊혀지지 않는 하나의 의미'이기도 하다. 그런데 이름은 어떻게 붙이고 부르는가? 꽃이라는 범주에 묶이는 사물은 무수히 많다. 그런데 그 다양한 꽃들은 제각기 이름을 가지고 있다. 그 이름은 각각의 꽃이 가지는 '빛깔'과 '향기'에 알맞게 붙여지고 불리어지는 것이다.

　이를 인간의 존재론적 욕망과 관련지어 의미를 추리해 보자. '나'에게는 다른 누구와도 구별되는 고유한 특성이 있다. 우리는 누구나 그 고유한 특성을 인정받고 싶어한다. 그 특성을 인정받을 때 나는 이름을 가지게 되는 것이다. 고유한 특성이 없으면 이름도 없는 것이다. 버스에서 우연히 만난 승객들, 야구장에 몰려든 관중들은 우연히 같은 시간에 같은 공간에서 나와 함께 있었을 뿐이다. 이들을 내가 일일이 기억할 수 없는 것은 그들이 승객이나 관객이라는 집단적 존재였기 때문이다. 반대로 같은 승객이라도, 혹은 관중이라도 내가 정말 좋아하는 사람을 만났다면, 그의 이름은 오래도록 기억에 남게 된다. 그가 나에게는 어떤 '의미'를 지니는 존재이기 때문이다. 결국 '이름'은 나의 고유성에 대한 인간적 희구라 할 수 있다.

② (나)에서 '나'가 장인과 다투는 이유를 추리해 보고, 이를 (가)의 '이름'에 대한 욕구와 관련지어 본다.

(나)는 김유정의 해학적 문체로 유명한 소설이다. 어리숙하고 우둔한 주인공인 '나'의 성격부터가 웃음을 자아낸다. 이러한 특성 때문에 얼핏 보아서는 '이름'에 대한 욕구라는 철학적·존재론적 의미를 파악하기가 쉽지 않다. 그러나 제시문의 전반부를 보면 자신이 왜 점순이네 집에서 머슴 노릇을 하는지를 알 수 있는데, 여기에서 그 이유를 추리해 볼 수 있다.

'나'가 장인에게 요구하는 것은 처음의 약속을 지키라는 것이다. 그 약속이란 자신이 노동력을 제공해 준 대가로 점순이와 혼인을 하는 것이다. 그렇지만 이것은 겉으로 드러난 표면적인 목표일뿐이다. 좀 더 궁극적인 이유는 그가 왜 혼인을 하려고 하는가 하는 질문 속에서 나올 수 있다. 물론 그 이유는 단지 점순이를 사랑하기 때문이 아니다. 혼인을 통해서 성취하고자 하는 실존적 욕망이 숨어 있는 것이다. 그 실존적 욕망이란 (가)의 시에 나오는 '이름'에 대한 욕망이다.

맏딸을 시집보내면서 열 명의 데릴사위를 부려먹은 이력을 가진 '장인님'의 타산적 행동을 보면, '나'도 언제든지 쫓겨나거나 스스로 그만둘 처지에 있음을 알 수 있다. 그리고 그 자리는 다른 사람에 의해 다시 채워질 수 있다. 문제는 여기에 있다. '나'는 다른 사람에 의해 대체될 수 있는 세 번째 데릴사위가 아니라 무엇과도 대체될 수 없는 정식 '사위'가 되는 것이다. 내가 얻고자 하는 이름이 바로 '사위'인 것이다. 나에게는 어떤 '의미'를 지니는 존재이기 때문이다. 결국 '이름'은 나의 고유성에 대한 인간적 희구라 할 수 있다.

③ '나'의 투쟁에 배경으로 깔려 있는 인간관을 정리하고, 이를 토대로 인간의 수단화에 따른 위험을 파악해 본다.

'나'가 다른 사람에 의해 얼마든지 대체될 수 있다는 것은 '나'가 목적이 아닌 수단으로 이용되고 있다는 의미이다. 즉 나는 점순이의 남편이나 장인의 사위가 아니라 그저 노동력을 제공하는 수단적인 존재에 불과한 것이다. 내가 장인과 다투는 이유도 궁극적으로는 수단이 아닌 목적으로서의 인간이 되고 싶어 하는 데 있다. 이처럼 자신이 수단으로 전락할 때 인간에게 삶의 보람이나 자아실현과 같은 가치는 한갓 허황한 이상에 불과해진다. 인간은 누구나가 그 자체로 존중받아야 하는 것이다. 이것이 인간의 존엄성이다.

논의를 구체화하기 위해서라면, 한 교실에서 일어날 수 있는 풍경을 상상해 봐도 좋다. 우리에게는 자신만의 고유한 이름이 있다. 이 이름으로 다른 사람과 관계를 맺고, 자신의 역할을 수행하고, 자기의 삶의 주체로서 살아가게 된다. 그런데 출석 번호가 이름을 대체하게 되면 자신이 수많은 개체 중의 하나에 불과하다는 느낌을 가지게 된다. 출석 번호는 중립적인 기호일 뿐이며, 그 번호로는 자신의 고유성을 나타낼 수 없기 때문이다. 출석 번호란 임의적으로 부여된 표지이며, 따라서 얼마든지 자신은 다른 번호로 대체되거나 다른 사람이 그 번호로 대체될 수도 있는 것이다. 이러한 예를 들면 논의의 추상성을 피하고 논지를 구체화할 수 있을 것이다.

이 논제는 널리 알려진 소설을 다른 각도에서 보기를 요구한다는 점에서 다소 어려워 보일 수도 있다. 그러나 달리 보는 시각을 미리 제시했기 때문에 큰 어려움은 없을 것이다. 논제에서 요구하는 대로, 김춘수의 「꽃」에서 '이름'이 어떠한 내포를 가지는가를 파악하고, 이를 근거로 하여 김유정의 「봄·봄」에서 '나'가 장인과 다투는 이유를 찾으면 된다.

「꽃」에서 '이름'이란 상대방에게 어떤 의미나 가치를 가지는 존재에게 붙여지고 불려지는 것이다. 다른 것으로 쉽게 대체될 수 있는 수단적 존재가 아니라는 뜻이다. 이 같은 내포를 '나'의 투쟁에 대입을 해 보면, '나'는 여러 명의 사위 후보가 아닌 '사위'라는 이름을 얻고 싶어한다. 이 욕망은 내가 노동력을 제공하는 수단이 아니라 자기 삶의 주체로 서고 싶어하는 바람을 포함하고 있다. 인간이 수단화된다는 것은 언제든지 다른 것으로 대체될 수 있다는 의미이고, 이는 인간이 필요에 의해서 관계를 맺게 된다는 뜻이 된다. 이렇게 되면 인간의 존엄성은 사라지게 될 것이다. 이러한 취지가 제대로 반영되어야 논제의 핵심을 파악했다고 할 수 있다.

✪ 주제문 작성
'나'가 수단적인 존재로 남기를 거부하는 것과 마찬가지로 모든 인간은 인간으로서의 존엄성을 존중받고 싶어한다.

✪ 주제어: 도구적 존재, 수단적 존재, 이름, 인간 존엄성, 존중.

✪ 개요 작성(1,200자)
서론(300자) : 도구적 · 수단적 존재의 의미.
본론(600자) : '나'의 투쟁의 이유.
　　　　　　　─수단적 존재이기를 거부함.
　　　　　　　─고유한 '이름'을 얻고 싶어함.
결론(300자) : 인간 존엄성의 본질과 그 존중의 필요성.

✪ 예시 답안

토사구팽이라는 말이 있다. 토끼 사냥이 끝나면 사냥개를 삶아 먹는다는 의미이다. 사냥개는 그 자체로 의미를 가지는 것이 아니었고 토끼 사냥이라는 목적에 필요한 하나의 도구에 불과했던 것이다. 오늘날 인간도 사냥개처럼 도구적 존재로 전락해 가는 경향이 있다. 많은 사람들은 경제적 이익을 내기 위해 많은 시간과 청춘을 투자하고, 또 어떤 사람들은 그들이 더 이상 어떤 이익을 만들어내지 못하면 다른 사람으로 대체해 버린다. 인간이 그 자체로 존중받지 못하고 수단으로 전락하는 것은 한마디로 인간으로서의 존엄성을 잃어버리는 것과 같다.(297자)

「봄·봄」이라는 소설은 전통 사회를 시대적 배경으로 하고 있지만, 여기에서 '나'는 인간의 수단화라는 문제를 적나라하게 드러내준다. 늙어서 더 이상 농사일을 할 수 없게 되자 '장인님'은 딸을 미끼로 삼아 데릴사위를 여러 차례 들여와서 노동력을 착취한다. 맏딸을 시집보내는 과정에서 열 명의 노동력을 이용할 수 있었고, 둘째 딸의 경우에도 벌써 세 번째 데릴사위를 데려오는 교활함을 보여준다. 그러니 '나'는 언제든지 다른 사람으로 대체될 수 있는 사위 후보에 불과한 것이다.(265자)

'나'가 장인과 다투는 이유는 점순이를 좋아한다는 데도 있겠지만, 궁극적으로는 어떤 수단이 되고 싶지 않다는 데 있다. 말하자면 '나'는 여러 명의 사위 후보 중의 하나에 불과한 존재가 아니라 절대 유일한 사위가 되고 싶은 것이다. 이는 <꽃>에서 말한 '이름'의 가치를 고려하면 더욱 분명히 알 수 있다. 꽃이 제각각 고유의 향기와 빛깔을 가지고, 거기에 어울리는 이름을 지니고 있다. 마찬가지로, 인간인 '나'도 '나'의 향기와 빛깔에 맞는 이름을 가지고 싶은 것이다. 여기에서 향기와 빛깔이란 다른 누구와도 구별되는 고유한 가치를 상징하는 것이다. 결국 '나'가 장인과 다투는 것은 사위라는 이름을 얻고 싶었기 때문이었다.(351자)

제6장 이름의 의미와 가치　37

인간이 수단이 된다는 것은 결국 인간이 다른 목적을 위해 소모되는 기계와 같은 존재가 된다는 의미이다. 인간의 수단화가 위험한 것은 인간의 존엄성이 파괴될 수 있는 가장 빠른 지름길이기 때문이다. 인간은 누구나 다른 사람을 대체하거나 다른 사람에 의해 대체될 수 있는 일회용 소모품이 되기를 원하지 않는다. 각자의 고유한 인간적 가치를 존중받으며 살고 싶어한다. 나의 이름이 무시되면서 편의를 위해 임의적으로 붙여진 출석 번호로 불려질 때 별로 유쾌하지 못한 것은 바로 이 때문이라 할 수 있다. 이것이 인간의 존엄성이며, 이 존엄성은 인간을 어떤 다른 목적을 위한 수단이 아닌 인간 그 자체로 존중할 때 지켜질 수 있다.(355자)

(총1,267자)

✪ 강평

이 답안은 '토사구팽'이라는 잘 알려진 한자성어를 이용하여 인간의 도구화나 수단화의 의미를 분명히 드러냈다. 이것이 답안의 서론에 제시되면서 독자의 관심을 환기하는 효과도 거두고 있다. 또한 논제에서 요구하는 바를 모두 포괄하여 제시문에 제시된 두 작품을 적절히 언급하면서 논지를 전개했고, 인간의 수단화에 대한 경계를 최종적인 주제 의식으로 드러냈다는 점에서 훌륭한 답안이라 할 수 있다.

다만 구체적인 예시가 없어서 결론부의 주장이 설득력을 잃고 있다는 점이 아쉽다. 물론 이름 대신 출석 번호로 불려질 때의 유쾌하지 못한 경험이 반영되어 있지만, 너무 단편적이고 돌출적이어서 구체적인 사례로서의 의미를 살리지 못하고 있는 것이 약점이다. 주제가 추상적일수록 논지 전개에서는 구체적인 사례를 활용할 필요가 있다. 그 사례를 통해 사고의 깊이도 보여주고, 글쓴이의 개성도 드러낼 수 있다.

개념 심화 1

실존과 본질

1. 실존(實存, existence)이란

구체적·실질적으로 존재하고 있음을 나타내는 말이다.

철학, 특히 실존주의철학 용어. 가능적 존재로서의 본질(essence)에 대응하는 것으로서, 현대 실존주의에서는 특히 인간의 주체적 존재를 의미한다.

실존이라는 말은 근대철학에서 매우 다양하게 쓰이는 말이기 때문에 한마디로 정의(定義)한다는 것은 어려운 일이다. 원래 중세철학에서 실존(existential)이란 '(로부터)나가다', 또는 '나와서 현재 있다'를 의미하였고, 이에 대응하는 본질(essential)은 영원불변의 것을 가리켰다. 근대철학은 이 영원불변한 본질을 구하였고 G.W.F.헤겔은 그 완성자였다.

한편 인간 개인의 존재(실존)는 소멸되고 말았다. 헤겔의 이성(理性)·이념·절대정신이라고 하는 완성된 인간존재에 대하여 파멸과 죄를 안고 있는 단독자(單獨者)로서의 인간실존을 강조한 것은 S.A.키르케고르이다. 따라서 실존의 밑바닥에 무(無)를 인정한 것은 F.W.니체이며, 20세기에 들어서 K.야스퍼스, M.하이데거, J.P.사르트르 등이 실존주의 이론을 전개하였다.

2. 실존주의 사상의 성격

① 실존은 항상 특수하고 개별적이다.

② 실존은 주로 실존의 존재양식에 대한 문제이다. 따라서 실존은 존재 의미에 대한
탐구이기도 하다.

③ 존재 의미에 대한 탐구는 끊임없이 다양한 가능성에 직면하며 인간은 이 가능성
들 가운데서 선택하고 이 선택에 몸을 맡겨야 한다.

④ 이 가능성들은 인간과 다른 사물 및 타인과의 관계에 의해 구성되기 때문에 실존
은 항상 '세계 내 존재'이다. 즉 실존은 선택을 제한하고 제약하는 구체적 상황
속에 존재한다.

3. 방법론적 논점

① 하이데거

후설의 현상학을 이용한다. 하이데거에서 현상은 단순한 가상이 아니라 존재 자체의
현현(顯現)[39]이다. 현상학은 존재의 구조를 드러낼 수 있으며 따라서 존재론이다. 다만
이때의 존재는 존재에 대한 물음을 제기하는 존재, 곧 인간이다.

② 야스퍼스

실존의 합리적 해명방법을 채택한다. 그에 따르면 실존은 존재에 대한 추구로서 인
간의 합리적 자기이해 노력 또는 의사소통 노력이다. 그의 방법은 실존과 이성이 인간
존재의 두 기둥이라는 것을 전제한다.

③ 사르트르

철학의 방법은 실존적 정신분석 즉 인간 실존을 구성하는 '근본 기투(企投)'[40]에 관
한 분석이다.

---

39 현현(顯現) : 명백하게 나타나거나 나타냄.
40 근본 기투 : 현재를 초월하여 미래에로 자기를 내던지는 실존의 존재 방식. 하이데거나 사르트르의 실존
주의 기본 개념이다.

④ 아바냐노와 메를로 퐁티 등

인문주의적 실존주의는 실존을 구성하는 구조 즉 인간을 다른 존재와 연결해주는 관계를 과학을 비롯한 모든 이용 가능한 기술을 사용하여 분석하고 규정한다.

4. 교육학 안에서 실존철학의 영향

① 볼르노에 의해서 철저하게 고찰되었다.
② 부버 : 실존주의 철학자로서 예외적으로 교육에 대해 언급하였다.
③ 모리스, 닐러 등도 실존주의가 교육학에 반영된 모습을 체계적으로 정리했다.
④ 로저스, 매슬로우, 올포트, 플랭클린, 메이 : 실존주의 철학의 아이디어들을 교육이나 교육활동을 전재하는 데에 도입해 적용하려는 노력, 교육심리 및 상담 심리 분야의 학자들에 의해서도 시도되었다.

5. 실존주의의 교육 철학

① 개인의 중요성에 대해 강조하였다.
② 자기 자신을 인지시키는 것, 사회적 선택에 휩쓸려서는 안 된다는 것, 참된 아동이 학교에 가는 이유는 궁극적으로 자기 자신이 누구이며, 인간생활이 무엇을 위한 것인가 하는 것을 찾아내려 하였다.
③ 교사와 학생 교사는 학교에서 지식을 전달하는 사람(현실주의자)이 아니라, 문제해결을 위한 조력자(실용주의자)도 아니며, 인격자로서의 교사(이상주의자)도 아니다. 교사는 학생들에게 개인적으로 인간은 자아실현을 향해 나아가야 함을 강조하였다.

6. 본질(本質, essence)이란?

어떤 사물이 다른 사물과는 구별되는 사물로서 성립하고 있는 그 고유의 존재를 일컫는 말.

이에 비해 그 사물에게 간혹 있기는 하지만 항상 있지 않고, 있어도 없어도 좋은 것은 부대성(附帶性)이다. 사물 본래의 성립이라는 점에서 본질이란 사물의 본성이다. 즉 사물의 존재를 규정하는 원인이다.

아리스토텔레스는 "그것은 무엇인가"라는 질문에 의해 물어지는 것을 사물의 본질이라 했고, 이것이 사물의 존재 그 자체라는 뜻에서 이를 사물의 실체라고 불렀다. 그것은 사물의 정의에 포착되는 것이다. 따라서 그것은 개개 사물이 속하는 종에 속하는 많은 사물의 공통성인데 이 공통성은 개개 사물에서 떠나 그 자체로서는 존재하지 않으며 개개 사물 속에 있어 그 사물의 존재를 구성하는 것이라고 했다. 본질이 사물 '본래의 성립'으로서 사물의 '지속성', '본래성'을 표현하는 것으로는 "그것이 본래는 (사물의) 무엇이었는가"라고도 말한다. 한편 이 말의 라틴어 번역인 'essentia'는 '존재한다'에서 온 말이며 '참으로 그것인 것'이라는 뜻이다. 본질은 유와 종의 차이에 따라 정의된다. 예와 구별될 수 없는 것으로 여겼으며, 그 밖의 사물에서는 이들이 구별되고 각각은 사물 고유의 본질을 가지며 여기에 '존재'의 작용이 부여되어 현실에 존재한다고 생각했다. 본질과 존재의 구별은 현대 실존주의 철학의 원천 중 하나이다. 근대 과학에서 사물의 존재는 그 정의에 따라 실체로 파악되는 것이 아니라 그것이 우연히 소유하고 있는 작용에 의해 기능을 갖는다고 파악되고 나서부터는 본질의 개념이 불분명해졌다.

7. 철학적 배경과 발전과정

플라톤, 데모크라테스, 에라스무스의 철학에 근거를 두고 있으며(관념론과 실재론), 진보주의 교육의 비판으로 대두.

1938년 미국에서 배글리가 '미국교육 향상을 위한 본질파 위원회'를 조직하고, '본질주의 강령'을 발표한 것을 계기로 표면화되었다. 오늘날의 학문중심 교육과정을 탄생시키는 데에 결정적 역할을 하였다.

8. 교육이론

① 학교는 인류의 문화재 중에서 가장 존귀한 본질을 대표하나 사상과 이론 및 이상의 공통되는 핵심을 모든 사람에게 가르쳐야 한다.

② 지나친 자유는 방종이므로 아동의 자유는 한계가 있어야 한다. 경우에 따라서는 교사의 통제가 필요하다.

③ 교육에서의 주도권은 아동에게 있는 것이 아니라 교사에게 있는 것이다. 교사의 역할은 성인세계와 아동세계 사이에 있는 중재자이다.

④ 학교는 심리적 훈련을 위한 전통적 교수방법을 받아들여야 한다.

⑤ 학습은 필연적으로 어려운 일이고 응용을 포함한다. 그러므로 아동의 흥미가 교육에 있어서 중요하지만 그에 못지않게 요구되는 것은 노력이다.

⑥ 교육과정은 인류의 문화재 가운데서 현재 생활에 소용될 정수만을 뽑아 구성하여야 한다.

⑦ 학교는 정신적 훈련의 방법을 강조하여 실행해야 한다.

⑧ 교육은 사회적 요구의 사회적인 관심을 중심으로 행해져야 한다.

제7장

전통의 미덕과 한계

논술 기법

☻ 단어의 정확한 개념 인지와 주술 호응관계

우리는 일상적으로 친구와 담소를 하면서도 경우에 따라 상황에 맞는 적당한 단어가 생각나지 않아서 고민하는 때가 종종 있다. 자신의 입을 통해 나가게 되는 표현이 매우 적절하고 완벽하면 언어 생활의 재미가 남다를 것 같다. 이러한 언어 생활의 자신감과 만족감을 위해서는 따로 사용하는 어휘에 대한 관심과 정확한 개념 인식의 과정이 필요하다.

말은 대화의 현장에 의거해 진행되기 때문에 설령 정확하지 못한 단어가 구사

되더라도 상황으로 그 의미의 이해를 보조해 줄 수 있지만 글은 오히려 현장을 초월하여 생생하지 못한 환경에서 의미 전달을 하기 때문에 단어 사용의 정확성과 적절성이 훨씬 더 많이 요구된다. 문장 구성이나 맥락 구조가 불충분하거나 완전하지 않으면 내용의 애매모호함은 물론이고 오해와 곡해의 여지가 많다. 그리고 평가되고 점수화될 수밖에 없는 논술 고사에서의 논술 답안지는 정확한 의미 전달이 안 될뿐더러 그 자체가 감점의 대상이 되어 결과적으로 고배를 마시기 십상이다.

글쓰기의 적절한 표현에 관한 주의에서는 크게 단어의 적절한 선택과 사용, 그리고 적절하고 완전한 문장의 사용 문제로 나누어 설명해 볼 수 있다. 먼저 단어의 적절한 선택 문제는 이미 익숙한 단어의 오용에서 출발하는데, 이것은 평소 그 단어의 정확한 개념 인식을 소홀히 한 데 기인한다. 예를 들어 '불가피(不可避)', '불가결(不可缺)', '불가분(不可分)' 등의 의미상의 구분, '왜곡(歪曲)'과 '곡해(曲解)'의 정확한 단어차원의 의미 구별, '양심적 병역 기피'에서 '양심(良心)'의 본질적 의미, '상충적(相衝的)'과 '상보적(相補的)'의 의미 관계 등에 대한 정확한 개념적 인식이 준비되어 있어야 한다. 이것을 위해서는 물론 축자적(逐字的) 의미 이해가 필요하기 때문에 한자 이해의 소양이 절대적으로 필요하기는 하다. 하지만 이러한 축자적 의미 인식의 바탕에서두 정확한 단어의 이해와 용법을 익히는 것은 또 필요하다. 논술 답안에서는 이러한 단어의 사용에 있어서 혼동이 오면 안 되기 때문이다. 또한 아주 유사한 듯하지만 단어 사용의 방법에 약간의 차이를 보이는 다음의 경우도 눈에 띈다.

---

* '쫓다/좇다'의 의미 구별
  이익을 쫓는 것을 → 이익을 좇는 것을
  (쫓다 : 내몰다. 추방하다. / 좇다 : 따르다, 추구하다)

---

* "그렇지 못한 사람보다 <u>진심으로</u> 행복하다고 말할 수 있나" → <u>"진실로"</u>
  (진심으로 : 참된 마음으로, / 진실로 : 거짓이 없이 참으로)
* "산이 날 에워싸고"라는 <u>"시(詩)"</u>에서 → <u>"구절에서"</u>
* 현대 문명의 <u>이득을</u> → <u>혜택을</u>
* 실제적 : 있는 그대로의 상태나 형편
  실재적 : 실제로 존재함.

위의 사례는 논술문의 첨삭 지도 과정에서 개인별로 잘못 사용된 것을 발췌한 것이다. 평상시 언어 생활하는 방식으로 정확하지 못하지만 대충 그러그러한 의미의 범위 내에서 선택해서 쓴 단어들인데 정확하게 분석해 내면 위와 같은 오류가 나오는 것이다. 이러한 오류 지적을 경험한 학생은 다음부터라도 분명 정확한 단어 의미에 대한 인지의 중요성이 강하게 살아날 것이다.

이러한 오류를 없애기 위한 방법은 논술 고사를 앞둔 상황에서 더욱 철저히 자신의 언어를 점검하고 분명치 못한 단어의 개념을 사전을 찾아 그 사전적 의미와 더불어 용법을 익히는 습관이 중요하다. 그리고 또 논술 연습을 통해 소신껏 쓴 글을 정밀한 눈으로 검토하여 첨삭한 자료를 토대로 공부하는 것이 매우 효과적이다. 글쓰기 지도는 일괄적인 이론의 학습만으로는 절대로 완성될 수 없다. 다양한 주제와 다양한 논제로 실제 글을 수차례 작성해 보면서 자신의 다양한 단어 사용과 문장 표현을 경험할 수 있으며, 정밀한 첨삭 지도를 받으면서 자신의 글쓰기에 곧잘 나타나는 맹점 유형이 파악되기도 하고 예상하지 못했던 오류를 잡아내어 고쳐갈 수도 있는 것이다.

단어 사용의 문제에 이어 또 고려해야 할 것에 문장의 구조와 정확성을 생각해 보아야 한다. 문장의 구조는 문장의 균형 감각과도 상통하는데 흔히 대구적 표현과 대조적 표현에서 드러난다.

* "변화 속도에 맞추어 살아가는 <u>사람이 있는가 하면</u>, 사회보다는 내가 주인이 되는 생활의 페이스를 가져야 한다는 <u>소리도 점점 높아지고 있다.</u>"
  → "<u>~사람이 있는가 하면, ~사람도 있다.</u>"의 패턴으로.
* 히피족이라든지 교외 또는 시골로 집을 옮긴다든지 하는 것이다.
  → 히피족이 <u>된다든지</u> ~집을 <u>옮긴다든지</u> 하는 것이다.(문장의 균형 구성)

위의 예시를 보면 어떤 부분에서 문장의 균형 감각이 일그러졌는지 알 수 있을 것이다. 이러한 표현은 머릿속에 있는 내용을 무작정 구성하다가 문장의 형식적인 표현의 감각을 놓친 것이다. 이렇게 잘못 써진 문장은 의도했던 내용이 무엇인지 잡아내기가 고쳐진 문장보다 훨씬 어렵다. 다시 말하면 글의 의미 전달이 제대로 되지 않는다는 뜻이다. 다시 말하지만 모든 글은 독자를 전제로 하며, 더구나 논술문은 시험 답안지로서 채점자에게 차별화된 답안지로 선정되어야 하기 때문에 이런 문장쓰기의 규칙은 꼭 수용해야 할 부분이다. 그 다음으로 살펴야 할 것에 문장 성분의 호응관계가 있다. 이것은 작문의 기본에서 이미 다 다루었겠지만 역시 글을 쓰다 보면 또 안타깝게 잘못되는 경우가 있다. 가장 간단한 주술호응이나 시제호응은 차치하고, 자기도 모르는 사이에 문장이 구조상 이상해지는 경우를 예로 들어 문장 호응의 문제에 좀 더 철저를 기해야 할 필요성을 실감해 보자.

* "예를 들면, ~한 사례를 들 수 있다."(호응 안 됨)
  → "예를 들면, ~이 있다.(이다)"로 바꿈.
* 현대 사회<u>에는</u> 환경오염, 비인간화, 자아 정체성의 혼란 등 많은 문제점을 <u>낳았다</u>.
  → 현대 <u>사회는</u> ~~ 문제점을 <u>낳았다</u>.

위 예문에 나타난 것은 아주 예민한 부분의 호응이다. 그렇지만 수정 전과 수정 후는 독자의 입장에서 의미 파악의 정밀도가 분명히 다를 것이다. 조사 하나의 사용에도 신경을 써서 문장의 이어짐이 균형과 호응이 잘 되면 깔끔하고 정확한 문장이 될 것이고 나아가 군더더기 없는 글이 만들어질 것이다.

이 외에도 띄어쓰기, 맞춤법, 조사와 어미의 구별, 부호 사용의 제약, 구어적 표현의 지양 등 좋은 글을 위한 조건들이 많이 있겠지만 이런 것들은 기본 작문의 실력 배양에서 충분히 이루어졌을 것으로 믿고 여기에서는 자세하게 언급하지 않는다. 다만 자신이 곧잘 틀리는 부분은 자신이 열심히 작성한 논술 답안지를 통해서 보는 것이 가장 확실한 방법임을 다시 한 번 강조한다. 다만 이의 중요성을 위해서 한 예를 보여줌으로써 이에 대한 의식을 깨우치고 싶다.

* 안될 것이다. → 안 될 것이다.
* 정 반대 → 정반대('정' : 접두사, 접사는 붙여씀)
* 현단계 → 현 단계('현' : 관형사, 관형사는 뒤의 체언과 띄어씀)
* 이익추구에 급급하기 보다는 → 급급하기보다는
  '나'가 주인이 되기 보다는 → 주인이 되기보다는
  참고 : '보다' * 조사 : 붙여씀(비교의 뜻)
                   부사 : 띄어씀(뒤의 용언 수식, more의 뜻)
* 집밖에 나가지 않아도 → 집 밖에
  참고 : 조사 : 붙여씀(오직 그것뿐임)
         명사+조사('밖'은 외부의 뜻, 예) 집 밖에 나가 봐라)
* <u>열거 후에 적는 '등'은 띄어쓰고</u>(의존명사이기 때문), <u>'들'은 붙여 쓴다</u>(접미사 이기 때문)
* 모든 의존명사는 띄어쓴다.(것, 바, 수, 리, 등)
  −알 수있다 → 알 수 있다

* 모든 단위도 의존명사이다.

　　몇 십년 → 몇십 년('몇십'은 관형사, '년'은 단위 의존명사)

　　　　　　－원, 명, 분 등도 마찬가지임.

　　두가지 → 두 가지

* '한번(일단의 의미)' / '한 번(일회(一回)의 의미)'은 뜻이 다름.

* '이다'의 '이'는 <u>서술격 조사이기 때문에 앞말에 반드시 붙여</u> 적는다.

　　－뿐 인것이다. → 뿐인 것이다.

* '－어(語)'는 접미사이기 때문에 붙여 쓴다.(예: 중국어, 일본어, 한국어, 단, 외래어의 나라 이름에 붙일 때는 띄어쓴다. 포르투칼 어, 프랑스 어, 독일 어 등)

* '－점(店)'도 접미사이기 때문에 붙여 쓴다.(음식점, 가구점, 백화점 등, 다만 외래어의 뒤에는 띄어쓴다. 예, 패스트푸드 점, 웰빙 점, 등)

* 커질 수록 → 커질수록('-ㄹ수록'은 어미이기 때문에 붙여 쓴다.(모든 어미))

* 삶이 겠는가? → 삶이겠는가?('겠'은 선어말어미임.)

* 산업사회, 농경사회, 정보사회, 현대 사회…

* 이 사회를 살아가는데 큰 문제점이 되고 있다. → 살아가는 데 큰 문제점이

　　－데 : 연결어미(붙여 씀) : 증가하고 있는데, …

　　데 : 의존명사(띄어씀) : 갈 데라도 있나? / 책을 다 읽는 데 하루 걸렸다.

　　　　(경우, 처지, 장소 등의 개념)

 **읽을거리 1**

순수한 성공과 실패란 없다

　개항 이후 조선은 열강들의 침입과 이권 다툼의 장이 되었다. 조정은 극도의 경제적 궁핍에 시달리고 있었고, 지배층은 농민에 대한 수탈을 일삼았다. 이러한 때 인간 평등과 사회 개혁을 주창하는 갑오 농민 전쟁(동학혁명, 1894년)이 일어났다. 그러나 이를 진압하기 위해 조정은 청과 왜의 군대를 끌어들여 청·일 전쟁에 불을 붙였고, 다시 봉기한 농민군은 일본군에 패함으로써, 봉건 정부와 외세 침략의 모순을 개혁하고자 했던 노력은 실패로 끝나고 말았다.

　갑오 농민 전쟁은 정권 유지를 위해 외국군을 끌어들인 정부의 무능과 부패, 그리고 일본의 무력 탄압으로 성공을 거두지는 못하였다. 그러나 위정자들에게 제도 개혁의 필요성을 깨닫게 함으로써 갑오개혁의 발판이 되었고, 농민군은 훗날 항일 의병 운동의 주요 세력이 되었다. 농민 항쟁은 널리 알려진 갑오 농민 전쟁 이전에도 여러 차례 일어났으며, 농민, 농업 임노동자층, 초기 노동자층, 유민 등 민중이 참여하는 광범위한 운동으로 전개되었다. 비록 이 운동이 지배 권력을 창출하는 데는 이르지 못했지만 그렇다고 이 운동을 실패라고 보는 것은 올바르지 않다. 어디에든 성공과 실패의 요소들은 공존하고 있는 것이고, 그 성패의 여부는 현상만을 두고 행하는 평가일 뿐이다. 그러므로 역사적 실패의 패배감에 가려진 성공을 드러내고, 분해하고, 생각해 볼 필요가 있다. 시대가 평가한 성공을 받아들일 준비를 미리부터 하고 있거나, 실패로 규정된 역사에 내재하는 성공의 요소들을 묵살해서는 안 되는 것이다.

반면에 한순간 조선의 성공적 개혁으로 보이던 갑오개혁은 어떠했는가. 이는 신분제의 철폐나 왕실과 정부의 사무 재정 분리 등 정치, 경제, 사회의 각 분야에 걸쳐 제도적 근대화를 추진한 대표적 개혁이었다. 그러나 개혁이라는 구실로 일본에게 갖가지 이권을 넘겨주거나, 농민의 봉기를 일본군의 힘을 빌려 압살하였을 상기할 필요가 있다. 무엇보다도, 이들은 민중보다는 지주의 이익을 옹호하는 개혁 방향을 가지고 있던 점을 간과해서는 안 된다.

　　자주 국권, 자유 민권, 자강 개혁으로 상징되어 온 <독립협회[1]> 또한 민중의 변혁 요구를 제대로 받아들이지 못한 것은 마찬가지였다. 즉, 이들은 과거의 개화 세력과는 달리 민중을 결합시켜 근대적 운동을 전개하였다는 평가를 받고 있으나, 민중의 힘을 얻지 않고 지주의 입장에서 모든 개혁을 추진하려는 한계를 가지고 있었다. 더욱이 미·일·영의 철도 부설[2]권과 광산 채굴권 수탈을 문명 개화라 하여 적극 환영하였으니 이를 성공적 개혁이라고 단정짓기는 어려울 것 같다.

　　게다가 교과서를 통해 서재필과 함께 즐겨 외웠던 <독립신문>은 엄밀히 말하면 미국 사람 필립 제이슨이 만든 것이다. 서재필에 대해서는 "선근대적인 한국인의 사상을 근대적인 단계로 유도하는 데 누구보다도 힘쓴 사상가"라는 긍정적 평가와 "한국 사람이 아닌 미국인 필립 제이슨으로 행세했으며, 그가 주장한 독립은 청국으로부터 떨어져 일본으로 붙자는 것이었다"라는 부정적 견해가 엇갈리고 있다. 이러한 학계의 논쟁 속에서 경상대학교 려증동 교수는 "<독립신문>은 의병을 나쁜 놈들이라 하고 조선국과 조선 사람을 업신여겼으며, 일본국을 칭찬하였다"라는 청원서를 정부에 제출하기도 하였다. 만일

---

1 독립협회(獨立協會, Independence Association) : 조선 고종 33년(1896)에 서재필·안창호·이승만·윤치호 등이 정부의 외세 의존, 외국의 침략, 이권의 박탈 등을 계기로 개화사상에 의한 독립정신을 고취시키기 위하여 만든 정치적 색채를 띤 사회단체이다. 황국협회의 방해공작 등으로 1899년에 해산되었다.
2 부설(敷設, construction) : (철도·해저 전선·기뢰 따위를) 설치함.

려 교수의 주장이 옳다면 막연하게 <독립신문>을 우리의 자랑스런 역사적 의지로만 생각했던 과거의 믿음은 무엇으로 보상받을 수 있을 것인가.

'역사란 현재와 과거와의 끊임없는 대화'라고 말한 카아3의 주장을 근거로 한다면, 과거에 대한 판단으로부터 현재의 억압된 역사적 구도를 찾을 수 있다. 그런데 교과서로 쓰이는 역사 기술은 그 서술 자체가 성과라는 잣대로 성공과 실패를 구획하는 모습을 보이고 있다. 그렇기 때문에, 한 사회를 기술하는 데 있어서도, 정치와 경제 중심의 서술을 중시하는 나머지 문화나 풍속의 역사를 어디론가 묻어 버리곤 했다. 빈곤한 민생과 여성 문제, 변혁 사상의 전파와 그에 따른 사회 구조의 변화, 전통 문화와 근대 문화 사이에 일어나는 절충4과 상충5에 대한 역사는 어디로 갔는가.

사실 역사는 지금 이 순간 활동하고 있는 사람들에 의해 만들어지는 것이며, 찾아지는 것이 아니라 현실에 자연스럽게 살아 있는 것이다. 그러므로 우리에게는 눈에 보이는 성과로 성공과 실패를 구별짓고, 살아 있는 대중의 삶을 뒤켠으로 묻어가는 역사보다는, 당대의 문제를 해결하기 위해 노력하고 실천하는 역사 철학이 필요하다. 그리하여 성공 안의 실패와 실패 안의 성공을 인정하는 것에 인색하지 않을 수 있기를 바라고, 실패에 대한 두려움에 머물러 있거나 과정상의 실책을 위장하는 무력함에서 벗어날 수 있기를 바란다.

---

3 카아(Carr, Edward Hallett) : 카아(E.H.Carr, 1892~1982)의 역사철학적 관점은 다음과 같은 말에서 찾아 볼 수 있다.

"역사란 역사가와 사실 사이의 부단한 상호작용의 과정이며, 현재와 과거의 끊임없는 대화이다."
이것은 역사란 본질적으로 현재의 눈을 통하여 현재의 관점 하에서 과거를 본다는 것입니다. 따라서 역사가의 주 임무는 과거의 객관적 서술이 아니고 가치를 재평가한다는 것입니다. 그렇게 보면 옛날엔 별 것이 아니었던 일이 오늘의 관점에서 기록할 만한 가치 있는 일로 평가되어 남겨질 수도 있다는 것이다.
이것은 역사를 '사실로서만 바라보아야한다'는 관점과는 차이가 있다. 이런 관점은 거짓 없는 사실만이 역사이며, 역사가가 과거를 오늘의 시각으로 해석하려 해서는 안 된다는 관점이다.

4 절충(折衷, compromise) : 어느 편으로 치우치지 않고 이것과 저것을 취사하여 알맞게 함.
5 상충(相衝, contradiction) : 맞지 않고 서로 어긋남.

읽을거리 2

문화적 잠재력의 중요성

전환기일수록 자신을 되돌아보는 작업이 중요해진다. 온 세계가 전환기 논의로 들끓는 지금, 이 작업을 진지하게 하고 있는 주체가 사회적 혼란이 극에 달해 있는 제3세계[6]가 아니라 오히려 서구 사회라는 사실은 눈여겨볼 만한 점이다.

이제 서구의 지식인들에게 근대화의 기치였던 '휴머니즘[7]'이란 단어는 억압과 추함의 표상으로 전락했다. '자유와 평등을 향한 투쟁사'로서의 인류보편사라든가 이것을 뒷받침해 온 휴머니즘이 사실은 유럽 열강이 만들어 내고 종속시키고 착취해 온 무수한 사회들을 소외시킨 오만한 역사임을 이들이 깨달았기 때문이며, 이것의 결과가 파괴적 경쟁과 인류의 종말에 가 닿아 있음도 알게 되었기 때문이다. 따라서 이들에게 '해방을 약속하는 유토피안저[8] 역사'는 역

---

6 제3세계(第三世界, Third World) : 통상적인 의미로는 동서 냉전 블록의 어느 쪽에도 가담하지 않은 개발도상국가들의 총칭.
　　전세계는 경제적으로 발전된 미국과 서유럽 등의 선진자본주의 국가가 제1세계, 여기에 맞서온 사회주의 국가가 제2세계, 양쪽 모두 포함되지 않는 국가들이 제3세계로 규정된다. 이와 같은 국제정치적 기준은 소련 및 동유럽사회주의의 붕괴 이후 퇴색하고 있다.
　　제3세계를 경제발전에 따라 구분한다면, 봉건주의에서 자본주의로 자연스럽게 발전한 구미자본주의 국가와 일본이 제1세계가 되고, 사회주의 노선에 따라 산업화를 이룬 소련과 동유럽 블록이 제2세계이며, 제1세계와 제2세계로부터 자본과 기술 및 이데올로기를 도입하여 산업화를 추진하고 있는 국가들이 제3세계이다. 흔히 제3세계로 부르는 국가들은 지역적으로 라틴아메리카·아시아·아프리카·중동 등지에 편중되어 있다.
7 휴머니즘(人本主義, humanism) : 인간의 자유와 존엄성을 중시하는 사상이나 이론체계의 통칭.
　　넓은 의미에서 휴머니즘은 이러한 인간성 존중의 태도를 포함하는 것을 모두 가리키지만, 좁은 의미로는 특히 14세기 말 이탈리아에서 기원하여 유럽의 다른 나라들로 확산된 이래 근대문화의 요소들 중 하나를 형성한 철학 및 문화 운동을 가리킨다.

압의 이야기를 상기시키는 위선적 이야기인 것이며 이들은 이 위선의 이야기를 새로 쓰는 작업을 자신의 세대가 해야 할 일로 삼고 있다.

자신들의 중심을 보다 더 근원적으로 성찰하고, 이제는 돌이킬 수 없게 된 자신들의 운명에 대해 새롭게 생각하려는 몸짓을 시작하게 된 서구는 자신들의 고대 역사나 그동안 '보이지 않고 들리지 않는 존재'로 감추어 두었던 자신의 주변에 주목한다. 즉, '그들'과 '우리'를 구별하는 이원주의를 극복하고자 하는 의지 아래 그동안 자신들이 소외시켜 온 대상을 진지한 반성의 소재이자 대안의 대상으로 삼기 시작한 것이다. 그 결과 서구가 소외시켜 왔던 주변 사회와 보다 평등한 관계를 맺기 원하는 탈식민주의 논의가 활발하게 일고 있다.

탈식민주의 논의란, 식민주의적9 과거를 가진 사회들이 식민주의에 대한 현실 인식을 기초로 새로운 상황에 들어가기 위해 만들어가는 새로운 언어 행위를 말한다. 그것은 단순한 언어 행위가 아니라 사회 구조, 논리 체계, 저항의 방법을 담고 있다. 탈식민주의는 크게 두 가지 면에서 이루어지고 있는데 하나는 그동안 피지배 지역 주민들이 정치·경제적인 면에서만이 아니라 보다 근원적인 문화와 심리 차원에 걸쳐 철저하게 소외되어 왔다는 인식에 근거하여 그 소외됨의 의미를 풀어내 가는 것이다. 다른 하나는 제국주의10 시대의 절대적

---

8 유토피아(桃源境, 武陵桃源, utopia) : 사람들이 겉으로 보기에 완벽한 조건 아래 있는 이상사회.
　　유토피아라는 말은 토머스 모어 경이 『국가의 최선 정체(政體)와 새로운 섬 유토피아에 관하여(*Libellus ...... de optimo reipublicae statu, deque nova insula Utopia*)』(1516)라는 라틴어 제목으로 출판한 『유토피아(*Utopia*)』에서 처음 등장했다. 이 단어는 그리스어의 '아니다'(ou)와 '장소'(topos)를 합성해 만든 것으로, '아무 데도 없는'(nowhere)이라는 의미였다

9 식민주의(植民主義, colonialism) : 1500년경 유럽의 여러 나라들이 세계의 넓은 지역을 발견해 정복하여 착취했던 정치적·경제적 현상. 식민지의 획득과 유지를 지향하는 대외정책.

10 제국주의(帝國主義, imperialism) : 직접적인 영토 획득이나 다른 지역에서 정치적·경제적 통제력을 얻어 세력이나 지배권을 확장시키려는 국가정책 또는 관행.
　　일반적으로는 1870년부터 20세기 초에 걸쳐 나타난 독점자본주의(獨占資本主義)에 대응하는 정치적·경제적 구조를 총칭하는 말로 쓰인다. 대개 이 용어는 침략에 의하여 영토를 확장한다는 점에서 팽창주의 또는 식민주의와 거의 동일한 의미로 사용되어 왔다. 그렇다고 해서 제국주의가 자본주의적 제국주의에만 국한된 개념은 아니다.

인 기준이었던 국가 변경이 허물어지고 문화적 충동과 상호간섭이 증가한 시대에서 탈식민화의 방향과 전략을 모색하는 작업이다. 단절적 자아, 파편화된 문화, 문화양식의 혼합과 다원화, 전통주의자들의 재등장 등이 이들이 다루는 주요 현상이라 할 수 있다.

　　탈식민주의 논의의 대표 주자격인 아파두라이는[11] 이질적인 문화들이 마구 뒤섞여 있는 다국적 공간의 문제를 풀어 나가기 위해서는 새로운 문화 이론이 필요함을 강조하고 있다. 탈문화적 상황에서 자기 성찰의 작업은 '서구적 주체'와 이를 둘러싼 주변 국가 사이의 평등한 교류를 목표로 하여, 동질화와 개성화의 두 갈래 흐름 아래 풀어 가야 할 것이라는 것이 그의 견해이다. 이러한 논의는 사실상 서구의 직접적 식민지 통치를 오랫동안 받았던 인도나 아랍 계열의 지식인들과, 서구에 살고 있는 제3세계 출신 지식인들의 주도 아래 이루어지고 있다.

　　그렇다면, '보편적 자아' '객관적 이성'이기를 포기하는 서구의 몸짓에 우리는 안도의 숨을 내쉴 수 있겠는가? 제3세계 지식인 중에는 이제 겨우 힘을 모을 수 있게 되자, 병약해진 서구가 상대주의를 가장한 유언비어를 퍼뜨려 제3세계 주민들의 힘을 빼려 한다고 흥분하는 이들이 없지 않다. 이들의 흥분은, 새로운 논의의 흐름을 서구가 주도적으로 전개해 나가고 있으며, 그 논의가 주변국 지식인의 적대감과 소외감을 엉뚱한 방식으로 해소해 버린다는 데 있다.

　　나는 그런 음모론[12]에 동의하지는 않는다. 그러나 적어도 서구의 성찰성이

---

11 아파두라이(Arjun Appadurai) : 아르준 아파두라이(Arjun Appadurai)는 인도 뭄바이에서 자랐고, 미국에서 공부한 타밀족 출신의 브라만 남성이다. 어린 시절 인도에서는 상류층 거주지에 살았고, 영어 교육을 받았으며, 영국적인 것들에 함몰되어 있었지만, 미국에서 공부하게 되면서 그는 Americanism을 지향하는 현대화 이론과 만나게 되었다고 한다. 그는 그가 겪었던 삶의 여정들을 통해 6년에 걸쳐 Modernity at Large(『고삐 풀린 현대성』)라는 책을 집필하게 되었다. 이 책에서 아파두라이는 대량 이주와 전자매체 시대를 특징으로 하는 세계화의 흐름이 몰고 온 현상을 분석하면서 동시에 그 미래상을 전망하고 있다.
12 음모론(陰謀論, the theory of conspiracy) : 고통과 재난 등이 어떤 강력한 개인이나 집단의 음모에 의해 발생한다고 설명하는 방식'(칼 포퍼)

짙은 글들을 읽으면서 '문화적 힘'에 대해 다시 한번 깊이 생각하게 된다. 사회적 진화의 과정에서 가장 중요한 것은 무엇인가? 그것은 문화적 잠재력이라 할 수 있다. 문화적 잠재력이란, 한 사회가 가진 자기 성찰의 능력과 위기 상황에서 선택할 수 있는 다양한 문화적 자원들을 뜻한다. 지금 서구에서 일고 있는 자기 성찰과 주변을 돌아보는 작업들은 궁극적으로는 자신들의 위기를 극복하려는 그들의 몸짓이라 할 수 있다. 자유와 평등의 역사가 자기 문명 밖의 문명을 대상화하고 억압하고 착취함으로써 가능했음을 깨달은 것은, 그러한 공격성이 더 나아갈 데가 없어졌기 때문이고, 그러한 공격이 결국 자신을 향해 날아올 것이라는 것을 알게 되었기 때문이지, 서구가 더 현명해지고 양심적이 되어서가 아니다. 그들은 자신들이 늘 해온 것처럼 스스로를 되돌아보면서 새로운 실험을 통해 대안을 모색하고 살 길을 찾아갈 것이다. 그들은 그런 과정에서 새로운 인식이 불가피하게 필요함을 알게 되었고, 제국주의적인 존재론과 기계론적 세계관[13]이 걸림돌이 된다는 것을 알아챘으며, 그래서 동양 의학에서 아프리카 음악에 이르기까지 다양한 문화적 자원을 받아들여 그들의 문화 영역을 넓히고자 노력하고 있는 것이다.

　그러나 근대 초기에 그들은 경제적 팽창을 필수적 조건으로 하는 산업화 과정에서 '지성과 양심의 소리'들을 앞세워 자신들의 생존, 곧 제국주의적 확장을 이루어 왔다. 당시 그들의 목적은 권력의 확장에 있었으며, 다른 이야기들은 한낱 변명이나 미사여구에 불과했다. 이 점을 상기할 때 후기 자본주의 시대에 일고 있는 그들의 반성의 소리가 문화적 팽창주의의 함정을 안고 있을 가능성은 충분히 있다. 이렇게 볼 때 탈식민주의에 대한 제3세계 지식인들의 흥분과

---

13 기계론적 세계관(機械論的 世界觀, Mechanical World View) : 기계론적 세계관이란 이 세계에는 유기적 생명체는 없으며 하나의 커다란 기계일 뿐이고 그 속에 살고 있는 모든 존재는 수학적으로 계량화된 기계의 한부분일 뿐이라고 말하는 이론이다. 존재에게 목적은 없으며 단지 기계처럼 입력된 일에 대해서 움직이는 것뿐이라고 말했다.
　데카르트와 스피노자같은 철학자들이 이를 주장했으며 현대에까지 영향을 미쳤다.

우려가 전혀 근거 없는 것은 아니다. 생존의 게임은 냉혹한 것이며 앞으로 오는 시대가 아무리 지금 시대와는 달라진다고 하더라도 그 점에서는 달라지지 않을 것이다. 문제의 핵심은 우리의 문화적 잠재력에 있다. 우리의 자기 성찰 능력과 문화적 자원이 중요하다는 것이다.

읽을거리 3

예술가의 양심과 자유

예술가의 양심이란 무엇인가? '예술가의 양심과 세상의 허위'라는 공식에 요약된 예술적 이상이, 속물의 세계로부터의 소외를 유일한 자랑으로 삼았던 서양의 보헤미아 예술가들의 고정관념에 이어져 있다는 추측은 있을 수 있는 일이다. 이들 보헤미아14 예술가들의 의도적 또는 무의도적인 소외는 속물의 세계에 대한 비난으로 작용할 수 밖에 없는 것이지만, 다른 한편으로는 소외의 덕성으로 굳힌 그들의 예술가적인 양심이 하나의 거짓된 포즈가 되고 자기 위안의 수단이 될 가능성이 있는 것도 사실이다. 김수영15에게도 이러한 면이 전혀 없는 것은 아니다.

뮤우즈16여

용서하라

---

14 보헤미안(放浪者, Bohemian) : 어원은 프랑스어 보엠(Boh me)이며, 체코의 보헤미아 지방에 유랑민족인 집시가 많이 살고 있었으므로, 15세기경 프랑스인은 집시를 보헤미안이라고 불렀다. 19세기 후반에 이르러 사회의 관습에 구애되지 않는 방랑자, 자유분방한 생활을 하는 예술가·문학가·배우·지식인들을 가리키는 말이 되었고, 실리주의와 교양 없는 속물근성의 대명사로 되고 있는 필리스틴(Philistine)에 대조되는 말이다. '보헤미안'이란 영어를 일반화시킨 작가는 사카레이다. 또한 이 말은 집시처럼 방랑하는 방랑자(vagabond)와 같은 의미로 사용되기도 한다.

15 김수영(金洙暎, 1921.11.27~1968.6.16) : 초기에는 모더니스트로서 현대문명과 도시생활을 비판했으나, 4·19혁명을 기점으로 현실비판의식과 저항정신을 바탕으로 한 참여시를 쓴 그는 1945년 『예술부락』에 「묘정(廟庭)의 노래」를 발표한 뒤 마지막 시 「풀」에 이르기까지 200여 편의 시와 시론을 발표하였다.

16 뮤즈(Muse, 音樂神) : (그리스)Mousa/Moisa (라틴)Musa. 그리스 신화에서 보이오티아의 피에리아와 헬리콘 산에 관련된 자매 여신들.
　　뮤즈의 기원은 아주 오래되고 확실하지 않다. 헬리콘 근처 테스피아이에서 4년마다 뮤즈 축제가 열렸다. 처음에는 시인들의 후원자였던 것 같고, 뒤에는 그 영역이 넓어져 모든 예술과 과학을 관장하게 되었

> 생활을 하여 나가기 위하여는
> 요만한 경박성이 필요하단다

라고 말하며 생활이 그로 하여금 허위의 세상 속으로 섞여 들어가지 않을 수 없게 함을 변명할 때, 우리는 그의 변명의 어조에서 고고의 포즈를 엿볼 수가 있다.

그러나 김수영이 처음에 어떠한 시인으로서의 자만심을 가졌든지 간에, 그의 마지막 예술가적 양심이 사치스러운 포즈가 아니었던 것은 틀림이 없다. 그가 '예술가의 양심'이라고 부른 것은 오히려 예술가의 태도나 이념으로 굳어지기 이전의 어떤 고집 같은 데에서 그 원형을 볼 수 있다. 김수영에게서 발견되는 이 고집은 단순한 자기주장, 아집에 불과할 수도 있지만, 무엇인가 엄격하고 진실된 것을 향한 고행자로서의 감각으로, 많은 다른 예술가에서도 발견되는 것이다. 예술창작의 고통스러운 모색 가운데에서 쾌재를 부르게 하고 작품의 최종적인 형태에 동의하게 하는 것, 또는 이 모든 것을 거부하게 하는 것, 이러한 것이 전부 '예술가의 양심'이라고 불리우는 것의 한 속성이 아닌지 모른다. 하여튼 김수영의 고집은 그의 감정과 표현을 사실에 정확히 맞게 하고자

다. 처음에는 서로 구별되지 않는 한 무리를 이루었던 것으로 보이지만, 일찍이 〈오디세이아(Odyssey)〉에도 9명의 뮤즈가 나온다. 뮤즈에 대한 구분은 헤시오도스에서 시작되었는데, 그는 9명의 뮤즈로 클리오·에우테르페·탈레이아·멜포메네·테르프시코레·에라토·폴림니아·우라니아, 그리고 이들의 우두머리인 칼리오페의 이름을 꼽았다. 이들의 어머니는 므네모시네(기억)이다. 헤시오도스가 꼽은 이름들이 후세에 정설이 되었지만, 이것이 유일한 것은 아니었다. 헤시오도스가 붙인 이름에는 모두 뜻이 있는데, 이를테면 클리오는 '선언자', 칼리오페는 '아름다운 목소리의 여자'라는 뜻이다.

뮤즈는 종종 처녀이거나 결혼을 하지 않았다고 전하지만, 오르페우스·레수스·에우몰포스 등 잘 알려진 인물들의 어머니로 언급되기도 하며, 시와 노래에 관계있는 인물들의 어머니, 또는 트라키아와 그 주변 지방에 관계있는 사람들의 어머니로도 나온다. 조각가들은 뮤즈들에게 각각 다른 상징물, 예를 들면 수금(竪琴)이라든지 두루마리 같은 것을 덧붙여 조각을 했다. 이러한 관례로부터 이를테면 클리오는 역사의 뮤즈, 에라토는 연애시의 뮤즈, 우라니아는 천문학의 뮤즈라는 식으로 뮤즈 하나하나가 각기 다른 예술과 과학을 관장하는 것으로 상상했던 것 같다. 그러나 이렇게 구분되는 이름들은 모두 후세에 만들어진 것이며 서로 많이 다르다.

하는 노력에서 나오는 것이었던 것처럼 보인다.

　그의 시의 이론은 예술가의 양심의 결백성에 대한 신념에서 나온다. 그는 시에 있어서도 무엇보다 거짓을 미워했다. 그 중에서도 특히 미워했던 것은 감정이나 태도의 거짓 꾸밈이었다. 그의 월평[17]이나 시평에서 가장 빈번히 공격이 되는 것은 안으로의 진실을 그대로 노출시키는 것이 아닌, 일체의 가식적인 포즈였다.

　시인의 스승은 현실이다. 나는 우리의 현실이 시대에 뒤떨어진 것을 부끄럽고 안타깝게 생각하지만, 그보다도 더 안타까운 것은, 이 뒤떨어진 현실을 직시하지 못하는 시인의 태도이다. 오늘날의 우리의 현대시의 양심과 작업은 이 뒤떨어진 현실에 대한 자각이 모체가 되어야 할 것 같다. 우리의 현대시의 밀도는 이 자각의 밀도이고, 이 밀도는 우리의 비애, 우리만의 비애를 가르쳐 준다. 이상한 역설 같지만 우리의 현대적인 시인의 긍지는 '앞섰다'는 것이 아니라 '뒤떨어졌다'는 것을 의식하는 데 있다. 그가 '앞섰다'면 이 '뒤떨어졌다'는 것을 확고하고 여유 있게 의식하는 점에서 '앞섰다'. 세계의 詩市場에 출품된 우리의 현대시가 뒤떨어졌다는 낙인을 받는 것을 두려워하기 전에, 우리들에게는 우선 우리들의 현실에 정직할 수 있는 과단과 결의가 필요하다. 우리의 현대시가 우리의 현실이 뒤떨어진 것만큼 뒤떨어지는 것은 시인의 책임이 아니지만, 뒤떨어진 현실에서 뒤떨어지지 않은 것 같은 시를 위조해 내놓는 것은 시인의 책임이다.

- 김수영, 「시의 모더니티」에서

---

17 월평(月評, a monthly review) : 다달이 하는 비평이나 평가.

읽을거리 4

무엇이 되살릴 전통인가

　　최근에 나온 책들 중에 주목되는 것은, 우리 역사의 풍부한 장점들을 계승하는 방향에서 미래 사회의 틀을 구상하고 있는 책들이다. 어느 사회학자에 의하면, 한국형 가족 제도, 공동체적 상부상조, 세계 정상의 교육열, 민족 문화의 유산 등을 중심으로 하여 우리의 문화적 우수성을 회복한다면 앞으로도 어려울 것이 없다고 한다.

　　그러나 그가 전략으로 주장하는 집단주의나 교육열을 부정적으로 볼 근거도 적지 않고, 나아가 그것이 과연 앞으로 계속 유지될 것인지에 대해서도 의문을 가질 수 있다. 서양에서도 대가족 제도는 1세기 전까지만 하더라도 유지되었으나 지금은 완전히 핵가족화되거나 독신이 늘어나는 것은 보면, 가족 제도의 변화는 당연한 것이 아닐까? 집단주의가 아닌 개인주의, 학력주의가 아닌 능력주의, 권위주의가 아닌 민주주의가 당연히 자리잡을 것이 아닌가?

　　또한 김열규 교수는 『한국인, 우리들은 누구인가?』라는 책에서 한국적인 것에 대한 물음은 민족 문화의 기층인 민속 문화로부터 시작되어야 한다고 주장하고서, 민속이란 초시대적인 것이라고 말했다. 그가 예로 드는 것 중에 품앗이의 노동관이 흥미롭다. 임금 노동으로서의 품팔이가 아닌 자진 봉사의 품앗이가 우리의 전통적인 노동관이었고 이것을 바탕으로 하여 새로운 노동관을 세워야 한다는 것이다. 그는 레비 스트로스[18]가 일본인의 노동관인 신성과 보람

---

18 레비 스트로스(Levi-Strauss, Claude) : 1908.11.28 벨기에 브뤼셀~1991. 프랑스의 사회인류학자, 구조주의의 선구자.
　　레비 스트로스는 무질서해 보이는 사회·문화 현상 속에서 그를 관통하는 일정한 질서를 찾아내는 구조주의 이론의 선구자이면서 또 문화 사이의 우열을 인정하지 않는 문화상대주의의 선구자로도 유명하다.

이 산업화와 경제 발전을 이룩했다고 보듯이 우리의 노동관도 품앗이의 그것으로 변해야 한다고 본다. 그에 의하면 품앗이의 정신은 농사이며 길쌈, 길흉사의 잔치 등에 서로 돕고 도움받던 협동의 정신으로서 신라 시대 이래의 두레를 실천한 것이라고 한다.

그러나 레비 스트로스가 서양인의 노동관에 비교한 일본인의 노동관과, 우리의 품앗이라고 하는 노동 형태를 같이 논의하는 것은 차원이 다른 비교이다. 전자는 품팔이를 포함한 모든 노동 형태에 일반적인 노동 정신의 문제이나, 후자는 품팔이가 아닌 품앗이라고 하는 상부상조의 특수한 노동 형태를 말하기 때문이다. 이런 상부상조는 지금도 길흉사 등에 부분적으로 존재하나, 우리가 오늘날 말하는 산업의 노동이란 바로 품팔이의 임금 노동을 말하므로 도리어 옛 품팔이로부터 우리 나름의 노동관을 찾아야 할 것이 아닌가? 우리의 옛 품팔이는 기본적으로 노동자의 기본적인 생존을 보장한 것으로 수행되기도 했으나 근대에 와서 왜곡되었다.

또 하나 보기를 들어보자. 정부의 관료들이 '한국인답게 사는 길'이라고 하여 '인의예지신충효'를 설명하면서 새질서, 새생활을 부르짖고 있는데, 그 길의 하나로서 '법에 앞서는 사람다움의 도리'라는 것이 다음과 같이 설명되어 있다. 곧 우리나라 사람들은 웬만한 일을 가지고 법 앞에 나가 재판을 받는 일을 금기로 생각하며, 화해를 통해 해결하려는 게 한국인의 일반적인 의식이라고 하면서 그것을 되살려야 한다고 주장함과 동시에 미국을 법 만능 사회로 비판한다.

그러나 한국인들이 쉽게 접근할 수 있고 공정하게 판결을 받을 수 있는 훌륭한 재판 제도를 가졌다면 재판을 마다하지 않았을 것이다. 우리 역사에는 그렇게 잘 정비된 사법 제도가 없었고, 오늘날의 경우도 서민이 접근하기에는 너무도 어렵고 값이 비싸며 규모가 극히 작다.

물론 아직도 나는 서양이나 일본에 비하여 우리가 개방적이고 연대적이며 인간적이고, 윤리적이고 도덕적이고 사회적임을 믿는다. 또한 오늘의 윤리 부재나 도덕 상실이 우리 것을 내팽개친 채 서구 지향으로 치달린 탓으로 본다. 그러나 누군가 대학에서 『명심보감19』이나 한자를 가르치면 도덕이 재무장된다는 식으로 말한 적이 있는데, 그런 방식에 대해서는 믿음을 갖지 못한다. 대학에서 한국사나 한국 전통 문화에 대한 교양 강의를 늘리면 윤리가 되살아날 것이라고 하는 낙관론도 결코 쉽게 찬성할 수가 없다.

나는 소위 한국적인 것에 대한 신비주의화를 경계한다. 특히 봉건적20 전통의 미화는 철저히 경계되어야 한다. 무엇보다도 한국의 역사와 현실을 정확하게 아는 것이 급선무이다. 우리가 믿는 민주주의의 전통을 우리의 역사에서 확인하고 그것을 재흥하는 것이 오늘을 사는 민주 시민인 우리에게 가장 한국적인 것이다. 우리는 바로 이런 전통을 연구하고 전수하여야 하며, 이것을 통하여 인류 보편의 가치를 공유하여야 한다. 이것만이 21세기를 살아갈 우리의 올바른 자세이고, 또한 우리가 진정으로 발전되고 세계화되는 길이라 생각한다.

---

19 명심보감(明心寶鑑, the bearing in mind thesaurus) : 고려 충렬왕 때의 문신 추적(秋適)이 금언(金言), 명구(名句)를 모아 놓은 책.
　　1권 1책. 필사본. 고려대학교 도서관·국립중앙도서관 소장, 규장각도서. 원래 19편으로 되어 있다. 후에 어떤 학자가 증보(增補), 팔반가(八反歌), 효행(孝行), 염의(廉義), 권학(勸學) 등 5편을 더하였다. 각 편은 계선(繼善), 천명(天命), 순명(順命), 효행, 정기(正己), 안분(安分), 존심(存心), 계성(戒性), 근학(勤學), 훈자(訓子), 성심(省心), 입교(立敎), 치정(治政), 치가(治家), 안의(安義), 준례(遵禮), 언어(言語), 교우(交友), 부행편(婦行篇)이 있다.
20 봉건적(封建的, feudal) : 신분이나 지위 등 상하 관계의 질서만을 중히 여기어, 개인의 자유나 권리를 존중하지 않는(것), 또는 그러한 사고 방식인(것). 봉건 제도의 성격을 가지고 있는(것).

논술 실전

✤ (가)는 실패의 원인에 대한 다각적인 통찰을 보여 주는 글이고, (나)는 시인 자신을 구성하고 있는 역사와 전통에 대해 노래한 시이며, (다)는 (나)에 나타난 시인의 의도를 해설한 평문이다. (나) 시에 쓰인 '뿌리'라는 시어의 상징적 의미를 고려하여 이 작품에 나타나는 전통에 대한 시인의 견해가 갖는 미덕과 한계를 논하되, (가)의 논지를 참조하도록 하라.

가

　　인생을 살아가면서 실패를 경험하지 않는 사람은 없다. 이것은 특정 사회나 또는 역사상의 특정 시기에 대해서도 마찬가지로 적용된다. 이와 같이 실패라는 경험이 누구에게나 불가피한 것이라면 실패의 가부[21]에 관한 사실은 커다란 문제가 되지 못한다. 오히려 무엇이 그러한 실패를 야기[22]하였는가에 대한 '왜?'라는 질문이 더 소중할 수가 있다.

　　실패의 이유를 따지는 경우, 우리는 크게 두 가지 측면을 고려해 볼 수 있다. 하나는 그 실패가 자신(또는 한 집단이나 사회)의 결함이나 한계에서 말미암은 것이라고 생각하는 경우이고, 다른 하나는 이러한 내재적 요인보다는 외부의 객관적 조건이나 상황들에 의해 실패가 야기되었다고 보는 경우이다. 실제로 실패는 이러한 내재적 요인과 외재적 요인의 결합을 통해 현실로 나타나게 된다. 그러나 사람들은 일상에서 이 가운데 어느 한 측면만을 강조하는 경우가 많다. 예컨대 일제에 의한 강제 병합[23]이 한말의 '무능한 정부와 무식한 국민들' 때문이었다고 하는 것은 내재적 요인만을 강조한 것이고, 일본의 제국주의적 침략 야욕[24] 때문이었다고 하는 것은 외재적 요인만을 지적한 것이다.

그런데 일상 생활에서 실패는 흔히 내재적 요인에 의한 것으로 제시되는 경우가 대부분이다. 왜냐하면 실패는 궁극적으로 개인이나 집단의 차원에서 경험되는 것이고, 따라서 방금 일어난 곳에서 이유를 찾는다는 사고 방식에 사람들이 익숙해 있기 때문이다. 또 다른 이유로는 이처럼 개인 차원에서 일어나는 실패의 경험들이 집단적 차원에서 제기될 수 있을 정도로 의사소통망이 발전한 사회는 거의 없다는 사실을 들 수 있다. 개별 경험들이 공동의 쟁점으로 발전하지 못하고 개인 차원에서 해소되어 버리는 것은 그러한 과정을 통해서 이득을 얻는 사회 세력-항상 의도적으로 나서서 그러한 기제를 수행하는 것은 아니라고 할지라도-이 존재하는 것을 의미한다.

실패의 원인을 자기에게 돌리는 것은 인간이 가질 수 있는 미덕일 수 있지만, 이러한 미덕이 그것의 배후[25]에서 작용하는 외재적 요인에 대한 통찰[26]이라는 지혜를 보상하는 것은 아니다. 더구나 이러한 미덕은 궁극적으로 자신에

---

21 가부(可否, right or wrong) : 가부는 한마디로 옳고 그름을 나타낸다. 기불기(可不可)라고도 하는데 이 단어로 예문을 만들지면 "이 칭책은 가부를 논할 수 없다"라고 표현할 수 있다. 또한 가부는 찬성과 반대를 뜻하기도 한다. 공식적인 자리에서 사람들의 의견을 묻거나, 다수결의 결과를 확인하려 할 때 사용하기도 한다.

22 야기(惹起, cause, lead to) : 무슨 일이 생기고 일어난 것을 뜻한다. 일반적으로 원인에 따른 그 결과를 말할 때 이 표현을 쓰곤 한다. 예를 들어, "문제를 야기하다. 혼란을 야기하다."라고 사용한다.

23 병합(倂合, absorption) : 둘로 나누어진 것을 하나로 합치는 것을 의미한다. 병합은 합병과도 같은 뜻이며, 이 글에서 나타내는 일제에 의한 강제 병합은 일본이 우리나라를 일본의 식민국으로서 강제적으로 일본과 한 나라로 합쳤다는 것을 의미한다. 일본의 강제 병합뿐만 아니라, 회사의 구조조정으로 인한 두 회사가 합치는 것에도 '병합'을 사용한다.

24 야욕(野慾, desire) : 야욕은 두 가지의 뜻이 있는데 일반적으로 우리가 가장 많이 쓰는 뜻은 야심을 채우려는 욕망이나 탐욕스러움을 뜻한다. 또 한 가지 뜻으로는 야수와 같은 성적 욕망이라는 의미도 갖고 있는데 잘 쓰이지는 않는다. 자신의 이기심과 과한 욕심으로 자신의 뜻을 이루려 하는 것이 바로 야욕이다.

25 배후(背後, behind) : 한자 그대로 해석한다면 '등 뒤', 즉 뒤쪽이다. 이것이 관용적으로는 어떤 일이 일어났을 때 드러나지 않는 뒷부분이나, 사건을 뒤에서 조종하는 힘이나 세력 등을 나타내기도 한다.

26 통찰(洞察, insight) : 어떤 일을 꿰뚫어 보거나 환히 내다보는 것이다. 일반적으로 종교인들에게 통찰이라는 단어를 많이 쓰는데 이는 어느 일의 본질적인 부분이나 자신의 외적, 내적인 부분을 완전하게 이해하는 것을 뜻하기 때문이다. 통찰을 하기 위해서는 주변의 세상을 한번쯤은 다른 관점으로 바라볼 필요가 있다. 지적이고 객관적인 이해뿐만 아니라 내면적으로 충만해지는 깨달음을 통찰이라 하는 것이다.

대한 폄하와 모멸로 이어지는 경우가 많으며, 나아가서 이것이 자신과 동일시
되는 범위로 확장되면서 역사와 사회에 대한 회의주의27와 패배주의28를 만
연29시킨다.

− 김경일, 「실패에 대하여」에서

나는 아직도 앉는 법을 모른다

어쩌다 셋이서 술을 마신다 둘은 한 발을 무릎 위에 얹고

도사리지 않는다 나는 어느새 남쪽식으로

도사리고 앉았다 그럴 때는 이 둘은 반드시

이북 친구들이기 때문에 나는 나의 앉음새를 고친다

팔일오 후 김병욱이란 시인은 두 발을 뒤로 꼬고

언제나 일본여자처럼 앉아서 변론30을 일삼았지만

그는 일본대학에 다니면서 사년 동안을 제철회사에서

---

27 회의주의(懷疑主義, nihilism) : 회의(懷疑)는 크게 두 가지의 의미를 지니는데 첫 번째는 어떤 일에 대한
의심이나, 확실성을 의심하는 상태를 의미하고, 두 번째는 자신의 지난날이나 행동에 대해 허무감을 갖거
나 깊이 생각하는 것을 의미한다. 회의주의는 허무주의와도 비슷한 말로, 현대에 절대적인 진리나 도덕이
존재하지 않는다는 입장으로 무관심하게 세상을 살아가는 태도를 뜻한다. "그는 무기력한 회의주의에 빠
졌다"라고 표현할 수도 있다.
28 패배주의(敗北主義, defeatism) : 자신감 없이 처음부터 아예 승리나 성공을 스스로 포기하는 무기력하고
무능력한 상태에 빠진 것을 뜻한다. 패배주의에 빠진 사람들은 의욕도 없을 뿐 아니라, 계속적인 패배에
익숙해져 버린다. 패배주의에 빠진 사회는 심각한 사회문제를 일으킬 수 있다. 사람의 경제적인 생산성은
감소되고, 의욕도 없는 사회가 되어버릴 것이다. "싸움에 계속 져서, 그는 결국 패배주의에 빠지고 말았
다."
29 만연(蔓延, spread) : 어떤 일이나 상황이 널리 전염, 전파되거나 광범위하게 물들어 있는 현상을 말한다.
이는 물질적으로는 전염병 등, 질병이 만연하다고도 표현할 수 있고, '정신적으로 ~풍조가 만연하다' 등
사람들의 공통된 정신 상태를 나타내기도 한다.
30 변론(辯論, discussion) : 변론은 본래 법원에서 소송 당사자나 변호인이 법정에서 하는 진술을 나타내는
것이었다. 지금은 그 뜻이 확대되어 어떤 일에 대해 옳고 그름을 말하거나 어떤 의견에 대해 자신의 주장
을 펼치는 것을 뜻한다.

노동을 한 강자다

나는 이사벨 버드 비숍여사[31]와 연애하고 있다 그녀는

일팔구삼년에 조선을 처음 방문한 영국왕립지리학회원[32]이다

그녀는 인경[33]전의 종소리가 울리면 장안의

남자들이 모조리 사라지고 갑자기 부녀자의 세계로

화하는 극적인 서울을 보았다 이 아름다운 시간에는

남자로서 거리를 무단통행 할 수 있는 것은 교군꾼[34],

내시[35], 외국인의 종놈, 관리들뿐이었다 그리고

심야에는 여자는 사라지고 남자가 다시 오입[36]을 하러

---

31 이사벨(라) 버드 비숍 : 영국인 탐험가로 그는 1894년 제물포항을 통해 입국한 뒤 배를 타고 남한강을 따라 여행했고, 한반도 북부 지방도 답사하였다. 그녀는 한국에 대해서 보고 느끼고 겪은 것을 사실적으로 기록하려고 하였으나 한국을 더럽고 미개한 국가로 표현한 것이 대부분이었다.

32 영국왕립지리학회(英國王立地理學會, Royal Geographical Society) : 1830년에 설립된 영국의 지리학회. 설립된 지 얼마 안되어 아프리카 연합을 흡수하였고, 아프리카 탐험, 북극 탐험 등을 권장하고 후원했다. 또한 에베레스트산 등반, 남극탐험대, 남극횡단 탐험대 등 많은 탐험을 주도 하였다. 이 학회의 목적은 〈지오그래피컬 저널〉·〈지오그래피컬 매거진〉 등의 정기간행물의 출판 및 강연, 왕립지리학회의 도서관 및 지도실 운영, 탐험·조사연구 활동의 지시 및 후원 등을 통해서 지리 지식을 향상시키는 것이다. 이 학회는 또한 1911~13년에 걸쳐 발생했던 페루와 볼리비아의 국경분쟁을 중재하기도 했다. 영국의 왕은 매년 위원회가 추천한 탐험대에 2개의 금메달을 수여하고 있다.

33 인경(仁敬) : 조선시대 통행금지의 시작을 알리기 위해 치는 종이다. 조선시대에는 서울과 전국의 요충지와 큰 절에서 종을 쳐서 시간을 알렸는데, 2경(밤 10시경)에 쳐서 성문을 닫고 통행금지의 시작을 알리는 종 또는 그 시간을 인경이라고 했다. 통금을 위반한 자는 다음날 곤형을 받았는데, 초경과 5경에 적발되면 10대, 2·4경은 20대, 3경은 30대였다.

34 교군꾼(轎軍꾼, carrier) : 가마를 메는 사람을 말한다. 교군꾼 이외에도 교부, 교자꾼 등으로 불리워졌는데 교군은 본래 가마라는 뜻이다. 교군꾼은 과거에 가마를 끄는 마·소와 같은 대우를 받았다. 그들은 천대받는 가여운 존재였으며, 사회적인 약자였다. 다산 정약용은 이러한 교군꾼을 불쌍하게 여겨서 '가마꾼'이라는 한시를 지었다. 그 시의 제재는 가마꾼으로 징집당한 백성들이며, 주제는 부당한 사회현실과 관리들의 횡포에 대해 날카롭게 비판하는 것이다.

35 내시(內侍, eunuch) : 처음에는 재주와 용모가 뛰어난 사람으로, 20명 내외로 그 수를 제한하였으나, 점차 권문세가의 자제나 학문에 능통한 문과 출신으로 임명하였다. 그러나 원나라의 지배를 받으면서 환관이 점차 이 자리를 많이 차지하여 천시의 대상이 되었다. 고려의 내시는 조선의 환관내시와는 달리, 신분적으로나 정치적으로 영향력 있는 국왕 근시직으로 고려지배층의 핵심을 이루었다.

36 오입(誤入, whoring) : 오입이라고 하면 보통은 잘못된 성관계를 뜻한다. 이것의 사전적인 의미는 남자가 자신의 아내가 아닌 다른 사람과 성관계를 맺거나 여자가 음란한 사내와 놀아나는 것을 뜻한다. 여기에서의 오(誤)가 '그릇될 오'로 반윤리적인 행위를 나타내는 것이다.

활보하고 나선다고 이런 기이한 관습을 가진 나라를

세계 다른 곳에서는 본 일이 없다고

천하를 호령한 민비[37]는 한번도 장안외출을 하지 못했다고…

전통은 아무리 더러운 전통이라도 좋다 나는 광화문

네거리에서 시구문[38]의 진창을 연상하고 인환네

처갓집 옆의 지금은 매립한 개울에서 아낙네들이

양잿물[39] 솥에 불을 지피며 빨래하던 시절을 생각하고

이 우울한 시대를 패러다이스[40]처럼 생각한다

버드비숍 여사를 안 뒤부터는 썩어빠진 대한민국이

괴롭지 않다 오히려 황송하다 역사는 아무리

더러운 역사라도 좋다

진창은 아무리 더러운 진창이라도 좋다

나에게 놋주발[41]보다도 더 쨍쨍 울리는 추억이

---

37 민비(閔妃) : 시호는 명성황후이고 조선 고종의 비로 성은 민씨이다. 쇄국정책을 펴던 흥선대원군을 하야시키고 개국을 단행했다. 임오군란 후 청의 세력에 의존했으나, 청일전쟁에서 청이 패한 후에는 러시아를 끌어들여 일본을 견제하려 했다. 국내정치에서는 세도정권을 행했으며, 일련의 점진적인 개화시책을 통해 급진개화파의 개화정책에 제동을 걸었다. 을미사변 때에 일본 정치강패에 의해 시해되었다.

38 시구문(屍軀門) : 서울 중구 광희동에 있는 조선의 사소문이다. 광희문이나 수구문이라고도 하며, 서소문과 함께 시신을 내보내는 문이다. 일반적으로는 광희문이라고 더 잘 알려져 있다.

39 양잿물(洋잿물, lye) : 서양의 잿물이라는 뜻으로 빨래할 때 세제로 쓰는 수산화나트륨을 말하는 것이다. 양잿물과 관련된 속담으로는 '공짜라면 양잿물도 먹는다'라는 속담이 있다. 이것은 공짜라면 무엇이든지 가리지 않고 거두어들이는 것을 비꼬아 말하는 것이다. 우리가 아는 잿물은 식물의 재를 물에 넣어 만든 수산화칼륨 수용액을 말하는 것이고 양잿물은 서양 선교사들이 가져온 빨래비누를 녹인 물, 즉, 수산화나트륨 수용액을 말하는 것이다.

40 파라다이스(paradise) : 페르시아에서 유래한 말로 왕후 귀족의 공원으로 그리스에 처음 소개되었다. 그 후엔 죽은 자가 고통으로부터 해방되어 행복하게 지내는 서해 끝의 섬을 설명하는 데 쓰였다. 또한 파라다이스는 신의 축복을 받은 사람이 가는 곳으로 의미가 변화되었으며, 나중에는 지옥에 대비된 천국을 나타내었다. 지금은 일반적으로 천국이나 낙원을 뜻한다.

41 놋주발(놋周鉢, brass bowl) : 놋쇠로 만든 주발을 뜻한다. 주발이라는 것은 일반적으로 밥그릇을 뜻하는데 아래보다 위가 좀 더 벌어지고 뚜껑이 있는 것이다. 놋그릇은 옛날부터 단단하고 가공할 수 있어서 중

있는 한 인간은 영원하고 사랑도 그렇다

비숍여사와 연애를 하고 있는 동안에는 진보주의자42와

사회주의자43는 네에미 씹이다 통일도 중립도 개좇이다

은밀도 심오도 학구44도 체면도 인습도 치안국

으로 가라 동양척식회사45, 일본총사관, 대한민국관리,

아이스크림은 미국놈 좇대강이나 빨아라 그러나

요강, 망건, 장죽46, 종묘상47, 장전, 구리개48 약방, 신전49,

요하게 여겨져 왔다.

42 진보주의자(進步主義者, progressivist) : 현실 사회에 불만을 갖고, 현실을 타파하려하며 하는 사람들을 흔히 말한다. 이들은 현실사회의 부조리에 회의를 느끼고, 사회가 갖는 문제점을 지적하며, 자신들이 생각하는 이상적이고 더욱 발전된 사회를 만들기 위해서 노력한다. 이들과 대립되는 사람들은 보수주의자들인데 언제나 국가의 정치는 크게 진보주의자와 보수주의자의 대결이라 할 수 있다. 반드시 진보주의자가 좋은 것만은 아니다. 진보주의는 사회의 부조리를 타파하고 좀 더 개혁적이고 역동적으로 발전할 수 있게 할지는 모르나, 사회의 안정성을 유지하지는 못할 것이다.

43 사회주의자(社會主義者, socialist) : 사회사상으로서 볼 때 자본주의의 경제적 원리인 개인주의를 사회주의로 대치함으로써 사회를 개조하려는 사람들을 말한다. 사회주의자들은 처음에 생산수단의 사회적 소유와 사회적 관리의 수단에 의하여 자유·평등·사회정의를 실현할 것을 복석으로 시작하였다. 현재는 일반적으로 생산수단의 사회적 소유를 기초로 하는 사람들을 부르게 되었다.

44 학구(學究, study) : 학구의 뜻은 크게 세 가지로 나눌 수 있다. 첫째는 학문을 깊이 연구하고, 오로지 학문에만 몰두하는 일이다. 둘째는 '학궁'과도 같은 말로, 학문에만 몰두하여 세상 물정을 모르고 고리타분한 사람을 일컫는 말이다. 또한 셋째는 옛날 글방의 스승을 일컫는 말이기도 하다.

45 동양척식회사(東洋拓植會社) : 1908년 8월 일본이 한국에 설립한 국책회사이다. 원래 일본 농민의 조선으로의 이주를 목적으로 한 회사였으나 식민지인 우리나라를 경제적으로 약탈해가고, 농민의 토지를 빼앗아가는 수탈기관으로 변모한 곳이다.

46 장죽(長竹, long pipe) : 장죽은 담뱃대의 한 종류로 담배대는 길이가 짧은 곰방대와 긴 장죽이 있다. 담뱃대는 잘게 썬 담배를 피울 때 사용하는 도구이다. 장죽은 양반의 권위의 상징처럼 되었다가 담배가 대중에 파급되면서 널리 퍼졌지만, 일반 서민들의 일상 활동에서는 거추장스러웠으므로 점점 짧아졌다. 담뱃대는 17세기 초쯤에 보급 되었다.

47 종묘상(種苗商, plantiong seeding store) : 농작물의 씨앗이나 묘목을 파는 가게나 그 상인을 말하는 것이다. 예전에 농업 중심의 사회에서 종묘상은 흔히 볼 수 있었으나 최근에는 거의 찾아보기가 힘들다.

48 구리개 : 구리개는 조선시대에 지금 서울특별시의 을지로를 뜻하는 지명이었다. 을지로는 대표적인 상업, 업무의 중심지로 변화하였다. 을지로 1, 2가에는 고급 호텔과 백화점, 금융 기관 등이 밀집되어 있어서, 상주인구보다 관광 및 출퇴근 인구가 더 많다. 3가에는 영화관이나 의료시설이 많으며 4, 5가에는 재래시장을 비롯하여 공공기관이 자리 잡고 있다. 6, 7가에는 상가와 도매시장 등이 많아 유동인구와 통행량이 많다.

49 신전(神殿, temple) : 신전은 종교적인 예배를 위해서 지어진 건축물이다. 영어의 'temple'은 로마인들에게

피혁점50, 곰보51, 애꾸, 애 못 낳는 여자, 무식쟁이,

이 모든 무수한 반동이 좋다

이 땅에 발을 붙이기 위해서는

─제삼 인도교52의 물 속에 박은 철근기둥도 내가 내 땅에

박는 거대한 뿌리에 비하면 좀벌레의 솜털

내가 내 땅에 박는 거대한 뿌리에 비하면

괴기영화의 맘모스53를 연상시키는

까치도 까마귀도 응접54을 못하는 시꺼먼 가지를 가진

나도 감히 상상을 못하는 거대한 뿌리에 비하면…

─ 김수영, 「거대한 뿌리」에서

는 제사를 드리는 정확한 시간이 중요했기 때문에 시간을 나타내는 라틴어에서 유래했다. 현대의 신전 건축술은, 특히 북아메리카 대륙에서는 물론 세계의 다른 곳에서도 대부분이 전통적인 기법과 현대적인 기법 양쪽을 절충하여 사용함으로써 신전 설계의 목적인 종교적 욕구를 만족시키고 있다.

50 피혁(皮革, leather) : 포유동물과 같은 것의 피부를 벗겨낸 것을 가죽이라고 한다. 이 가죽에서 털을 제거하고, 무두질한 것을 유피라 하고, 이것들을 총칭해서 피혁이라 한다. 또한 털이 붙어 있는 채로 무두질한 것을 모피라고 한다.

51 곰보(porkmarked person) : 악성 전염병인 천연두나 홍역 등의 전염병이나 피부병 등을 앓고 난 자국이나 얼굴에 그런 흔적이 남아 있는 사람을 가리키는 일종의 속어이다. 우리나라에서는 한글학자이자 의사이던 지석영이 종두법을 일본에서 배워 와서 보급시킨 것을 시초로 차차 전국으로 보급 확산이 됨으로써 천연두 환자가 줄어 감과 동시에 곰보의 수 역시 감소하여 갔다. 성형수술이 발달한 지금은 아무리 심한 곰보라도 두세 차례의 수술로써 거의 깨끗하게 자국을 없앨 수 있다고 한다.

52 인도교(印度敎, Hinduism) : 인도교는 우리가 일반적으로는 힌두교라고 알고 있는 종교이다. 힌두교를 인도교라 하는 이유는 힌두는 인더스 강의 산스크리트 명칭 '신두'에서 유래한 것으로, 인도와 동일한 어원을 갖기 때문이다. 이렇게 오랜 세월에 걸쳐 형성되었기 때문에 특정한 교조와 체계를 갖고 있지 않으며, 다양한 신화·성전 전설·의례·제도·관습을 포함하고 있다.

53 맘모스(mammoth) : 매머드라고도 불리는 포유류의 화석코끼리이다. 진화상으로 고형 매머드는 온난한 기후에 적합했고, 그 중 일부가 한랭지에 적응하여 전형적인 매머드가 되었다. 매머드는 인류와 관계가 깊은데, 구석기시대 후기에는 대형동물의 대표로서 사냥의 첫째 대상이었다. 그 당시의 동굴벽화에 매머드 사냥 그림이 묘사되어 있는 것만 보아도 관계가 밀접했음을 알 수 있다.

54 응접(應接, reception) : 손님을 맞이하여 정성스럽게 접대하는 것을 의미한다. 응대(應待)와도 같은 말이다. 예문으로는 "가정방문을 오신 담임선생님을 정성스레 응접했다"라고 할 수 있다.

*이사벨 버드 비숍 여사 : 구한말 역사와 민중들의 삶을 비교적 선입견 없이 기술한 『한국과 그 이웃 나라들』이라는 책의 저자이자 문화인류학자.

 나

　　김수영의 시를 추억과 역사의 요소로 나누어 살펴볼 수가 있을 듯하다. 그의 <거대한 뿌리>를 보면, 추억은 전통이나 역사에 비해 개인적이고 가족적이며 넓어야 동네라는 공간까지 퍼져 나간다. 그리고 추억이 묻어 있는 사물은 '요강, 망건, 가위의 사물은 추억을 환기하는 물건들이라기보다는 민족감정을 환기하고 있는 편이고 또한 배우지 못한 평민에 대한 편애와 옹호를 보여 주고 있다. 그리고 그들과 그것들은 제삼 인도교의 물 속에 박은 철근기둥도 '좀벌레의 솜털'이 되게 하는 '내죽, 종묘상, 장전, 구리개 약방, 신전, 피혁점, 곰보, 애꾸, 애 못 낳는 여자, 무식쟁이' 등 우리의 고유한 물건들과 장소 및 평민 중에서도 온전치 못한 사람이면서 이상하게 우리의 추억의 고향처럼 느껴지는 사람들이다. 이 작품 전체를 읽어 보면 가 내 땅에 박는 거대한 뿌리'이다. 시인은 이런 것들을 품고 사랑할 수밖에 없는 자신을 확인하고 있다.

　　그렇다면 추억은 무엇이고 역사는 무엇인가. 추억이 약하고 작은 것이라면 역사는 강하고 큰 것이다. 역사가 개인들과 그들의 추억의 희생을 요구하는 것이라면 추억은 개인들과 그들의 삶을 영속화[55]시킨다. 역사가 인간관계의 사슬을 벗어나지 못하는 것이라면 추억은 인간관계를 뛰어넘는 것이며, 역사가 현실이라면 추억은 꿈이다. 꿈꾸는 추억은 가난한 법이 없기 때문이다.

－정현종, 「시와 행동, 추억과 역사」에서

---

55 영속화(永續化, everlastingness) : 어떤 일이나 사건이 오랫동안 계속되는 것을 말한다.

유의 사항 ●●●●●●●●●●●●●●●●●●●●●●●●●●●●●●●●●●●●●

1. 글의 길이는 띄어쓰기를 포함하여 1,200자 내외(±100자 허용)로 할 것.
2. '뿌리'라는 시어의 상징적 의미를 밝힐 것.
3. 원고지 사용법 및 맞춤법 규정을 지킬 것.

논술 해결의 길잡이

✪ 논제 살피기

실패와 성공을 가늠하는 것은 결국 현재의 시각에서 어떤 식으로 과거를 바라보고자 하는가, 즉 현재의 의지와 태도에 달린 문제다. 한 인간이 자신의 삶을 돌이켜 보면서 다양한 교훈과 반응을 보이는 것은 자유지만, 이것이 공동체, 나아가 민족의 문제가 될 때에는 보다 의미 있는 태도를 세울 것을 요구하게 된다. 이것은 단순히 새로운 인식만을 요구하는 것도 아니요, 무조건적으로 과거 사실을 긍정하거나 수용하기만을 뜻하는 것도 아닐 터이다.

(가)는 보다 바람직한 태도를 갖기 위해서는, 내재적인 요인에만 초점을 두어서는 안 된다는 논지를 펴고 있다. (나)는 이에 비해 복합적인 관점을 갖는다. 이 시에서 자주 언급되는 이사벨 버드 비숍이라는 사람은, 구한말 『한국과 그 이웃 나라들』이라는 책을 집필한 문화인류학자로서, 구한말 역사와 민중들의 삶을 비교적 선입견 없이 기술한 바 있다. 그렇기 때문에 비숍 여사와 연애한다는 표현은, 우리 선조의 있는 그대로의 삶을 가감 없이 이해하고 포용하고픈 마음을 드러내어 준다. 이것은 (다)에서 해설한 바대로, 특히 약하고 작은 것들에 대한 옹호로서, 우리의 과거 역사에 대한 수치스러움과 옹호의 이중적인 마음을 보여 주고 있다. 그가 열거한 민중의 모습은 온전치 못한 것들이 대부분이기 때문이다. 이런 정서적인 반응은 (가)의 반응과 구별되면서, 과거 전통을 어떻게 받아들일 것이냐의 문제를 예각화해 준다. 논제는 (나)의 반응을 깊이 있게 이해하되, (가)의 균형 잡힌 시각을 지향할 것을 요구하고 있다.

제시된 세 개의 글은 우리가 역사와 사회에 대하여 어떤 관점을 취해야 할 것인가를 생각하게 해 준다. 인간의 삶에 있어서 지나온 시간들은 어떤 식으로든 사후 평가를 받게 되며 사람들은 이를 토대로 새로운 삶을 설계해 보게 된다.

(가)는 인간의 역사를 실패와 성공으로 규정짓는다고 할 때, 우리가 실패의 원인을 무엇으로 보느냐에 대해서 문제제기하고 있는 글이다. 실패의 원인을 개인의 내재적 요소에만 돌리는 것은 사태를 균형 잡힌 시각으로 보지 못하게 함을 말해 주고 있다. 이런 시각은 역사를 바라보는 보다 타당한 시각을 만드는 데 도움이 된다. 반면 (나)는 사학자의 눈이 아닌 시인의 눈으로 한국 역사를 바라보는 시각이라고 말할 수 있다. 김수영은 한국 역사와 지성인의 존재에 대해 깊이 고민한 시인이며, 이 시는 시인의 대표작이다. 우리 역사에 대한 새로운 깨달음을 통해 시인은 자신을 구성하는 과거를 '거대한 뿌리'로 칭하며, 이 뿌리의 중요성과 거대함을 인식하고 있다. (다)는 이러한 시인의 정서적인 접근을 좀 더 실감나게 해설해 주고 있는 비평문이다.

(가)가 과거 역사에 대한 보다 바람직하고 건강한 인식을 요구하는 것이라면, (나)는 과거를 자신의 것으로 인정하고 사랑하려는 정서적인 반응을 보여 준다고 하겠다.

✪ 해결 과정 생각하기

① (가)에서 대별한 바 있는 실패의 내재적 요인 및 외재적 요인을, (나)의 전통 및 선조들에 대한 시각과 연결시켜 생각해 보아야 한다.

결국 두 제시문은 역사와 인간에 대한 가치평가를 요구하고 있다. (가)에서는 실패의 가부에 대한 사실보다, '왜' 그런 실패가 야기되었는가를 보다 중시해야 한다고 했다. 그 요인으로서, 한 집단이나 사회의 내부적 결함이나 한계가 있을 수 있고, 외부의 객관적 조건이나 상황들이 또한 존재한다. (가)가 구체적인 현상 없이 추상적으로 기술된 입장이라면, (나)는 한국 역사, 한국 민중에 대한 이야기를 하고 있다. 그가 구체적으로 문제시하는 한국사는 구한말, 주권을 빼앗긴 시기이다. 이 시기를 그는 장안의 거리 풍경, 평범한 빨래터 풍경, 못난 군중들의 모습 등으로 형상화하였으며, 이런 것들은 가부장적 봉건제, 무력하고 초라한 민중 등으로 요약될 수 있다. 그는 스스로 이런 전통을 '더러운 역사' '더러운 진창'이라고 표현하고 있다. 민중들의 모습도 '무수한 반동'으로 설명된다. 그러나 이것은 '내가 내 땅에 박는 거대한 뿌리'로 다시 표현되며, 시인은 이런 것들에 대한 애증을 동시에 품고 있다. 이러한 시인의 태도에서 실패에 대한 원인을 내재적 요소로 돌리는 측면을 볼 수 있다.

② (나)에서 나타난 전통에 대한 관점에서 과거의 사실을 자기화하려는 노력을 파악하고, 이것을 어떤 식으로 보완할 수 있는지 그 실마리를 (가)의 관점에서 찾도록 한다.

시인의 전통에 대한 시각이 건강한 것이라고 말하기는 어렵다. 그러나 한 가지 분명한 것은, 시인은 선조들의 삶이 구차하든 실패한 것이든 자신의 삶을 구성하고 있는 것이므로 버릴 수 없는 중요한 것이라는 생각을 하고 있다. 1연에서 '나는 아직도 앉는 법을 모른다'고 말한 것은, 자신이 전통 속에서 무엇을 취할 것인지 선택하여야 하는데, 이것에 대해서 신중하게 고려하고 있음을 암시한다고 할 수 있다. 그런데 시인은 진보주의자, 사회주의자 등 서구적인 이념을 좋아서 현실을 바라보는 사람들과 자신은 다르다고 말하면서, 자신은 '내 땅'을 구성해 왔던 민중들의 삶을 포용하는 방향으로 살아가겠다고 말하고 있다. 이들을 사랑하며 살아가는 것이 '내 땅에 박는 거대한 뿌리'의 실체인 것이다. 이것은 과거 역사를 인정하고 수용하며 한국 역사와 민중에 대해 애정을 품는 과정이라는 점에서, 우리에게도 매우 의미 있는 태도인 것이다. 그런데 이런 관점은, 이미 과거 현실에 대한 부끄러움을 전제로 하고 있다. 즉, 우리의 능력이 없어서 실패했었다는 인식은 분명하게 전제한 채로 이 사실을 수용하려고 노력하는 태도이다. 그런 태도는 과거 현실을 다른 식으로 파악할 수 있는 인식의 전환을 요구한다. 자칫하면 시인의 태도는 자기 폄하를 감춘 채로 자기를 미화하는 식으로 나아갈 수 있기 때문이다. 이런 부분을 (가)의 논지를 빌어 적절히 지적하여야 하겠다. 즉, 외적 요인을 인정하고 실패의 원인을 적절히 분석하는 힘으로 보완하면 (나)는 더욱 바람직한 방향으로 나아갈 수 있다.

❂ **주제문 작성**

전통은 현재를 보다 정확하게 바라볼 수 있는 힘이 된다는 면에서 의미가 있다.

❂ **주제어 :** 역사, 대화, 내재적 원인, 현재의 거울.

❂ **개요 작성(1,200자)**

서론(200자) : 역사는 과거와 현재의 대화이며, 과거의 실패에서 교훈을 얻을 수 있다.

본론(700자) : 김수영은 「거대한 뿌리」에서 실패의 내재적 원인만 강조하고 있는데 이것은 옳지 않다.

결론(300자) : 과거를 일방적으로 미화하지 않고, 현재의 거울로 삼는 것이 중요하다.

✪ 예시답안

흔히들 역사는 과거와 현재의 대화라고 말한다. 과거가 있기에 현재가 있고, 현재에 발을 두고 미래를 계획할 수가 있다는 말이겠다. 우리가 좋은 미래를 만들어 가려면, 우리들이 살아온 모습을 보다 객관적인 눈으로 바라볼 수 있어야만 하겠고, 이것은 쉽지 않은 일이다. 특히 과거 실패한 경험이 있다면 더더군다나 그러하다. 한 인간이 실패한 경험을 딛고 보다 나은 삶을 계획하는 일도 어려운 일인데, 하물며 민족 국가에 있어서 실패를 극복하는 일은 얼마나 중요할 것인가.(260자)

김수영은 「거대한 뿌리」라는 시에서 전통에 대한 자신의 시각을 드러내어 보였다. 그는 버드 비숍 여사가 쓴 책을 보면서, 구한말의 민중들이 살아간 삶을 추적하여 그 삶의 모습을 상상하였던 것 같다. 천하를 호령하던 민비노 상 안외줄을 못하였다는 표현이나, 역사는 더러운 역사라도 좋다는 표현을 보면, 그는 전통을 좋게만 볼 수가 없었던 것으로 보인다. 그는 구한말, 민비 등 지배층이 펼쳤던 정책이 수포로 돌아가고 민중들은 무기력하게 남의 나라 통치를 받았던 것을 염두에 둔 것 같다. 그는 실패를 내재적 원인, 즉 당대 집단의 무능함에서 찾고 있다.(307자)

그러나 그는 그 사람들을 사랑하고 있는 자기 자신을 발견한다. 그는 '더러운 역사'라고 인정하더라도 '인간은 영원하고 사랑도 그렇다'고 말한다. 즉, 그는 그들이 만들어 낸 역사는 그리 좋은 것이 아니었지만, 그 인간들은 좋아한다고 말한다. 그 이유를 살펴보면, 그가 살아가고 있는 삶을 그 선조들이 만들어

주었기 때문이다. 그는 선조들을 좋아하고, 그 선조의 후예라는 것을 부끄럽게 여기지 않는다. 그렇지만 그는 자신이 배우고 인정하게 되는 한국 역사에 대한 부끄러움은 버리지 못하고 있는 것으로 보인다. 이것은 타당한 태도인 것 같지만, 정말로 자랑스럽게 생각하지 못하는 선조를 그저 좋아하겠다고 다짐하는 것은 그리 현명한 태도가 아니다. 자랑스러워야만 정말로 선호하고 좋아할 수 있는 것이다.(394자)

우리는 과거의 일들을 어떤 식으로든 미화하거나 망각해 버릴 수도 있다. 인간은 망각의 동물이라고 한다. 망각해 버리면 그만이라고 생각할 수도 있지만, 그것은 정말로 이성적인 태도는 아니다. 이성적인 인간이라면, 과거를 거울로 삼아 현재를 과학적인 태도로 바라보고, 보다 나은 미래를 꿈꿀 수가 있어야 한다. 구한말의 선조들은 잘못한 점도 있지만, 당대의 세계사는 한 나라 국민의 의지만으로 풀 수 있는 것은 아니었다. 중요한 것은 과거에 집착하는 것이 아니라, 현재의 거울로 삼을 수 있는 부분을 밝히는 것이라 생각한다.(299자)

(총1,260자)

✪ 강평

이 답안은 과거의 실패의 원인을 어떤 식으로 바라보아야 할 것인지에 대해 고민하고 쓴 글이다. 따라서 전반적인 논지가 명확하고 군더더기가 없다. 먼저 서론에서 역사를 보는 관점을 드러내었다. 과거의 실패를 한 사람 차원이 아니라 집단 차원에서 규명하는 것이 중요하다고 말한 것은 아주 좋은 접근 방식이었다. 본론에서는 김수영의 「거대한 뿌리」를 구체적으로 인용하면서, 이 시를 충분히 이해하고 있음을 보여 준다. 김수영이 역사와 인간을 분리하여 사고하는 면을 지적한 것은 매우 예리하였다. 그러나 본론 전반이 김수영의 시에 대한 논평에 치우쳐서, 서론에서 말한 실패의 원인을 규명하는 것 자체에 집중되지 못한 면이 있는 것도 사실이다. 또한 김수영의 민중과 전통에 대한 사랑을 지나치게 비하한 면도 눈에 띈다. 논제에서는 (나)가 가진 미덕, 즉 전통의 자기화를 존중한 면을 드러낼 것을 요구했는데, 이런 부분은 드러나지 못했다. 결론은 서론과 마찬가지로 과거가 현재의 거울로 의미가 있다는 것을 다시 강조하고 있다. 매우 지적인 글이었지만, 본론이 (나)에 대한 비판에만 치우쳐서 결과적으로는 서론과 결론이 동어반복에 머무는 아쉬움을 남겼다.

개념 심화 1

전통(傳統, tradition)

1. 전통이란

① 역사적으로 전승된 물질문화, 사고와 행위양식, 사람이나 사건에 대한 인상, 갖가지 상징군(象徵群).
② 어떤 집단이나 공동체에서, 역사적으로 형성·축적되어 계통을 이루며 전하여 내려오는 사상·관습·행동 따위의 양식(樣式), 또는 그것의 핵심을 이루는 정신.
③ 역사적 생명력을 가진 것으로서 현재의 생활에 의미와 효용이 있는 문화유산.

2. 전통의 조건

전통은 광의로는 과거부터 전해진 문화유산(文化遺産)을 말한다. 그러나 주관적인 가치판단에 의하여 파악된 것과 그렇지 않은 것과는 구별되어야 한다. 주관적인 가치판단에 의하지 않고, 객관적인 존재로서 과거로부터 현재에 전해진 사상·관행(慣行)·행동·기술(技術)의 양식 등은 관습(慣習)이라고 해야 하며, 과거로부터 연속성을 가진 문화유산에 불과하다. 거기에 비해 전통은 같은 문화유산이라 하더라도 현재의 생활에서 볼 때 어떤 주관적인 가치판단을 기초로 하여 파악된 것을 말하며 반드시 연속성(連續性)을 필수조건으로 하지 않아도 된다.

어느 시대에 전적으로 망각되었던 것이 후대(後代)에 이르러 전통으로 되살아나는 일은 흔히 볼 수 있다. 이와 같이 잊었던 것이 새삼 전통으로 되살아나는 것은 그 시대 사람들의 주관적인 가치판단에 의하여 재평가되기 때문이다. 즉, 연속되지 않아도 그 시대의 주관판단에 의해 지켜나가야 할 것으로 여겨지는 유·무형 문화유산을 전통이라 한다.

전통은 이처럼 문화유산의 재평가가 불가결한 요소이므로 그 담당자는 일정한 종교적·정치적·경제적 또는 사회적으로 확고한 결합체이어야 하며 그것을 평가할 수 있는 능력을 갖추고 있어야 한다. 문화의 전통이라는 것은 이처럼 여러 가지 조건을 전제로 한다.

3. 전통과 관련된 개념

1) 인습(因習)과 누습(陋習)

문화유산의 재평가가 전통의 기본이 되므로 단순히 옛 것, 인습(因習), 또는 누습(陋習)은 전통이라고 하지는 않는다. 사전적 의미의 인습은 이전부터 전해 내려오는 습관을 뜻한다. 습관은 개인행동의 반복이며 개인만의 것이다. 또 인습은 관습 중에서 불합리한 것을 말한다. 인습은 과학적 근거가 없고 사회적 명령도 따로 없이 그저 지금까지 지켜져 내려왔다는 이유만으로 지켜지는 경우가 있다. 예를 들면, 혼사나 상사(喪事)를 당하여 자기의 분에 넘치게, 혹은 필요 이상으로 성대하게 치르려고 하는 관습 따위는 인습이다. 누습은 천한 풍속, 또는 옛날부터 내려오는 나쁜 관습을 말한다.

2) 관습(慣習)

관습(慣習)은 역사적으로 오랜 옛날부터 있었으나, 사회 구성원은 관습의 기원이나 의미에 대해서 모르는 경우가 많다. 그러한 점에서 일시적인 유행과는 다르다. 또 관습은 사회의 유대를 강화하고 동료 의식을 심어 주며, 환경에 적응하는 방법으로서 도움이 된다. 그러나 반면에 보수적인 사회를 만들고, 변화에 대한 저항이 된다. 관습은 사회에 따라 다르다.

관습 중에서도 역사적으로 오랫동안 지속되고, 구성원이 자신을 사회의 자랑으로 여기고 가치를 소중히 지켜 나가려고 하는 것을 전통이라고 한다. 일반적으로 관습은 농어촌이나 두메산골과 같은 변화 속도가 느린 사회에 많으며, 도시사회에서는 관습보다는 합리적인 규칙(가령 교통규칙 등)이나 어디서든지 통용되는 에티켓의 보편화 양상을 볼 수 있다.

4. 전통의 이해와 의의

흔히들 전통이라는 말을 옛것만을 고집하는 것으로 잘못 이해하고 있는 경우가 종종 있다. 전통이란 이름 아래 복고정신만을 강요함으로써 창조적 문화를 이끌어내지 못한다면 이것이야말로 정말 큰일이다. '전통 문화의 계승 발전'이라는 말을 곧잘 하는데 이 말뜻은 어디까지나 변화까지를 포함하는 말이다. 그러므로 전통이란 고여 있는 샘물이 아니라 늘 새로운 샘물을 길어 올리는 창조적 활동이다. 다시 말해서 전통이란 그 자체로 생산적인 힘을 가지고 있다는 얘기가 된다.

전통이란 어설픈 절충을 허용하지 않는다. 그렇다고 무조건 배타적이지 않다. 거르고 걸러서 받아들일 것은 받아들이는 속성을 안고 있다. 그러므로 길을트기만 잘 하면 무한한 힘으로 확대 재생산할 수 있는 힘, 곧 온고지신(溫故知新)[56]하고 법고창신(法古彰新)[57]하자는 것이 전통이라는 말의 뜻이다.

전통을 존중하는 일은 때때로 '전통주의(傳統主義)'[58]와 혼동되기 쉽고, 항상 불리한 평가를 받기 십상이지만 그것은 일정한 문화의 지속적·계속적인 축적을 전제로 하기 때문에 문화 창조에는 필수조건이 되었다. 그러나 한편으로는 전통이 갖는 권위(權威)는

---

56 온고지신(溫故知新) : 옛 것을 알면서 새 것도 안다.
57 법고창신(法古彰新) : 옛 것을 본받으면서 새로이 창제한다.
58 전통주의(傳統主義) : 인간은 일정한 시대에 위치하는 일정한 민족이나 국민으로서, 사회의 질서를 중시함과 동시에 역사의식을 고양하는 사회사상을 일컬으며 보수주의와는 다른 개념이다.

그 담당자의 집단이나 공동체의 구성원에게 전통에 대한 애정·애착 또는 구속을 갖게 하여 거기에 맡기려는 신념체계(信念體系)를 강화한다.

공동생활의 통일화(統一化) 또는 재인식이 조장되어 다른 집단이나 공동체에 대해 이질감(異質感)이 생긴다. 따라서 집단이나 공동체가 내부적·외부적으로 위기에 빠졌을 때 전통은 다른 집단이나 공동체에 대해 우월감이나 배타적 감정을 갖게 하는 결과가 되어 때로는 민족의 독립이나 자각을 높이는 수도 있으나, 편협한 지역근성(地域根性) 또는 내셔널리즘[59]의 발전을 촉진하는 경향도 내포한다.

5. 현대사회의 전통

현대 사회의 빠른 변화속도에서 전통은 자칫하면 뒤떨어져 보일 수 있지만, 전통이란 것은 그것 자체가 정체되어 있는 것이 아니라 각 시대와 문화와 서민의 삶이 반영되어 있는 것으로 많은 변화를 한다. 현대사회에서 전통은 미래에도 계속될 현재 삶의 모습까지 반영되어있으며 미래에 재평가되는 의미를 지닌다. 재평가 과정에서 지나치게 옛 것만 고수하다보면 일반 국민이나 서민들의 정서와는 동떨어지게 된다. 어떤 기술이 있으면 그 기술을 옛 것의 방법과 재료 등에만 치중하고 새로운 것을 모색하지는 않게 되면 현대에서 필요하고 현대인이 공감할 수 없게 된다. 과거의 기술을 현대와 미래에 적용하려는 노력을 기울여야 한다.

---

59 내셔널리즘 : 민족주의.

개념 심화 2

성리학(性理學, Sung Confucianism)

1. 성리학이란?

성리학은 송나라의 주자가 집대성한 학문으로, 우주의 근본원리와 인간의 심성문제를 철학적으로 밝히는 것에 목표를 둔 학문이다.

성리학은 선진 유가가 형이상학적 문제, 도덕적인 가치를 초월한 이론적 탐구에만 중요성을 둔 것에서 문제점을 발견하고, 한·당의 훈고학이 다루지 못하였던 형이상학적(形而上學的)·내성적(內省的)·실천철학(實踐哲學)적인 여러 분야에서 새로운 유학사상을 수립하였다. 그리하여 성리학은 이(理)·기(氣)의 개념을 구사하면서 우주의 생성과 구조, 인간 심성의 구조, 사회에서의 인간의 자세 등에 관하여 깊이 사색하고, 도덕적 실천을 강조하면서 동시에 이론적 탐구를 통한 지식의 확충을 주장하였다.

성리학은 이가 핵심개념이 되므로 이학(理學)이라고도 하며, 이전의 유학과는 다른 새로운 유학이란 의미에서 신유학이라고도 하고, 주자가 집대성하여 주자학이라고도 한다.

2. 성리학의 특징

① 성리학은 경학(經學)의 일종이다.
즉, 유학의 기본 경전인 사서삼경을 떠나서 따로 성리학이 있는 게 아니라는 것이다.

성리학은 유학의 일종이므로 효제의 실천을 위시한 인륜적 실천이 핵심이다. 이기심성론이 아무리 복잡하게 전개되더라도 인간 세계와 자연 세계를 떠난 보다 근원적 세계로의 형이상학적 초월에는 별 관심이 없다.

② 성리학은 기존의 유학에 대한 새로운 해석이라고 할 수 있다.

성리학의 특징은 효제의 윤리를 위시한 인륜적 가치를 불변의 진리로 간주하면서도, 인간과 인간의 도덕적 당위에 대해 인간 세계의 범위를 뛰어넘어 광대한 자연 세계의 지평 안에서 깊이 사유했다는 점이다. 이 시대의 유학이 신유학이라고 일컬어지는 것은 인간의 문제를 인간의 차원을 넘어 자연적 지평에서 바라보았기 때문이다.

③ 성리학은 비체계적인 철학이다.

주자는 방대한 분량의 문집과 어록 그리고 경서에 대한 주석을 남겼지만, 자신의 철학 전체를 일목요연하게 체계화하지 않았다. 다시 말해 주자는 독자적인 철학 체계의 수립가가 아니라 경전 주석가였다. 그러나 그의 단편들 속에는 분명 일관된 정신이 흐르고 있다.

3. 성리학의 발생

① 사상적 배경

공맹(공자, 맹자) 시대 : 유학은 중국 사상의 주류를 이루는 것으로, 그것이 성립되던 상대에는 종교나, 철학 등으로 분리되지 않은 단순한 도덕사상이었다.

선진시대 : 선진시대에 유학은 도덕 실천의 학으로서 크게 부흥했으며, 시황제의 분서갱유로 큰 시련을 겪기도 했다.

한·당 시대 : 경전을 수집, 정리하고 그 자구에 대한 주와 해석을 주로 하는 훈고학이 주를 이루었다.

송 시대 : 이 시기에는 정치적 또는 종교적 사회체제의 변화에 따라 노불 사상이 가
미된, 이론적으로 심화되고 철학적인 체제를 갖춘 천리, 성즉리(性卽理) 등의 여
러 학설이 나왔다. 이것을 주희가 집성, 정리하여 철학의 세계를 세운 것이 성
리학으로 일명 주자학이라고 한다.

② 사회적 배경

주자에 따르면, 성인은 "도덕의 원리를 깨우쳐서 자신을 수양하고, 나아가 자신이 성취한 것을 다른 사람에게 확장하는 것"을 학문의 유일한 목적으로 삼았는데, 당시의 사람들은 사상가로서의 명성, 문학가로서의 명성과 같은 천박한 목표에만 혈안이 되어 있었다. 주자는 그러한 침체 상황 속에서 유학의 도를 부흥시키기 위해 자신의 생애를 바쳤다.

(ㄱ) 지식인들은 '고원함'과 '독창성'을 통해 명성만을 추구하였고, 진정한 깨우침을 위한 노력은 거의 하지 않았다.

"공자가 말씀하시길 옛날의 학자는 자기를 위해 공부했지만, 요즘의 학자는 다른 사람에게 내보이기 위해 공부한다 : 子曰 古之學者 爲己, 今之學者 爲人(논어 헌문 25장)"

(ㄴ) 주자는 문사(文詞)만 너무 강조하는 당시의 추세 역시 해로운 것으로 보았다.

"다른 사람을 기쁘게 하려고 철저히 연구된 화려한 문체를 연습하는 것은 자신을 위하는 것이 아니라 다른 사람에게 내보이려는 것이니, 정말로 부끄러운 일이다."(주자어류 권139, 8책, 3319쪽)

(ㄷ) 참된 학문에 대한 가장 큰 위협은 역설적이지만 유학에 바탕을 두었던 과거제도였다.

"배울 때는 반드시 자신을 위해 살펴야만 자기에게 절실하게 깨닫는다. 오늘날 사람들이 책을 읽는 것은 단지 과거시험을 치르기 위한 목적일 뿐이다."(주자어류 학5, 권11, 42조목)

③ 불교와 도교의 영향

성리학은 불교·도교의 영향을 받기도 했는데, 우주·자연 및 인성에 대한 본체론적 형이상학 탐구가 깊어진 것과 철저한 심성수양 경향이 바로 그것이다. 특히 불교의 영향

은 매우 강조된다. 성리학의 형이상학적, 사변적인 성격 그 자체가 불교에서 유래되었다고 하기도 하고 성리학의 중심 개념인 '이(理)'의 설은 유교에서는 본래 없었던 것으로 불교에서 나온 것이라고 한다. 이러한 영향은 불교와 대항하던 성리학자들이 불교에 연기(緣起)·법계(法界) 등의 깊은 형이상학과 참선 같은 수행이 있음을 깨닫고, 그런 것이 유학에도 갖추어져 있음을 과시하려 했던 노력의 결과라 할 수 있다. 이렇게 송대 성리학의 성립에는 불교 철학이 많은 영향을 미쳤으나, 성리학의 세계관과 불교의 세계관은 근본적인 성격이 달랐다.

4. 한국 성리학의 전개

① 도입 초기
성리학이 우리나라에 도입된 것은 고려 말기 원나라를 통해서였다. 이미 고려 중기부터 유교를 심성 수양의 도리로까지 확대하려는 움직임이 있었고, 유불일치의 사상 경향이 대두하면서 유학자들 역시 심성 수양의 문제에 깊은 관심을 보이고 있었다. 그 후 원나라를 통해 도입된 성리학은 이러한 노력에 부응하는 것으로서 관심을 끌게 되었으며, 새로운 개혁이념으로, 국가 교학으로 받아들여졌다.

그러나 당시의 유학자들은 유불일치(儒佛一致)의 사상경향 속에서 불교적 심성 수양과 유교적 심성 수양의 차별성을 명확하게 인식하지 못하는 모습을 보여주기도 했다. 양자의 차별성이 명확하게 된 것은 왕조 교체를 전후한 시기에 불교 비판이 본격화되면서부터이다. 이때 비로소 유교적 심성 수양은 윤리도덕의 실천을 포함하는 것이며, 불교적 심성 수양은 현세를 초월한 정신적 해방을 그 내용으로 하는 것이라는 점에서 그 차별이 인식되었다.

② 15세기 후반
이 시기의 성리학은 당시의 사회문제를 해결하기 위한 이념적 대응을 모색하기보다는 이미 확립된 예제·법제의 준수를 강조하는 것이 일반적인 사상 경향이었다. 이러한 경향과는 달리 사림계 학자관료들은 재지사족의 입장에서 성리학을 다시 이해하고, 재지사족까지 포함한 지배층 일반의 도덕적 실천을 통해 당면한 사회문제의 해결에 적극적으로 나서야 함을 강조했다.

조광조를 대표로 하는 사림계 학자관료들의 개혁이념은 도학정치사상으로 집약되었다. 도학정치의 이념은 성리학에 바탕을 두고 유교의 전통적인 왕도사상을 재해석한 것으로, 삼강오상의 윤리도덕을 온전하게 실현하는 것을 정치의 기본 내용으로 파악했다. 도학정치사상은 지배층의 도덕적 책임의식을 더욱 심화하고, 나아가 인민들이 자발적으로 명분론적 질서에 따르도록 하려는 것이었다.

③ 16세기

15세기 말엽부터 사림계 학자관료들은 이러한 이념을 실현하기 위해 정치적·사회적 노력을 계속했으나, 당시 집권세력의 탄압에 의해 그 노력은 좌절되었다. 그러한 상황 속에서 정치적·사회적 실천의 이념적 근거인 성리학에 대한 깊이 있는 이해가 추구되었으며, 그 결과 16세기에는 성리학에 대한 이론적 탐구가 학문의 중심 내용으로 자리잡았다. 이언적과 서경덕에 의해 본격적으로 이루어진 성리학에 대한 이론적 탐구는 이황의 단계에 와서 특히 심성의 문제에 대한 깊이 있는 연구가 이루어졌다. 그리고 이이의 『성학집요(聖學輯要)』에서 보이듯 성리학에 바탕을 둔 경세론도 학문적으로 체계화되었다. 성리학의 이론적 특징을 보여주는 사단칠정논쟁(四端七情論爭)·인심도심논쟁(人心道心論爭)이 시작되어 이황의 이기호발설(理氣互發說)과 이이의 이기겸발설(理氣兼發說)로 체계화된 것도 그 무렵이었다. 이러한 이론적 탐구를 통해 우리나라의 성리학은 다양한 사상체계를 갖출 수 있었다.

④ 16세기 말엽, 17세기

이와 같이 성리학 내부에서 다양한 학문과 사상적 흐름이 형성되고, 그것이 학문이나 도덕적 실천에서 사우(師友) 관계의 중요성을 강조하는 흐름과 결합하면서 16세기 말엽에는 이황·조식·이이의 제자들을 중심으로 학파의 형성을 보게 되었다. 그리고 이들 학파에 의해 각 서원에서의 연구와 교육이 활발하게 이루어지면서 성리학은 17세기 학문·사상의 지배적 조류로서의 확고한 지위를 누릴 수 있었다.

⑤ 그 이후

17세기 후반부터 성리학은 변화하는 사회현실에 전진적으로 대처할 수 있는 학문·사상으로서의 역할을 상실하기 시작했으며, 실학으로 대표되는 새로운 학문·사상 조류가 등장했다.

5. 성리학의 주요 개념

① 태극설

태극을 만물의 근원, 우주의 본체로 보는 우주관을 계승하고 여기에 오행설(五行說)을 가하여 새로운 우주관을 수립한 것이 북송의 유학자 주돈이의 『태극도설(太極圖說)』이다. 『태극도설』은 만물 생성의 과정을 '태극－음양－오행－만물'로 보고 또 태극의 본체를 '무극이태극(無極而太極)'이란 말로 표현하였다. 주자는 이것을 해석하여 태극 외에 무극이 따로 있는 것이 아니라 하여, 만일 무극을 빼놓고 태극만을 논한다면 태극이 마치 한 물체처럼 되어서 조화의 근원이 될 수 없고, 반대로 태극을 빼놓고 무극만을 논한다면 무극이 공허(空虛)가 되어 역시 조화의 근원이 될 수 없다고 하였다. 이같이 무극과 태극은 떼어 생각할 수 없는 것으로, 유(有)가 즉 무(無)이며, 절대적 무는 절대적 유와 동일하다는 것이다.

② 이기설

이기설은 우주·인간의 성립·구성을 이(理)와 기(氣)의 두 원칙에서 통일적으로 설명하는 이론이다. 그러나 이와 기는 서로 밀접한 관계에 있어, 그 어느 것이 빠져도 존재할 수 없다. 이런 의미에서 이·기 양자는 동시존재이며 다만 그 질(質)을 달리할 뿐, 경중의 차는 없는 것이나, 기는 항상 변화하는 데 대하여 이는 법칙성을 지니고 부동(不動)한 것이기 때문에 거기에 자연히 경중이 부여된다. 특히 그것이 윤리에 관련될 경우

이러한 경향이 더욱 뚜렷하다. '천(天)은 이(理)이다' '마음은 이(理)이다'라고 하는 이면에는 이가 법칙적 성격이 부여된 데 대하여 기는 항상 물적인 것, 그리고 자칫하면 이의 발현을 방해하는 것이라는 해석이 내재하게 된다.

기가 형질을 지니고 운동하는 것에 대하여, 이는 형질도 없고 운동도 하지 않고, 그 실재는 기를 통하여 관념적으로 파악되는 것이라 하였다. 즉, 기가 형질을 갖고자 할 때, 또는 운동을 일으키려 할 때, 이가 거기에 존재하지 않는다면 기의 이러한 작용은 전혀 불가능하며, 기의 존재 자체도 불가능해질 수밖에 없다. 그리고 주자는 이것을 윤리에 적용시켰을 때, 이·기에 경중을 두면서도 기를 악(惡)으로만 단정하지 않고, 기의 청탁(淸濁)에 의한 결과에서 선악을 인정하려 하였다.

③ 심성론

이기설이 우주를 논한 것이라면 심성론은 인생에 관한 문제를 다룬 것이다. 인간은 우주 내에 존재하는 것이므로 이기설과 심성론은 상호 관련성을 갖게 된다. 주자는 인간의 심성을 본연지성(本然之性)과 기질지성(氣質之性)으로 나누어 설명하였다. 본연지성은 이(理)요, 선(善)이라 하였고, 기질지성은 타고난 기질에 따라 청탁과 정편이 있어 반드시 선한 것만은 아니고 때로는 악하게도 된다 하였다. 정(情)은 반드시 악한 것만은 아니지만 때로는 선하지 못할 수도 있으니, 즉 기질을 맑게 타고난 사람은 그 정이 선하게 되지만 이것을 탁하게 타고난 사람은 그 정이 악하게 된다고 하였다. 이와 같이 사람에 따라 청탁·지우(智愚) 등 여러 차별이 있으나, 이 정은 불변이 아니므로 인간의 노력과 수양에 따라 우(愚)가 지(智)로도 변하고 탁함을 청으로 만들 수도 있는 것이니 여기에 인간의 윤리성 및 도덕성이라는 문제가 제기된다.

④ 성경론

인간이 자연의 진리와 진정한 자아를 추궁하여 근원적 도리에 도달하는 요체로서 주돈이는 이것을 정(靜)에 두었고, 정호는 성(誠)에 두었으며 정이와 주자는 경(敬)에 두었다. 이들 성리학자들의 정·성·경은 필연코 인(仁)과 의(義)로 귀일되는 것이다. 즉, 인·의의 인식 파악은 성·경에 의하여 비로소 가능함을 말하였다.

6. 성리학의 대표적 인물

▶ **기본 설계자**

① 염계 주돈이(周敦頤) : 자는 무숙(茂叔)이며 세칭 염계(廉溪) 선생이라고 불렸다. 유교 뿐 아니라 불교와 도교에도 깊은 조예를 지니고 있었던 그는 특히 『주역(周易)』과 『중용』에 뛰어난 관심으로 우주의 본체를 규명한 『태극도설(太極圖說)』을 완성하였다.

② 명도 정호(程顥) : 동생 정이(程이)와 함께 이정자(二程子)라고 불리며, 그의 시호를 따라 정명도(程明道)라고도 불린다. 육경을 깊이 연구하여 유교에 심취하였고 주렴계 선생의 태극(太極) 개념 대신 건원(乾元) 개념을 사용하여 유교의 본체론을 심화시켰다. 그는 기의 근원으로서 건원(乾元)이라는 것을 생각했다. 그것은 염계의 태극에 해당하는 것인데, 다만 음양의 상위에 놓여진 것이기보다는 직접 만물을 낳게 하는 생명력을 의미한다.

③ 이천 정이(程頤) : 정명도 선생의 아우로서 이천(伊川)지방을 한 때 다스렸기 때문에 정이천(程伊川)으로 잘 알려져 있다. 그의 유교 이론은 이기이원론(理氣二元論)을 주장하여 '기' 중심의 사상에서 '이' 중심의 사상으로 옮겨가는 과도기적 역할을 담당하였다.

　　그는 또한 성(性)에는 기품지성(氣稟之性)과 천연지성(天然之性)이 있다고 하여 훗날 주자가 본연지성(本然之性) 이론을 세우는 데 중요한 단서를 제공해 주었다.

▶ **집대성자**

① 회암 주희(朱熹) : 자는 원회(元晦)이며 호는 회암(晦庵)이고 본관은 휘주(徽州)이다. 선생은 북송 유학자들의 학설을 종합 계승하는 한편 동시대의 불교와 도교를 섭렵함으로써 송대의 유교를 집대성하였다. 그의 철학 체계인 '주자학(朱子學)'은 성리학의 진수를 종합한 것으로서 그 이론이 매우 정밀하고 또한 방대한 내용을 담고 있어 이후의 유교 발전에 지대한 영향을 주었다. 특히 우리나라에서는 그의 유교 이론이 조선 시대 전반을 통하여 정설로 인정되고 과거 시험의 학과로 채택

됨에 따라 장기간에 걸쳐 막강한 영향력을 끼쳤다.

▶ **우리나라**
① 서경덕 : 장재의 영향으로 기 개념을 확립하였다.
② 이황 : 주자의 영향으로 이 개념을 확립하였다.
③ 율곡 : 둘을 취하여 독창적 이기설을 완성하였다.

7. 성리학의 영향

① 긍정적인 면

신진 사대부로 칭하는 당시의 성리학자들은 불교의 폐단뿐만 아니라 교리(敎理) 자체를 논리적으로 변척(辨斥)하는 동시에 이태조를 도와 법전의 제정과 기본정책의 결정을 통하여 유교를 국시로 삼는 조선조를 성립시키는 원동력이 되었다.

또한 퇴계·율곡의 성리학은 인간성의 문제를 매우 높은 철학적 수준에서 구명하였을 뿐만 아니라, 그것이 공허한 관념을 벗어나 역사적·사회적인 현실과 연관을 가지고 영향을 주었으며, 후세에 실학사상으로 전개되는 하나의 계기를 만들었다고 할 수 있다.

② 부정적인 면

성리학은 배타적인 학문이다. 따라서 주희의 사상을 제외한 어느 것도 인정하지 않았으며, 유학에서도 성리학을 제외한 학문은 사문난적으로 몰리는 등 성리학 외의 다른 사상은 용납되지 않았다.

또한 16세기 이후 권력을 잡은 사람들은 극단적으로 성리학을 신봉하는 사람들이었는데 주희가 만든 '주자가례'에 의해 허례허식적인 관혼상제에 매달리고, 남녀차별을 심하게 하였으며 자신의 주장만 옳다하니 붕당의 원인이 되기도 하였다. 무엇보다 성리학은 서민생활과 동떨어진 학문이어서 조선 경제발전을 저해하였다고 할 수 있으며 신문물을 받아들이는 것에 비판적인 입장이어서 봉건사회를 수호하고 민주화에 역행하는 면이 있었다.

논술 첨삭

논술 원고지

3학년 (　　　)반　이름(　　　　　)

역사와 전통을 배운다는 것은 '과거를 통해 현재를 이해하고 미래를 바라보는 것'이라고 한다. 요컨대 역사가 현재를 살아가는 우리에게도 큰 영향을 미치는 것이라는 것을 시사해 준다. 과거의 사실을 있는 그대로 받아들여 현재와 미래의 밑거름으로 활용하는 것은 인류의 큰 자산이 되지만, 그것을 편향적인 통찰을 했을 때엔 현재와 미래에까지도 큰 해가 되기 때문이고 따라서 역사에 대한 통찰은 객관적이고 깊이 있게 이루어져야만 한다.

이러한 관점에서 보자. 제시문 (나)에는 시인의 한국 역사와 전통에 대한 포용적인 관점이 잘 드러나 있다. 시민은 작품에서 어떤 한 역사나 전통이라도 드러낸다. 그러나 자신의 역사나 민족애를 드러내는 모순점이 드러난다. 우리의 역사를 표현에는 더러운 역사라고 표현하고 진짜 코 자랑스럽게는 우리나라의 것처럼 보인다. 결국 시인은 부끄럽고 반수치스러운 역사를 자신의 양심으로 ~

A 들인 것이다. 즉 그것이 바로 이 시에 성장하는 ', 뿌리'의 상징적인 의미이다. 다시 한번 점의 하자면, 부끄러운 역사적 포용하겠다는 강한 의지 정도가 같다.

시인의 이러한 관점은 현재 서구중심의 ⑤사고관에 젖어들어 전통을 경시하는 현대인들에게 경종을 울려주는 본보기가 된다. 시인은 우리나라 역사와 전통을 포용하면서 잃어버렸던 국민에게 민족애를 상기시키고, 우리나라 민족의식에 대한 대략적인 기틀을 잡아준다.

그러나 시인의 이러한 의식은 진정한 민족의식을 완성시키지는 못한다. 왜냐하면 시인의 민족애의 바탕에는 우리나라 전통과 역사에 관하여 부끄럽고 수치스러운 감정이 깔려 있기 때문이다. 이것은 우리나라의 암울한 시기를 모두 국내의 내부적 요소에서 찾았기 때문에 비롯되었다. 시인은 우리나라의 역사를 그때의 국제적 정세, 문화적 분위기 등을 고려하지 않고, 단지 우리나라 내부 권역층의 무능함, 이권다툼에서 그 원인을 찾았기 때문이다. 만약 그 내우와 외부에서 역사를 통합적으로 고찰했다면 '더럽다'라고까지는 우리나라의 역사를 표현하지 않았을 것이다.

역사는 내부적인 통찰만으로는 그 해석이 불가능하다. 그 시대의 사회적 특징을 비롯 국제적인 관계 등 다양한 의미의 역사가 탄생되는 것이다. 이러한 통찰이 뒷받침되었을 때 역사는 우리에게 진정한 역할을 하게 될 것이고, 나아가 현재를 지탱하는 견고한 기둥이 될 것이다. 조금만 높은 곳에서 보면 훨씬 더 많은 것을 볼 수 있듯, 우리도 조금 더 시야를 넓혀 역사를 바라보아야 할 때가 온 것 같다.

① '영행을 미치는 것이라는 것을 시사해 준다'에서 한 문장에 '것'이 반복적으로 표현되는 것은 매끄러운 문장 표현이라고 할 수 없음. → '영향을 미친다는 것을 시사해 준다.'

② '~를 했을 때엔' – 논술문에서는 구어적인 표현이나 줄임말을 쓰지 않는 것이 좋음. → '~를 했을 때에는'

③ 의미어는 가능하면 의미 내용에 모호함을 유발하지 않는 정확한 어휘로 쓰는 것이 좋음.

　한 글자의 단어보다는 동일한 의미나 더 정확한 의미의 단어가 있다면 그것을 써 주는 것이 의미의 혼란과 어색함을 막을 수 있음. '해가 되기' → '잘못된 영향을 미치기'

④ 이 문장 의미의 가치성이 애매모호함. 앞 문장의 흐름으로 보면 '부끄럽고 수치스러운 역사'로의 인식이 강하게 느껴지지만, 뒷문장의 내용과 연결시키면 '아량'이 긍정적으로 해석되어 시인이 우리 역사에 대한 새로운 가치 인식의 토대로 이해되기도 함. 만약 후자 쪽이라면 '아량'이라는 단어보다는 '역사 의식' 정도의 어휘가 더 낫지 않을까? 그렇다면 줄을 바꿔 써서 앞의 내용과 다름을 확인해 주고, 역접 부사로 시작하는 것도 의미의 정확성을 위해 좋은 방법이기 함.

⑤ '사고판'이라는 단어는 없으며 의미상 조어도 어려운 단어임. → 사고

〈총평〉

논제에 따라 반드시 전개해야 할 내용으로 다음 세 가지가 있다.

A. (나) 시의 '뿌리'의 상징적 의미.

B. (나) 시인의 전통에 대한 견해가 갖는 미덕과 한계의 논(論).

C.　B를 (가)의 논지(역사를 바라보는 바람직한 태도는 내재적인 요인에만 초점을 두어서는 안 되고 그것을 둘러싼 폭넓은 세계에 대한 이해를 바탕으로 해야 한다)를 참조

　이 세 가지의 내용이 적절하게 잘 전개된 글이다. 어휘가 개념적인 것으로 적절하게 선택이 되었고, 글의 내용도 비교적 군더더기가 없이 잘 정돈되었다. 다만 ④의 부분이 문맥적으로 모호해서 이 부분의 글의 흐름만 잘 이어주면 좋은 글이 될 것 같다.

논술 수정 원고

역사를 배운다는 것은 '과거를 통해 현재를 이해하고 미래를 바라보는 것'이라고 한다. 이것은 그만큼 역사가 현재를 살아가는 우리에게도, 미래를 살아갈 후손들에게도 큰 영향을 미친다는 것을 시사해 준다. 과거의 사실을 있는 그대로 받아들여 현재와 미래의 밑거름으로 활용하는 것은 인류의 큰 자산이 되지만, 그것을 편향적인 시각으로 잘못된 통찰을 했을 때에는 현재와 미래까지도 깊이 있게 이루어져야만 한다.

이러한 관점에 비추어 제시문 (나)를 살펴보자. 제시문 (나)에는 시인의 한국 역사와 전통에 대한 포용적인 관점이 잘 드러나 있다. 시인은 작품에서 어떠한 역사나 전통이라도 좋다고 하면서 자신의 민족애를 드러낸다. 그러나 어쩐지 그 표현에는 모순점이 드러난다. 우리의 역사를 더러운 역사라고 표현하고, 진창이라고 표현한다. 우리나라의 역사를 결코 자랑스럽게는 생각하지 않는 것처럼 보인다.

그러나 시인은 부끄럽고 수치스러운 역사를 자신의 역사의식으로 재해석하고 있다. 그것이 비로 이 시에 등징하는 '뿌리'의 상싱석인 의미이다. 다시 한번 정의하자면 '부끄러운 역사를 자신의 것으로 포용하겠다는 강한 의지' 정도가 적합할 것 같다.

시인이 이러한 관점은 현재 서구중심의 사고에 찌들어 전통을 암암리에 무시하는 현대인들에게 경종을 울려주는 좋은 본보기가 된다. 시인은 우리나라 역사와 전통을 포용하면서 잃어버렸던 민족애를 상기시키고, 우리나라 국민에게 민족의식에 대한 대략적인 기틀을 잡아 준다.

그러나 시인의 이러한 의식은 진정한 민족의식을 완성시키지는 못한다. 왜냐하면 시인의 민족애의 바탕에는 우리나라 전통과 역사에 관하여 부끄럽고 수치스러운 감정이 깔려있기 때문이다. 이것은 우리나라의 암울한 시기를 모두 국내의 내부적 요소에서 찾았기 때문에 비롯되었다. 시인은 우리나라의 역사를 그 때의 국제적 정세, 문화적 분위기 등을 고려하지 않고, 단지 우리나라 내부의 권력층의 무능함, 이권다툼에서만 찾았기 때문이다. 만약 그 원인을 내부와 외부에서 통합적으로 고찰했다면 우리나라의 역사를 '더럽다'라고 까지는 표현하지 않았을 것이다.

역사는 내부적인 통찰만으로는 그 해석이 불가능하다. 그 시대의 사회적, 문화적, 국제적인 관계 등 다양한 특징을 고루 반영해야 만이 진정한 의미의 역사가 탄생되는 것이다. 이러한 통찰이 뒷받침되었을 때 역사는 우리에게 진정한 나침반 역할을 하게 될 것이고, 나아가 현재를 지탱하는 견고한 기둥이 될 것이다. 조금만 높은 곳에서 보면 훨씬 더 많은 것을 볼 수 있듯, 우리도 조금 더 시야를 넓혀 역사를 바라보아야 할 때가 온 것 같다.

제8장

역사 해석의 시각과 태도

 **논술 기법**

☺ 결론과 마지막 문장

논술 답안지의 결론 부분은 많은 학생들이 시간의 촉박함으로 다소 긴장이 되면서 스스로도 만족스럽지 못한 마무리로 정리하기 쉬운 곳이다. 그러나 우리가 어떤 글을 다 읽고 책장을 덮거나 원고의 마지막을 덮을 때 독자의 머릿속을 뱅뱅 돌면서 가장 많은 비중을 두고 생각하게 하는 부분이 글의 마지막이라는 점을 감안한다면 이 결론 부분은 결코 어떤 이유로도 가볍게 할 수 없을 것이다. 심지어 글의 마지막 단락이나 마지막 문장이 매우 참신하고 인상적인 내용이라면 그 순간에 글에 대한 평가가 당연히 높아질 수 있는 유리한 점이 있다.

　　작문의 기본 학습에서 결론은 본론의 내용을 요약하여 쓰거나, 부연 강조, 또는 미래에 대한 전망 또는 제언, 논지 강조, 앞으로의 자세에 대한 행동 지침, 여운 남기기 등의 방법으로 기술할 수 있음을 배웠다. 이 중에서 가장 초보적이고 언뜻 확실해 보이는 방법은 본론 내용을 요약하는 방법이다. 그래서 학생들이 가장 쉽게 그리고 의심 없이 사용하는 방법 중의 하나가 바로 이 요약의 방법이다. 그러나 글자수마저 제한적인 논술문에서 중요한 결론 부분을 참신하고 강한 인상을 주는 방법이 아닌, 본론 내용에 대한 요약과 중복으로 하는 것은 정말 낭비적이고 소모적일 수밖에 없는 태도이다. 설령 본론 내용을 주장과 논거를 결합해 매우 타당하게 전개했다 하더라도 결론에서 이 내용을 다시 한 번 반복하게 되면 이제 이 내용은 진부하고 동어반복 식의 지루한 내용으로 비칠 수 있다. 물론 강조를 하기 위해 중요한 본론 부분이 반복될 수는 있다. 하지만 이 경우는 서론과 본론의 논의를 짧게 요약하면서 적어도 동어반복이 되지 않도록 주의해야 한다.

　　어떠한 결론 방식이 가장 좋다는 식의 획일적인 결론쓰기는 제시하기가 매우 어렵다. 그 이유는 논제의 성격과 제시하는 글의 방식이 다양하기 때문이다. 그러나 가장 보편적이고 비교적 무리 없이 정확하게 만들어지는 결론 방식은 '(긴박한) 요약 + 주장(강조) + 전망'의 형태가 될 것 같다. 다만 앞글에서의 동어반복적인 표현은 피하고 주장을 하되 좀 더 참신하고 기발한 문구 이용이나 표현으로 주장 또는 강조를 하며 추상적이지 않은 내용으로 앞으로의 전망과 가능성을 열어주는 방식은 매우 적절할 수 있다. 다음의 결론 예시를 참고로 해 보자.

　　㉠ 요컨대 광고는 양날을 가진 칼이다. 어떻게 이용하고 접근하느냐에 따라 이로울 수도 있고 해로울 수도 있다. ㉡ 우리는 광고의 기본 속성에 대한 명확한 이해를 바탕으로 삼아 광고가 지닌 부정적 측면에 현혹되지 않도록 주의해야

한다. 각종 광고에 현혹됨으로써 과소비를 부추기거나 불필요한 유행에 휩쓸리는 일이 없어야 할 것이다. ㉢ 비판적 선택 능력을 상실한 채 달콤한 광고의 유혹에 넘어감으로써 자신을 파멸시키는 일이 있어서는 안 됨을 피에르 랑드리는 우리 모두에게 경고하고 있는 것이다.

㉠은 본론을 간략히 요약한 내용이다. ㉡은 주장을 강조하면서 자신의 논지를 확실히 하고 있다. ㉢은 논제의 제시문의 핵심 내용을 살려 그것을 통해 자신의 논지에 대한 설득력을 높이면서 여운을 주고 있다. 그리고 이 부분이 논술문을 다 읽고 난 후의 인상으로 채점자의 인상에 강하게 남을 수 있는 표현이 된다. 위 결론에서 ㉠과 ㉡만 있는 경우와 ㉢이 마지막 문장으로 완성되면서 글의 인상과 그 효과에 주는 영향력을 비교해 보면 결론의 글과 그 마지막 문장이 실제로 얼마만큼의 영향력이 큰 것인가를 알 수 있을 것이다.

다음의 한 예시도 아울러 살펴보자.

따라서 정보 생산자 및 제공자는 먼저 도덕적 양심과 책임을 갖추어야 한다. 정보가 아무리 부가 가치를 창출하는 재원이 되는 시대이고, 익명성이 보장되는 시대라 하지만, 지적·기능적 능력을 통하여 자기 자신의 개인적 이익만을 추구하다 보면, 필연적으로 다수의 희생자를 낳게 된다. 그리고 정보의 수용자는 아무리 그럴 듯한 정보라 하더라도, 그것의 사실 여부를 스스로 판단하고 선택적으로 정보를 수용할 수 있는 비판적 능력을 길러야 한다. 불행이란 파동과 같아서, 왜곡된 정보를 수용함으로써 입게 되는 불행은 한 개인에만 그치지 않는다. 우리의 옛이야기에 나오는 썩은 동아줄은 포악한 호랑이를 징치하기 위한 훌륭한 도구였지만, 이제 우리는 거짓된 새끼줄로 인해 있어서는 안 될 불행을 초래하게 될지도 모를 일이다.

위의 결론 단락도 본론에 이어 자기의 주장을 강조하는 내용으로 정리되고 있다. 그러나 줄친 부분이 역시 결론의 내용을 좀 더 훌륭하게 장식해 주고 있고 우리의 전래동화에 참신하게 비유하면서 마지막 문장을 엮어 누구라도 이것을 읽은 후에는 한참 동안 머릿속에 이 표현이 생동감 있게 살아있을 수 있도록 만들어 주고 있다.

논술문 쓰기 훈련을 하는 과정에서는 어떤 부분 하나도 소홀히 할 수 없다. 서론은 서론대로, 본론은 본론대로 모두 그 형식과 특징을 살려 충분히 연습을 해야만 한다. 그러나 결론과 그것의 마지막 문장은 또 다르게 글을 읽는 사람의 입장에서 마지막 인상을 만들어주고 이 부분이 실제적으로 점수로 바로 직결될 수 있는 부분임을 부인할 수 없다면 우리는 결론을 위한 자신만의 방법을 연습하고 개발해 두는 것도 괜찮은 노력임을 인정해야 할 것이다.

다만 결론쓰기에서 흔히 발견되는 다음의 유형은 조심하도록 노력해야 할 것이다. 첫째, '이러한 문제를 극복하기 위해서 우리 모두 힘껏 노력해야 한다.'는 식의 추상적인 문장으로 마무리를 하는 경우이다. 이것은 참신하지 않고 극히 상투적이어서 글쓴이의 개성적 발상을 읽을 수 있는 부분이 전혀 없다. 둘째, 문제 해결에 필요한 자세를 촉구하거나 논의 확대로 끝맺으면서 새로운 문제를 언급하는 경우이다. 이것은 결국 결론에서 새로운 논제를 시작하는 실수를 저지르고 있는 것이다.

위의 두 가지 경우를 특히 조심하면서 자신만의 개성적이고 참신한 결론쓰기 방법을 고안하여 차분하게 글을 마무리하면 자신의 논지를 살리면서 표현의 효과까지 만족시키는 아주 훌륭한 글이 완성될 수 있을 것이다.

읽을거리 1

역사의 발전이란?

'인간의 역사가 결국 어디로 가고 있는가?' 하는 물음에 대해 많은 역사학자와 철학자들이 나름대로 대답을 내놓았다. 종말론[1]적인 해답도 있었고 발전론적인 해답도 있어 왔지만, 지금까지의 인류 사회가 지향해 온 역사의 길은 인간들이 살기에 한층 더 나은 사회를 만드는 길이었으며, 그것은 또 많은 우여곡절[2]이 있었음에도 불구하고 일정하게 이루어져 왔다고 생각된다.

좀 더 구체적으로 말해 보면, 인류의 역사는 모든 인간들이 정치적인 속박에서 점점 벗어나는 방향으로 발전해 왔다. 헤겔[3]은 '역사의 발전이란 곧 자유의 확대 과정'이라 말했다. 역사는 정치적으로 자유로워지는 인간의 수가 점점 많아지는 방향으로 발전해 온 것이다. 고대 사회에서는 왕과 귀족들만이 정치적 자유를 누렸지만, 근대 사회로 오면서 그 정치적 자유가 시민 계급에까지 확대되었고, 현대 사회로 오면서는 노동자·농민층에게까지 실질적으로 확대되어 가고 있다.

또한 인간의 역사는 경제적으로 빈부의 차가 적어지는 길로 발전해 왔고 또 앞으로도 계속 그렇게 나아갈 것이다. 신라 시대나 고려 시대에는 소수의

---

1 종말론(終末論, eschatology) : 세계 및 그 안에 존재하는 인간이나 자연이 마지막에는 어떻게 되는가에 대한 종교적 견해.
2 우여곡절(迂餘曲折) : 여러 가지로 뒤얽힌 복잡한 사정이나 변화.
3 헤겔(Hegel, Georg Wilhelm Friedrich, 1770.8.27~1831.11.14) : 칸트철학을 계승한 독일 관념론의 대성자. 그의 철학은 그 관념론적 형이상학으로 인하여 많은 비판과 반발을 받기도 하였지만, 역사를 중시하였다는 점에서는 19세기 역사주의적 경향의 첫걸음을 내디딘 것으로 평가할 수 있으며, 또 변증법이라는 사상으로도 후세에 다대한 의의를 가진다.

귀족층만이 재부의 대부분을 차지하여 피지배층의 생활은 처참했다. 조선 시대에도 양반 지배층의 생활과 일반 농민의 생활 사이에는 상상하기 어려울 만큼 차이가 있었다. 근대 사회로 내려오면서 자산[4] 계급과 서민 대중 사이의 생활 양식은 어느 정도 접근해 갔으나 소유한 재부[5]의 차이는 여전히 크다. 그러나 재부의 편중을 억제하고 사회적 평등을 촉진하는 운동과 정책이 계속 추진되고 있으며, 그것이 바른 역사의 길이라는 인식이 확대되어 가고 있다. 이와 같은 현상은 앞으로도 더 발전될 수밖에 없을 것이다.

인간의 역사는 또 인간과 인간 사이의 사회 계급적 차이를 해소하는 방향으로 꾸준히 발전해 왔다. 고려나 조선 시대의 그렇게 엄격했던 신분제가 폐지되어 종이나 하인 등 신분 제도에 의해 차별받던 계층이 없어졌고, 일제 강점하 시대까지도 엄존했던 백정 계급이 없어진 지도 오래 되었다.

물론 아직도 만민 평등이 이루어진 것은 아니다. 정치적 지위나 재부의 소유 정도에 따른 사람과 사람 사이의 차등은 아직 남아 있다. 그것이 해소되기 위해서는 인간이 정치적 속박으로부터 해방되고 경제적 불평등으로부터 해방되어야 할 것이다.

인간의 역사는 또한 생각하고 표현하는 자유, 즉 사상의 자유가 꾸준히 확대되는 방향으로 발전해 왔다. 지구가 도는 것임을, 만민이 평등함을, 권력은 국민의 것이어야 함을, 재부가 만민의 것임을 남보다 먼저 말했다가 희생된 사람들이 많았지만, 아무리 무서운 권력도 뿌리 깊은 인습[6]도 인간의 '생각하고 말하는 자유'를 계속 누를 수는 없었다. 사상의 자유야말로 인간의 역사를 앞으로 나아가게 하는 원동력 가운데 하나였던 것이다.

---

4 자산(資産, property, a fortune) : 토지·건물·금전 따위의 재산.
5 재부(財富, wealth, a fortune) : 재물의 부.
6 인습(因襲, convention) : 예로부터 내려오는 관습 중에서 합리적·진보적 관점에서 가치가 의심되거나 부정되고 있는 것.

수천 년에 걸친 인간의 역사를 분석해 온 역사학은 역사의 변화에 일정한 방향이 있다고 말하고 있다. 그 방향은 크게 말해서 인간이 정치적인 속박을 벗어나는 길, 경제적인 불평등을 극복하는 길, 사회적인 불평등을 해소하는 길, 사상의 자유를 넓혀가는 길이라 말하고 있다.

　　역사를 어떻게 볼 것인가. 우리들 자신이 하고 있는 일, 주변에서 일어나고 있는 일들이 인간의 정치적 자유, 경제적 균등, 사회적 평등, 사상적 자유를 이루어나가는 데 궁극적으로 합치[7]되고 있는가 그렇지 못한가를 분간할 수 있어야 한다. 합치되는 사실은 역사적 사실이며, 거슬리는 사실은 반역사적 사실임을 알 수 있어야 한다. 그것이 역사를 보는 직접적인, 그러면서도 쉬운 방법의 하나라 할 수 있다.

---

7 합치(合致, agreement) : (의견이나 경향 따위가) 꼭 들어맞음, 일치함.

이야기로서의 역사

자신의 조상, 자신이 속한 민족, 더 나아가서 인류의 긴 역사를 떠난 어떤 인간의 존재도 상상할 수 없으며, 또한 이러한 인간들을 떠난 미래의 역사도 생각할 수 없다. 한 인간의 개성은 그 자신이 살아온 고유한 과거이며, 한 민족의 정체8는 그 민족이 밟아온 색다른 역사를 통해서만 그 대답을 얻을 수 있다. 나 개인이나 우리 민족에 있어 역사의 중요성은 자명9하다.

역사란 무엇인가? 그것은 과거의 사실과 사물들을 지칭한다. 신라에 의한 백제의 멸망, 이성계의 위화도 회군, 6·25 전쟁, 그리고 아편 전쟁10, 일본의 항복 등이 그러한 사실의 예이며, 광개토대왕 비문이나 아즈카 고분11의 고구려 양식 벽화가 역사적 사물의 예이다. 그러나 과거의 모든 사실이나 사물이 다 같이 역사에 속하지는 않는다. 화산 폭발이나 지방 정치인의 교통사고가 한 민족의 역사의 일부일 수 없으며, 공룡의 사멸이나 아프리카 부족 싸움은 세계의 역사에 소속하지 못한다. 이것은 전자의 사실이나 사물들이 한 민족의 역사를 이야기하는 데 뺄 수 없는 요소이며 부분인 데 반해서, 후자의 사건이나 사물들은 전혀 그렇지 않기 때문이다.

역사는 사실이나 사물들로서가 아니라 그러한 것들의 의미12로만 존재한다.

---

8 정체(正體, identity) : 본디의 참모습. 본체(本體).
9 자명(自明, obvious) : 증명이나 설명의 필요 없이 그 자체만으로 명백하다.
10 아편전쟁(阿片戰爭, The opium war) : 1840∼1842년에, 청나라가 아편수입을 금지한 데서 비롯된 영국과 청나라 사이의 전쟁. 청나라가 저서 남경조약을 맺고 홍콩을 영국에 떼어주었음.
11 고분(古墳, tomb) : 과거 및 현재의 무덤 중에서 역사적 또는 고고학적 자료가 될 수 있는 분묘.
12 의미(意味, meaning) : 어떤 말이 나타내고 있는 내용. 뜻. 의의(意義).

그러므로 역사가 탐구하는 것은 사실이나 사물이 아니라 그것들이 지니고 있는 의미이며, 역사가 의도하는 것은 그러한 의미로 싸여진 하나의 이야기이다. 그러므로 역사적 사실이나 사물들은 하나의 이야기를 구성하는 단편적 낱말이나 문장으로 존재하고, 이야기로서의 역사는 텍스트[13]로 존재한다. 6 · 25전쟁은 물리적으로 나타난 현상이고 광개토대왕 비문은 물리적으로 관찰할 수 있지만, 그것이 역사적 사실이나 사물로 분류될 수 있는 이유는 그것들이 한 이야기 속에서 관념적[14], 즉 언어적 의미를 담고 있는 기호[15]로서 존재하기 때문이다.

이야기로서의 역사는 어떻게 씌어 지며 그 의미는 어떻게 해석해야 하는가? 예컨대, 무열왕릉[16]에서 발견된 금관은 역사가의 시대적, 문화적 및 이념적 배경, 그리고 그의 총체적[17] 역사관에 따라 그 의미가 달리 해석될 수 있는 만큼 역사 이야기는 극히 주관[18]적일 수 있다. 그리고 광개토대왕 비문의 새로운 해석, 아즈카 고분에서 새롭게 발견된 벽화에 따라 역사가도 그때까지 갖고 있던 고구려의 역사, 그리고 백제와 일본의 문화적 관계에 대해해 그가 갖고 있던 역사 인식이 바뀌고 새로운 역사를 쓸 수 있다. 이런 점에서 역사 쓰기와 역사 읽기는 서로 독립된 두 가지 행위가 아니라, 동일한 행동의 상보적 양면에 불과하다.

역사 쓰기와 역사 읽기에 대한 위와 같은 사실은 물리적으로 똑같은 사건

---

13 텍스트(text) 1. (삽화나 도해 따위에 대한) 인쇄된 글귀. 2. (주석이나 서문 · 부록에 대한) 본문 또는 원문. 3. (토론 · 연설의) 주제나 논제. 4. 라디오 · 강연 따위의 골자를 발췌 기록한 인쇄물. 5. 각본. 상연 대본.
14 관념적(觀念的, ideational) : 관념에 관한 것. 현실성이 없고 추상에 흐르는 것.
15 기호(記號, symbol) : 무슨 뜻을 나타내는 표.
16 무열왕릉(武烈王陵) : 신라(新羅) 제29대 태종 무열왕(武烈王)의 능. 경상북도 경주시 서악리에 있음.
17 총체적(總體的, on the whole) : 사물의 범위가 모든 것에 다 걸쳐져 있는 것. 관련된 모든 분야를 유기적으로 통합한 것.
18 주관(主觀, subjectivity) : 자기만의 생각. 자기만의 치우친 생각.

·사실·사물일지라도 역사가에 의해 늘 새롭게 해석[19]될 수 있고, 따라서 한 민족의 그리고 인류의 역사가 부단히 새롭게 씌어 질 수밖에 없음을 말해 준다. 그러므로 한 역사가가 나의, 우리 민족의, 그리고 세계의 역사로서 쓴 이야기와 그것의 의미는, 한 소설가가 쓴 소설로서의 이야기와는 달리 영원히 미완성인 채 언제나 열려 있으며, 앞으로 그 이야기를 어떻게 써 가야 하는가는 나의, 우리 민족의, 그리고 인류의 결단, 지혜 및 실천력에 달려 있다. 인간은 역사의 산물이지만, 그와 동시에 역사의 주인공이며 창조자이다.

---

19 해석(解析, analysis) : 사물을 자세히 풀어서 이론적으로 연구함.

읽을거리 3

역사의 주관성과 역사성

실증적20인 역사가들의 사고방식에는 사료21(史料) 속에 주관을 개입시켜서는 안 된다고 하는 기본적인 생각이 그 바탕에 깔려 있다. 물론 이러한 사고방식은 그 자체로는 결코 잘못이라 할 수 없다. 문제는 그들이 단순한 사료 해석상의 이러한 규칙을 그 적용 한도를 넘어서서 역사학 전체의 원칙으로까지 확대하고 있는 데 있다. 이런 유의 실증적 역사가들은 각자의 개인적인 관점을 되도록 제거하고 사료로부터 획득된 사실로 하여금 스스로 말을 하게끔 만드는 것이 역사의 최대의 요건이라고 말한다. 이런 견해는 얼핏 들으면 그럴 듯하게 들리지만 그것은 이중의 의미에서 잘못이라는 점을 지적할 수 있다.

첫째, 역사의 사료에는 유물사료만이 아니라 서술사료가 있는데, 이 사료들도 그것을 작성하고 만든 사람들의 주관에 따른 고찰22에 지나지 않는다는 점이다. 그 서술사료들은 그것을 작성한 사람들이 역사적 사실에 대해 취사선택23을 한 결과인 것이다. 그러므로 결국 과거의 사실이란 우리가 그것을 어떤 하나의 맥락 속에 집어넣어 말을 하게 하지 않는 이상 결코 스스로 말하는 법은 없다. 그렇기 때문에 '사실은 스스로 말을 하다'고 하는 실증적 역사가들의 견해는 하나의 수사학24에 지나지 않는다.

---

20 실증적(實證的, subjective) : 단지 사고에 의하여 논증하는 것이 아니라, 경험적 사실의 관찰, 실험에 따라 적극적으로 증명하는 것.
21 사료(史料, history material) : 역사의 연구와 편찬에 필요한 문헌이나 유물 따위의 자료. 사재(史材).
22 고찰(考察, consideration) : 사물을 뚜렷이 밝히기 위하여, 깊이 생각하여 살핌.
23 취사선택(取捨選擇, choice, selection) : 취할 것은 취하고 버릴 것은 버려서 골라잡음.
24 수사학(修辭學, rhetoric) : 독자에게 감동을 주기 위하여 문장, 사상, 감정을 효과적으로 표현하기 위한 언어 수단들의 선택과 그의 이용 수법을 연구하는 학문.

둘째로 역사가가 자신의 주관을 제거하고 사실로 하여금 스스로 말을 하게 해야 한다는 식으로 문제를 설정하는 방식 자체가 불가능한 일이다. 왜냐하면 우리가 역사를 쓰고자 하여 사료에 접근할 때에는 '황소 뒷걸음질에 쥐잡는' 격으로 무턱대고 사료를 탐구[25]하는 것이 아니기 때문이다. 오히려 우리가 사료를 탐구할 때에는 이미 우리 스스로 어떤 의도를 가지고 그 의도에 따라 사료에 접근하는 것이 보통이다. 이런 의도를 가리켜 보통 가설[26]이라 하는바, 역사가가 특정한 의도를 가지는 것은 탐정이나 형사가 아무런 가설 설정 없이 범죄수사에 뛰어들 수 없는 것과 마찬가지이다. 물론 처음에 세웠던 가설은 탐구 도중에 수정되기도 하고 심지어 폐기되기도 한다. 그러나 이 경우에도 수정과 폐기는 객관적인 진실에 접근해 가는 방향으로 이루어져야 한다. 다만 처음에 세운 가설을 과감하게 수정하거나 폐기하기보다는 거기에 집착하는 경향은 인지상정[27]일 것이다. 그렇지만 잘못이 있다면 그것은 역사가의 가설이 처음부터 잘못 설정되어 있었기 때문이거나 그 가설이 옳을 것이라 집착하는 태도에 있는 것이지, 가설을 세우는 그 자체에 있는 것은 아니다.

이는 우리가 역사를 왜 연구하고 공부하는가 하는 질문을 던져보면 너무나 자연스럽게 도출될 수 있는 사항이다. 보통 역사에 관심을 기울인다는 것은 장래를 앞에 두고 어떤 행위를 결단하고자 할 때에 그런 결단을 내리기 위한 근거를 구하고자 하는 의도를 전제[28]로 한다. 말하자면 장래의 결단을 위해 우리는 과거에 물음을 던지는 것이다. 역사를 두고 '만들어지는 것'이라고 하는 까닭이 바로 여기에 있다.

---

25 탐구(探究, research, investigation) : 진리, 학문, 원리 등을 파고들어 깊이 연구 하는 것.
26 가설(假說, a hypothesis, an assumption) : 어떤 현상을 밝히기 위한 출발점으로서 설정된 명제. 실제로는 아직 타당성이 증명되지 않았으나, 여러 경험적 사실들을 통일적으로 설명하기 위하여 임시로 세운 이론
27 인지상정(人之常情, human nature, humanity) : 사람이라면 누구나 가지는 보통의 마음, 또는 생각.
28 전제(前提, a premise presupposition) : 어떤 사물을 의논할 때 먼저 내세우는 기본이 되는 것, 추리를 할 때의 결론의 기초가 되는 판단.

논술 실전

❖ 다음의 (가)의 Ⅰ·Ⅱ는 조선조 단종과 세조의 권좌 이양을 소재로 한 두 소설 작품의 일부이고, (나)는 역사의 뜻을 정의하는 글의 일부이다. (가)의 Ⅰ·Ⅱ에서 서술 태도 및 시각의 차이가 왜 나타나며, 그러한 차이가 역사 서술에서는 어떻게 나타날 수 있는가를 구체적으로 밝히고, 이를 바탕으로 역사를 해석하고 평가할 때 적용되어야 할 보편적인 기준을 제시하시오.

왕은 삼문29에게서 국새30를 받으시와 수양대군31에게 전하신다.

시립32한 사람들 중에서는 느껴 우는 소리가 들린다. 한확33의 눈에서는 눈물이 흘렀다. 비록 밖에서는 왕의 선위34를 주장하던 무리라도 손에 옥새를 들

---

29 성삼문(成三問, Seong Sam Mun, 1418~1456) : 세종(世宗) 때 집현전 학사(學士)로서 훈민정음(訓民正音)의 창제(創製)를 도왔으며, 후에 단종의 복위(復位)를 꾀하다 순사(殉死)한 사육신(死六臣) 중의 한 사람. 호는 충문(忠問). 유고(遺稿)를 모아 간행한 시문집(詩文集)으로 매죽당집(梅竹堂集)이라고도 불리는 성근보집(成謹甫集)이 있음.

30 국새(國璽, the Great Seal of the King) : 옥새(玉璽), 어새(御璽), 국보(國寶), 새(璽)라고도 함. 임금의 인장(印章)으로 임금이나 임금이 지정한 관리가 나라의 중요한 문서에 그 나라의 표상(表象)으로 사용함. 고려와 조선시대에는 다양한 종류의 옥새가 있었으며 1963년 이후로는 사방 2치의 정사각형에 한글 전서(篆書)로 '대한민국'이라고 가로로 새겨진 국새를 사용하고 있음.

31 수양대군(首陽大君, Prince Suyang, 1455~1468) : 세종(世宗)의 둘째 아들로 후에 조카인 단종(端宗)을 물러나게 하고 왕위에 오른 조선의 제 7대 임금인 세조(世祖)의 즉위 전 호칭. 중앙집권체제를 강화하여 국방력을 증진시키고 직전법(職田法) 시행과 농업 장려 등 경제 개혁에도 힘썼으나 어린 단종(端宗)을 사사하고 왕위에 올랐다는 점에서 역사의 평가가 엇갈림.

32 시립(侍立, standing in a row with someone in the higher class) : 귀인이나 웃어른을 모시고 섬.

33 한확(韓確, Han Hwak, 1403~1456) : 태종에서 세조에 이르는 조선 전기의 문신으로 호는 간이재(簡易齋). 세조의 즉위를 도운 공(功)으로 우의정에 올랐으며 수양대군의 왕위 찬탈(簒奪)의 정당성을 주장하기 위해 명나라에 사신(使臣)으로 갔다 돌아오는 길에 객사함.

34 선위(禪位, abdication of the throne) : 선양(禪讓)이라고도 함. 정치적 혹은 건강상의 이유로 임금이 살아 있는 상태에서 다음 임금에게 왕위를 물려주는 것. 고구려 6대 임금인 태조(太祖) 이후로 역사상 여러 번의 선위 사례가 있으며, 조선시대에는 고종(高宗)이 헤이그 밀사사건(密使事件) 이후 일본의 압력으로 순

고 서 계신 왕을 우러러 뵈옵고 그 심사[35]를 미루어 볼 때에는 눈물이 아니 흐를 수가 없었다.

　수양대군은 이마를 조아려[36] 세 번 사양하였다. 그러나 마침내 일어나 옥좌 앞에 꿇어앉아 왕의 손에서 국새를 받아 들고 어찌할 바를 모르고 다시 부복[37]하였다. 수양대군도 마음이 설레고 눈물이라도 흘리고 싶었으나 조금도 슬프지 아니하였다. 손에 오랫동안 바라고 바라던 옥새가 있지 아니하냐. 이것은 꿈이 아니라야 한다.

– 이광수[38], 「단종애사[39](端宗哀史)」에서

　내가 못할 일을 했는가? 신왕[40]은 몇 번을 속으로 자문[41]하였다.

종(純宗)에게 선위한 것을 포함하여 모두 일곱 번의 선위가 있었으나 단종과 세조의 경우에는 찬위(纂位)라고 봐야 한다는 시각이 있음.

35 심사(心思, the thoughts of the heart, cares, concerns) : 속으로 헤아리는 마음. 눈칫밥을 얻어먹는 저 지에 식사가 편할 리가 없디 [관용어]~늘 헤아리다 : 마음을 짐작으로 가늠하여 살피다.

36 조아리다(to give a deep bow) : (황송하여) 이마가 바닥에 닿을 정도로 자꾸 머리를 숙이다.

37 부복(俯伏, prostration) : 고개를 숙이고 엎드림.

38 이광수(李光洙, Lee Gwang Su, 1892~1950) : 호는 춘원(春園). 시인 백석(白石, 1912~1995)과 같은 평북 정주(定州) 출신으로 친일단체의 후원을 받아 일본에서 공부하였으며 귀국 후 동아, 조선 등 언론계에서 활동하다가 친일어용단체(親日御用團體)인 조선문인협회 회장을 맡고 창씨 개명을 하는 등 친일 행위를 일삼음. 광복 후 반민법(反民法)에 의해 구속되었고 한국전쟁 당시 납북되어 병사(病死)함. 1917년 최초의 장편소설 『무정(無情)』을 발표함으로써 한국 소설문학의 새 지평을 열었고 「마의태자(麻衣太子)」, 「단종애사(端宗哀史)」, 「이차돈(異次頓)의 사(死)」, 「원효대사(元曉大師)」, 「흙」 등 많은 작품을 남겼으나 그의 친일 행위로 인해 비판의 표적이 됨.

39 단종애사(端宗哀史, A sad story of King Danjong) : 이광수(李光洙)의 장편역사소설. 1928년 11월부터 1929년 12월까지 동아일보에서 연재. 단종의 탄생과 수양대군과 권람의 밀의를 다룬 고명편(顧命扁), 수양 대군과 한명회가 안평대군과 김종서 등을 죽이고 등극의 기반을 마련하는 실국편(失國扁), 단종의 선위와 세조의 등극, 사육신이 죽음으로 충의를 바치는 충의편(忠義扁), 노산군이 된 단종이 영월에서 죽음을 맞 이하는 혈루편(血淚扁) 등의 4편으로 구성. 단종에 초점을 맞춘 이 작품은 세조의 입장에서 본 김동인(金東仁)의 대수양(大首陽)과 대조를 이룸. 이광수는 이 작품에서 세조를 너무 악하게만 표현했다 하여 후에 '세조대왕'을 집필하기도 함.

40 신왕(新王, a new king) : 새로 왕위를 물려받은 왕. 여기서는 세조(世祖)를 가리킴.

그러나 거기 대한 대답은 명료히[42] 그의 마음에 일었다[43].

―아니로다. 천상천하[44] 아무 데를 내놓을지라도 추호[45] 부끄러운 데 없다. 다만 조카님의 부탁과 같이 이 백성을 내 힘으로 넉넉히 안락되게[46] 하며, 이 땅을 기름지게 키우는 데 성공하겠느냐 못하겠느냐 하는 문제뿐이로다.

온 힘을 다 쓰자. 뼈를 부수고 몸을 갈아서라도 조카님의 뜻에 봉답하고[47] 또 어린 마음에 고통을 받으시며 물러서신 조카님을 이후 마음과 몸이 아울러 평안하시도록[48] 온 힘을 다 쓰자.

신왕은 굳게 마음에 결심하였다.

― 김동인[49], 「대수양(大首陽)[50]」에서

우리가 흔히 사용하고 있는 역사[51]라는 단어는 원래 중국에서 빌려 온 말이

---

41 자문(自問, asking oneself) : 스스로 자신에게 물음.
42 명료하다(明瞭, to be clear) : 명백(明白)하다. 애매하거나 흐리지 않고 분명하고 똑똑하여 알기 쉬움.
43 일다(be inspired) : 1. (어떤 상태가) 새로 생기다. [관]바람이 ~ / 거품이 ~ 2. (약하거나 대단하지 않던 것이) 성하게 되다 [관]살림이 날로 ~ / 불꽃이 ~ 3. 위로 솟아오르거나 겉으로 부풀다 [관]옷에 보푸라기가 ~ 4. 곡식이나 광물 따위를 물에 담가 조리질하거나 흔들어서 가벼운 것은 위로, 무거운 것은 아래로 가게 하여 쓸만한 것과 그렇지 못한 것을 가려내다. [관]쌀을 ~. 사금을 ~ 5. 까붐질이나 사래질을 하여 쓸 것과 그렇지 못한 것을 가려내다. 여기에서는 1의 의미로 쓰임.
44 천상천하(天上天下, the whole world) : 하늘 위, 하늘 아래 란 뜻으로 온 우주, 전체를 뜻함. [관] ~유아독존(~唯我獨尊) 석가가 태어날 때 외쳤다고 하는 탄생게(誕生偈). 우주만물에서는 내가 가장 중한 존재라는 뜻으로, 이것은 인간의 가장 존귀한 실존성(實存性)을 상징하는 말. 그러나 지금에 와서는 "천하에 자기만큼 잘난 사람은 없다"고 자부(自負)하거나 또는 그런 아집(我執)을 지닌 사람을 일컫는 말이 됨.
45 추호(秋毫, a bit, a hair) : 가을철에 가늘어진 짐승의 털이란 뜻으로 '조금', '매우 적음'을 뜻함.
46 안락(安樂, ease, comfort) : 근심 걱정이 없이 편안하고 즐거움.
47 봉답(奉答, answer) : 삼가 대답함. 응답(應答)함.
48 평안하다(平安, being in peace, being well) : 무사하여 마음에 걱정이 없는 상태.
49 김동인(金東仁, 1900~1951) : 호 금동(琴童), 금동인(琴童人), 춘사(春士). 평남 평양 출생. 이광수의 계몽주의적(啓蒙主義的) 경향에 맞서 사실주의적(寫實主義的) 수법을 사용하였으며 1920년대 유행하던 신경향파 및 프로문학에 맞서 예술지상주의(藝術至上主義)를 표방하고 순수문학운동을 벌임. 대표작으로 「배따라기」, 「감자」, 「광염(狂炎)소나타」, 「발가락이 닮았다」, 「광화사(狂畵師)」 등이 있으며 평론에도 일가견이 있어 「춘원연구(春園研究)」는 역작으로 꼽힘. 작중인물의 호칭에 있어 he, she를 '그'로 통칭하고, 용언에서 과거시제를 도입하여 문장에서 시간개념을 명확히 하였으며, 간결하고 짧은 문장으로 이른바 간결체를

다. 그런데 역사라는 말을 구성하는 '역(歷)'과 '사(史)' 중에서도 중요한 것은 '사(史)'이다. 이 '사'라는 글자 한 자가 바로 역사라는 의미를 가지기 때문이다. 이 글자는 원래 사람이 책을 받쳐 들고 있는 형상을 나타내는 글자라고 한다. 그러니까 결국 이 '사'라는 글자는 사물이나 사건을 글로 써서 남기는 인간, 기록하는 인간을 나타내는 것이라고 하겠다.

　　유럽에서는 역사를 의미하는 말로서 대체로 다음과 같은 두 가지 문자가 사용되고 있다. 그 가운데 하나는 유럽 문명[52]의 원류[53]를 이루는 그리스·로마 계열의 문자이고, 다른 하나는 중세 이후에 유럽 문명을 담당하게 되는 게르만계 민족의 언어이다. 그리스·로마 계열의 언어란 곧 현대 영어의 히스토리(history)라는 단어를 가리킨다. 이 말은 '사물을 탐구하다, 조사하다'라는 뜻을 가지고 있는데, 결국은 조사된 것, 탐구된 것을 가리킨다. 이야기를 뜻하는 영어의 스토리(story)도 같은 어원[54]에서 나온 말이다. 그런가 하면 게르만 계열의 언어에서는 역사를 게쉬히테(Geschichte)라고 한다. 이 말은 '일어나다'라는 의미를 갖는 동사에서 출발하였으므로 '이미 일어난 일' 곧 과거의 사실을 의미하게 된다.

완성했다는 업적이 있음에도 불구하고 이광수와 마찬가지로 친일논란으로부터 자유롭지 못함. 1955년부터 그를 기려 동인문학상(東仁文學賞)을 제정, 시상하고 있음.

50　대수양(大首陽, the Great Suyang) : 1931년 조광(朝光)에 연재된 김동인의 장편역사소설. 이광수의 정통론적(正統論的) 사관(史觀)을 비판적으로 보았고 그러한 견지에서 이광수의 '단종애사(端宗哀史)'에 대해 정면도전한 문학적 시도로 쓰여 졌다고 함. 수양배격론(首陽排擊論)이라는 사료(史料)를 바로잡아 소설이라는 장르를 통해 개혁적인 사상과 일제 강점기 민족의 주체성을 고취하려고 했다고도 함. 두 사람의 작품을 비교해 보면 이광수가 단종(端宗)을 정통 왕권으로, 수양대군(首陽大君)을 왕위 찬탈 세력으로 그린 반면, 김동인은 수양대군을 정치 이념이 확고하고 역량 있는 정치 지도자로 묘사함.

51　역사(歷史, history) : 인간 거쳐 온 모습이나 인간의 행위로 인해 일어난 사실이나 그 사실에 대한 기록. [관] 에 남을 사건 / ~의 심판에 맡기다

52　문명(文明, civilization) : 미개(未開), 야만(野蠻)과 대응하는 진보(進步)된 인간생활의 총체. 인지(認知)가 발달하여 인간생활이 편리하고 풍요해진 상태. 어원(語源)을 보면 라틴어의 'civis(시민)'와 'civitas(도시)'에서 유래한 바와 같이 특별히 도시 문화를 가리키는 경우가 많음.

53　원류(源流, source, origin) : 사물이 일어나는 근원.

54　어원(語源, a origin of a word) : 어떤 말이 오늘날의 형태나 뜻으로 되기 전의 본디 형태나 뜻.

이처럼 유럽에서 역사라는 의미로 사용되는 두 가지 말은 오늘날 우리가 사용하고 있는 역사라는 말의 용법을 그대로 보여주고 있다. 우리가 막연하게 역사라고 말할 때에는 과거에 일어난 사건을 포괄적[55]으로 지칭하는[56] 의미로 사용하는 것이다. 그러나 또 한편으로 우리는 역사책에 쓰여진 사건 혹은 과거에 대해 탐구한 사건을 역사라고 말한다. 이 두 가지 의미는 흔히 '사실로서의 역사'와 '해석[57]으로서의 역사'로 구분되기도 한다.

유의 사항 ●●●●●●●●●●●●●●●●●●●●●●●●●●●●●

1. 반드시 구체적인 역사적 사건을 예로 들어 설명할 것.
2. 글의 길이는 띄어쓰기를 포함하여 1,400자 내외(±100자 허용)로 할 것.

---

55 포괄적(包括的, comprehensive, general) : 한꺼번에 휩싸서 묶는 것 또는 그러한 방식인 것.
56 지칭하다(指稱, to designate) : 가리켜 일컫다.
57 해석(解析, interpretation) : 일반적으로 넓은 의미에서의 기호나 표현의 뜻을 어떤 조작을 통하여 밝히거나 부여하는 일.

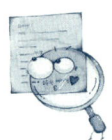

논술 해결의 길잡이

✪ 논제 살피기

이 논제는 크게는 두 가지, 작게는 세 가지 사항을 요구하고 있다. 첫째, 동일한 사건을 제재로 한 두 소설 작품이 왜 서로 다른 서술 태도와 시각을 보여주고 있는가. 둘째, 그러한 차이가 역사 서술에서는 어떻게 나타나는가. 셋째, 그렇다면 역사를 해석하고 평가할 때 어떤 기준으로 평가할 것인가.

첫째 사항은 작가의 세계관으로 해명이 가능하다. 어떤 관점에서 보느냐에 따라 평가가 달라질 수 있는 것은 당연한 일이고, 이는 문학 작품에서 가장 빈번히 나타나기 때문이다. 둘째 사항은 제시문에서 어느 정도 방향을 제시하고 있다. 사실로서의 역사만 본다면 서술 태도와 시각의 차이는 나타날 수 없지만, 그것이 언어적 기록이고 이야기라면, 다시 말해 해석으로서의 역사라면 당연히 역사 서술에서도 그러한 차이는 드러나게 마련이다. 이는 역사를 해석하는 주체의 관점만이 아니라 언어의 특성과도 관련된다. 언어는 완벽하게 이 세계의 사상(事象)을 드러낼 수 없기 때문이다. 셋째 사항은 순전히 논술 작성자 개인이 주체적으로 판단해서 결정해야 한다. 어떤 사건이 있다면 그것의 역사적 의미를 판단해야 하는데, 이때 무엇을 기준으로 삼을 것인가 하는 것이다. 어떤 기준을 적용하든, 그 기준이 왜 정당하고 타당한지를 밝혀야 한다.

✪ 제시문 파악하기

(가)의 Ⅰ은 이광수의 「단종애사」의 일부이고, Ⅱ는 김동인의 「대수양」의 일

부로서, 세조가 단종으로부터 왕권의 상징인 옥새를 전달받는 장면을 발췌한 것이다. 동일한 사건을 제재로 삼고 있으면서도 제목에서부터 그 사건을 바라보는 시각의 차이를 확인할 수 있다. 전자는 '단종이 겪은 슬픈 역사'라는 의미에서 세조의 왕위 승계를 부당하게 보고 있고, 후자는 세조를 칭하면서 '대'라는 접두어를 붙여 존중과 정당성을 부각시키고 있음을 알 수 있다. 실제로 서술자의 서술 태도가 Ⅰ에서는 왕위 찬탈에 대한 수양대군의 정치적 야심을 "수양대군도 마음이 설레고 눈물이라도 흘리고 싶었으나 조금도 슬프지 아니하였다. 손에 오랫동안 바라고 바라던 옥새가 있지 아니하냐. 이것은 꿈이 아니랴야 한다."라는 부분에서 극단적으로 드러낸다. Ⅱ에서는 이와 반대로 수양의 겸손한 성품이 왕위 계승의 정당성을 부여해 주고 있다. 이와 같은 서술 태도 및 시각의 차이는 문학에서는 매우 당연하고 자연스러운 현상이다. 작가는 자신의 고유한 세계관으로 파악한 세계상을 그려내기 때문이다.

(나)는 역사라는 말의 어원을 중심으로 그 의미를 살핀 글이다. 동양에서의 역사는 문자로 '기록'된 것이 중심 의미를 이루고, 서양에서는 '사건'과 '이야기', 즉 '사실로서의 역사'와 '해석으로서의 역사'라는 이중적인 의미를 지니고 있다는 것이다. 이 중에서 '사실로서의 역사'는 과거에 있었던 사건 그 자체를 가리키므로, (가)와 연관짓는 데는 어려움이 따른다. 반면에 '해석으로서의 역사'에 주목해 보면, '기록'은 문자언어로 옮기는 것이고 이야기도 언어로 엮어낸다는 점에서 동서양에서 공통적으로 규정한 '역사'의 의미를 추출해 볼 수 있다.

✪ 해결 과정 생각하기

① (가)의 Ⅰ과 Ⅱ에 나타난 서술 태도와 서술 시각의 차이를 역사의 개념에 적용한다.

<제시문 파악하기>에서도 언급한 대로, (가)의 Ⅰ과 Ⅱ는 대상을 어떤 관점으로 보느냐에 따라서 대상을 서술하는 태도가 다르게 나타나고 있음을 보여주는 전형적인 사례이다. 하나는 세조를 부당한 정치적 야욕을 가진 인물로 보는 반면에, 다른 하나는 세조의 왕위 승계가 정당한 일이라는 판단을 전제로 서술되고 있다. 이러한 차이는 하나의 언어적 기록이라 할 수 있는 역사에서도 나타날 수 있을 것이다. 언어는 어휘에서부터 어조까지가 그것을 사용하는 사람의 관점에 따라 달리 선택되기 때문이다.

그러나 여기에 그쳐서는 안 된다. <유의 사항>에서 구체적인 사례를 요구했기 때문에, 역사상의 특정한 사건을 끌어들여야 한다. 이 사례는 한국사에서 찾아도 되고 세계사에서 찾아도 무방하다. 다만 비교적 널리 알려지고, 관점의 차이에 따른 서술 방식의 차이가 잘 드러난 사례여야 한다. 가령, 유럽인들이 아메리카 대륙으로 간 사건을 두고 '아메리카 발견'으로 볼 것인가, '아메리카 침입'으로 볼 것인가 하는 문제나, 80년 광주에서 있었던 사건을 '폭도'들에 의한 '광주 사태'로 부르다가 현재는 '광주 민주화 운동'으로 규정하는 일은 친숙하면서도 관점의 차이를 적절히 드러내는 것으로 볼 수 있다. 이러한 사례를 통해 관점의 차이에 따라 역사 서술도 달라질 수 있음을 입증해야 한다.

② 역사적 사건을 평가할 때 무엇을 보편타당한 준거로는 적용할 것인가를 생각해 본다.

역사적 사건의 평가에 적용될 보편타당한 준거가 정해져 있는 것은 아니다. 아무리 관점에 따라 동일한 사건에 대해 상이한 평가가 가능하더라도 모든 관점이 정당하지는 않을 것이기 때문이다. 따라서 어떠한 평가가 정당한지를 판단하기 위해서는 거기에 적용된 기준이 무엇인가를 따져야 한다.

이 기준은 논술 작성자 스스로 설정할 수 있어야 한다. 그리고 그것은 보편타당한 것이어야 한다. 예컨대 인권의 신장에 얼마나 기여했는가 하는 점을 들

수도 있고, 인간의 정치적 자유나 경제적 평등, 사상의 자유 등등도 보편타당한 기준으로 설정할 수 있다. 이들 항목들은 인류가 어디에서나 보편적으로 추구하는 사회적 삶의 지향들이기 때문이다.

　이 논제는 궁극적으로 역사를 해석하고 평가할 때 적용되어야 할 보편타당한 기준은 무엇인가를 묻고 있다. 이를 위해서 동일한 사건을 제재로 한 두 소설 작품이 왜 서로 다른 서술 태도와 시각을 보여주고 있는가, 그러한 차이가 역사 서술에서는 어떻게 나타나는가 하는 문제를 선결 과제로 내세우고 있는 것이다.

　어떤 관점에서 보느냐에 따라 평가가 달라질 수 있는 것은 당연한 일이고, 이는 문학 작품에서 가장 빈번히 나타난다. 그렇다면 역시 동일한 언어적 기록인 역사 서술에서도 이러한 차이는 나타나게 마련이다. 그러나 무한정 다양한 시각의 차이를 모두 정당하다고 인정할 수는 없다. 어떤 기준에 의해 평가하고 있는가를 보아야 하는 것이다. 이는 순전히 논술 작성자 개인이 주체적으로 판단해서 결정해야 한다. 어떤 사건이 있다면 그것의 역사적 의미를 판단해야 하는데, 이때 무엇을 기준으로 삼을 것인가 하는 것이다. 어떤 기준을 적용하든, 그 기준이 왜 정당하고 타당한지를 밝혀야 한다.

✪ 주제문 작성
　역사적 사건에 대한 평가는 상대적일 수밖에 없으나, 그 평가의 기준은 보편타당해야 한다.

✪ 주제어: 관점, 이해관계, 평가 기준, 인권, 보편타당성.

✪ 개요 작성(1,400자)

서론(250자) : '단종애사'와 '대수양'의 차이점.
본론(720자) : 1. 사상(事象)을 대하는 관점의 다양성.
               -이해관계에 바탕을 둔 시각의 차이.
           2. 역사적 사건을 바라보는 관점의 차이.
               -현재적 시각에서 상상력과 주관의 개입.
           3. 보편타당한 평가 기준의 필요성.
               -역사 날조나 악의적 의도에 대한 경계.
결론(360자) : 역사에 대한 평가 기준으로서의 '인권'.
               -인권의 보편타당한 가치.

✪ 예시 답안

    이광수의 「단종애사」와 김동인의 「대수양」은 그 제목에서부터 대상을 보는 관점의 차이를 선명하게 보여준다. 이광수는 단종이 수양대군에게 왕위를 넘긴 것을 '슬픈 역사'라고 보고 있고, 김동인은 수양대군이 위대한 인물임을 드러내려고 하는 의도를 품고 있음을 알 수 있다. 실제로 「단종애사」에서는 수양대군이 겉으로 드러난 행동과 속에 품고 있는 마음이 서로 다른 위선적인 인물로 묘사되고 있고, 「대수양」에서는 겸손한 성품의 소유자로 그려지고 있다.(250자)
    이러한 차이는 사물이나 사건, 현상을 바라보는 관점의 차이에서 생긴다. 같은 산이라 하더라도 그것을 어떤 방향에서 바라보느냐에 따라 그 모습은 달라질 수밖에 없다. 하물며 인간 사회를 바라보는 시각에 차이가 없을 수 없다. 산은 하나의 자연물로서 단지 보는 위치에 따른 차이에 불과하지만, 인간의 사회를 바라보는 시각은 너무도 당연히 복잡한 이해관계를 바탕으로 삼고 있기 때문이다. 이광수와 김동인이 수양대군이 왕권을 차지하는 동일한 사건을 서로 상반된 시각으로 그려낸 것도 이러한 사정으로 이해할 수 있다.(285자)

그런데 이러한 시각과 관점의 차이는 역사를 서술할 때에도 그대로 드러날 수 있다. 그것은 역사가 단지 지나간 과거의 사실에 머무르지 않고 오늘날의 인간의 안목으로 그것을 해석해내는 것이기 때문이다. 과거의 사실 자체도 순수하게 객관적인 사실만은 아니거니와, 그것을 오늘날의 관점에서 해석을 해낸다면 거기에 필연적으로 한 개인의 주관과 상상력이 개입될 수밖에 없는 것이다. 아메리카 대륙은 유럽인의 입장에서는 '발견'이었지만, 원주민의 입장에서는 '침탈'에 불과한 것이다.

그러나 그렇다고 해서 모든 다양한 관점들이 정당할 수는 없다. 악의적인 목적을 위해 의도적으로 역사를 날조하는 경우도 있기 때문이다. 따라서 어떤 특정한 역사적 사건을 해석하고 평가할 때에는 보편타당한 준거가 있어야 한다. 그리고 그 준거는 인간이 보편적으로 추구하고 지향하는 이상이 담겨 있어야 한다.(435자)

그런 점에서 '인권의 신장'은 그러한 준거의 하나로 자리 잡을 수 있는 조건이 충분하다고 본다. 인류의 역사가 인간의 인권을 끊임없이 확장해 온 역사이기 때문이다. 인간은 어떠한 목적을 위한 수단으로 이용될 수 없으며, 그 자체로 존중을 받아 마땅한 존재이다. 우리가 일제의 의한 식민 통치를 반역사적이라고 평가할 수 있는 이유 중의 하나가 일제에 의해 저질러진 반인권적 악행에 있는 것이다. 뿐만 아니라 6·25 전쟁도, 광주 민주화 운동도 이와 같은 기준으로 평가할 수 있다. 이처럼 어떤 역사적인 사건이든지, 인권의 신장에 기여하느냐 인권을 억압하느냐는 그 사건에 대한 평가의 기준으로 충분한 보편타당성을 가질 수 있으리라 본다.(360자)   (총1,330자)

✪ 강평

　논제에서 요구하고 있는 바를 비교적 충실하게 수용하여 논지를 전개하였다. 또한 구체적인 사례를 동원함으로써 논지의 구체성을 높였고, 적절한 논거가 주장의 설득력을 높이고 있다. 아주 능숙한 글쓴이로서의 면모를 보여준다. 다만 서론과 본론, 결론의 분량을 적절하게 분배했으면 하는 아쉬움이 있다. 이 글의 결론에 해당되는 부분이 실은 이 논제에서 요구하고 있는 핵심적인 사안인데, 한 단락으로 마무리하고 말았다. 전체 분량에 비해 너무 소략한 느낌을 준다.

개념 심화 1

역사(歷史, History)

1. 역사의 어원

동양에서 쓰이는 역사(歷史)라는 단어의 어원은 '지나간 일', '경과한 일'을 뜻하는 "역(歷)"과 활쏘기에서 적중한 수를 기록하는 사람을 뜻하는 "사(史)"가 합쳐진 것이다. 또한, 서양에서 역사를 뜻하는 말로 쓰이는 단어에는 독일어인 Geschichte와 영어인 History가 있다. 독일어로 역사를 뜻하는 Geschichte 라는 단어는 geschehen이라는 동사가 명사화한 것으로 "일어난 일"을 뜻한다. 한편 영어의 History는 "찾아서 안다."라는 그리스어 Historia에서 비롯된 것으로 즉, Ghechichte와 역(歷)은 '객관적 측면에서의 과거의 사실'을 History와 사(史)는 '주관적 측면의 기록된 사실'을 나타내는 어원을 가진다. 결국, 역사란 용어는 객관적 사실로서의 역사와 이를 토대로 역사가가 주관적으로 재구성한 역사의 두 측면을 내포하고 있다.

2. 역사의 대상

역사는 과거에 있어서의 인간의 행위를 대상으로 한다. 따라서 그 대상은 직접 우리들이 관찰할 수 없는 것이다. 그렇기 때문에 역사의 탐구는 인간에 의해 만들어지고 남은 모든 것, 즉 기록문헌, 건물 등 유형의 물건뿐만 아니라 구전해오는 민요, 등의 사료(史料)를 통해 이루어진다.

3. 역사의 목적

역사는 자기 인식을 목적으로 하고 있다. 인간에게 있어 가장 중요한 것은 자기 자신의 일을 아는 일일 것이다. 이 말은 자기의 개인적인 특수성을 아는 것이 아니라, 인간으로서의 자신의 본질을 안다는 의미이며, 자기 자신을 아는 것은 자신이 앞으로 무엇을 할 수 있겠는가를 아는 것이라고 할 수 있다. 그러나 무엇을 할 수 있겠는가는 자신이 직접 경험을 하지 않는 이상 알 수 없다. 하지만 과거 인간의 행동에 따른 인과와 결과를 연구함으로써 앞으로의 인간 행동에 따른 결과의 가능성 또한 점쳐볼 수 있게 된다. 따라서 역사의 가치는 인간이 무엇을 해왔는가를 연구함으로써 앞으로 무엇을 할 수 있는가, 또 해야 하는가를 가르쳐 주는 데 있다고 할 수 있다.

4. 역사의 관점

19세기 독일의 랑케는 역사란 "그것이 본래 어떻게 있었는가"를 밝히는 것이며(즉, 과거의 사실을 있었던 그대로 복원하는 것이며), "역사가는 자신을 숨기고 역사적 사실만을 말해야 한다"고 하여 역사의 객관적 측면을 강조 하였다. 예를 들어 기원전 221년 진시황제의 통일로 중국의 전국시대가 끝난 것은 명백한 사실(史實), 19450년 6월 25일에 육이오 전쟁이 일어난 것도 명백한 사실이다. 이렇게 과거에 일어난 일을 그대로 밝혀야 한다는 것이 그의 주장이다. 랑케의 이러한 입장은 실증적 역사 연구의 방법을 확립하는 데는 크게 이바지하였으나 역사의 주관적 측면은 철저하게 배제하는 것이었다. 19세기 독일의 역사학자 랑케, 그리고 그를 따르는 실증주의 역사학자들은 모두 그렇게 믿었다.

하지만 여기에는 근본적인 문제점이 있었다. 역사학자도 당대를 살아가는 한사람의 인간인데, 어떻게 객관적이기만 할 수 있을까? 강물이 어디로 흘러가는지 알려면 강물 속에서는 불가능하고, 지구가 둥근 것을 보려면 지구 위에서는 불가능하다. 역사 속에 있으면서 역사를 객관적으로 본다는 것은 불가능한 일이라는 것이 랑케의 실증주의에 대한 비판으로 제기되기 시작했다.

그래서 20세기 이탈리아의 크로체는 "모든 역사는 오늘의 역사"라고 하면서 랑케의 입장에 반대하였다. 즉, 랑케가 주장하는 객관적 역사서술은 불가능하다고 비판하면서 역사가의 입장과 시각에 따라 역사 서술도 달라진다고 하였다. 예를 들어 역사의 기록이 지배자에 의해 이루어졌을 때는 그들의 입장을 옹호하기 위해 피지배 계층의 우매함을 강조하고 자신들의 위대함을 강조하는 역사서가 저술될 수밖에 없고, 피지배계층에 의해 쓰였을 때는 그들의 억울함을 달래기 위해 지배층의 모순점을 부각시킨다. 승리자의 역사라는 유명한 말은 앞의 사례와 같은 사실에 비추어 당대의 승리자에 의해 역사서가 서술되고 그에 따라 패배자의 입장은 역사서 속에서 승리자와 동등한 입장에서 서술되지 않기 때문에 역사가 객관적일 수 없다는 사실을 보여준다. 하지만 역사가의 주관적 해석을 강조하는 크로체의 이러한 입장에도 자칫 역사적 상대주의로 흐를 수 있다는 맹점이 있었다.

그래서 20세기 후반 영국의 카 는 객관적 사실을 중시하는 랑케와, 역사가의 주관적 해석을 중시하는 크로체를 모두 비판하면서 중도적(조화적)인 입장을 보여주었다. 즉, "역사가와 역사상의 사실은 서로를 필요"로 한다는 것이다. 왜냐하면 "사실을 갖지 못한 역사가는 뿌리가 없는 존재로서 열매를 맺지 못할 것"이며, 반대로 "역사가가 없는 사실은 생명이 없는 무의미한 존재"이기 때문이라는 것이다. 그에 의하면 결국 역사라는 것은, "역사가와 사실사이의 부단한 상호작용의 과정이며, 현재와 과거사이의 끊임없는 대화"인 것이다. 다시 말하면, 역사가가 역사적 사실을 입증해 줄 자료, 즉 사료를 가지고 과거의 역사를 탐구(객관적으로)하고, 그 결과를 그 자신의 사관에 입각하여 서술(주관적으로)하는 학문이 역사라는 뜻이다.

제 9 장

배움의 가치

 ## 논술 기법

☺ 정서(正書, 淨書) 습관의 중요성

논술 고사는 주어진 시간에 주어진 논제를 분석하고 그 자리에서 채점 받을 논술 답안지를 작성하여 제출하는 시험이다. 이러한 상황에서는 누구나가 좀 더 체계적이고 완벽한 답안지를 작성하고자 하는 바람이 있다. 그런 이유로 대뜸 답안지에 바로 글을 써 내려가기는 어려울 것이다. 미리 연습지에 초안을 잡아 써 놓고 이론적인 글쓰기의 요소에 입각하여 자신의 글을 수정한 다음 본 답안지에 옮겨 적으려 한다. 그러한 심리로 나타나는 현상 중의 하나가 글을 연필로 작성하는 경우이다. 많은 학생들은 제출용의 답안 작성은 절대로 연필은 안 된다는 생각을 가질 필요가 있다. 이것은 완성되지 않은 연습이며 따라서 정상적인 답안으로 인정받을 수 없다. 더군다나 입학시험의 과정에서 일정 인원을 뽑고 나머지를 불합격시켜야 하는 민감한 상황에서 지우고 다시 써도 되는 연필로 작성된 답안지를 채점자에게 제출하여 어떻게 하라는 말인가? 물론 실제 시험에서는 필기도구를 규정하기 때문에 이런 결과가 직접 나타나지는 않겠지만, 중요한 것은 실제 입학시험이 아니라 논술 연습을 해 나가는 모의시험 과정에서 흔히 나타나는 답안 형태가 거의 이렇다는 것도 심각하게 생각해 보아야 한다. 평상시 연습해 오던 방식과 실제 시험에서의 방식이 다르면 긴장도 하겠거니와 새롭게 사용하는 방식이 낯설어서 결과적으로 낭패하기도 쉬울 수 있다.

논술 답안은 내용적으로 접근하면 주어진 논제를 제대로 분석해서 요구하는 대로 내용이 부분부분 잘 적용되었는지, 또는 자신의 주장을 설득력 있게 전개하기 위해 필요한 논거와 논증을 제대로 사용했는지, 단어 선택은 적절했는지, 문장 구성은 완전한지 등을 살펴 채점하는 것이 정상이겠으나 논술문 작성자는 이러한 내용의 장점들이 자신이 쓴 장점 이상으로 채점자에게 다가갈 수 있는 또 다른 요소들에도 당연히 신경을 써야 한다. 예를 들어, 글씨가 바르지 않고 비틀려 있거나 글씨 자체가 균형이 없이 쓰여 있는 경우는 바르고 정확한 글씨에 비해 그 내용적 점수를 인정하는 데 약간의 제약이 있을 수 있음은 인지상정이다. 글씨는 훌륭한 서체를 모방하여 멋지게 쓰라는 것은 아니다. 누가 보아도 자음과 모음의 형태를 잘 알아볼 수 있도록 또박또박 써야 읽는 사람도 편한 마음으로 읽을 수 있다. 그리고 실제 글을 써 본 사람은 알겠지만 글을 쓰는 사람 입장에서도 날아가는 듯한 글씨체로 빨리빨리 내용을 전개하는 것보다 차분하게 천천히 글씨를 쓰다보면 글을 쓰는 사람의 생각도 차분해지면서 오히려 논리정연하게 잘 따져가면서 조리 있는 글을 쓸 수 있는 장점이 있다. 중요한 것은 모의시험에서도 항상 글씨를 정확하게 써서 실제 중요한 답안지를 작성할 때도 아무 낯설음 없이 깨끗한 답안지를 만들어낼 수 있도록 준비하라는 것이다. 이것은 연습이니까 하는 생각을 가지고 매번 소홀히 하다 보면 긴장이 되고 시간이 쫓긴다는 강박관념 속에 글을 쓰게 되는 실제 시험에서 결코 깨끗한 답안 작성을 할 수 없다. 그 많은 답안지를 읽어 가면서 논술문 작성자의 개개인의 논리 속을 헤매면서 깨끗하지도 않고 정확한 자모음의 형태를 읽을 수 없는 글을 인내심을 가지고 읽어 줄 채점자는 아마도 끝내 찾지 못할 것이다.

이에는 글씨의 형태에만 국한시킬 문제는 아니다. 글씨의 크기도 적당해야 할 것이고 필기도구의 굵기도 적절해야 할 것이다. 글씨 크기가 너무 작으면 읽어내는 데 수고가 많을 것이며 바로 지루함이 느껴질 것이고, 너무 크면 글의 내용이 아무래도 성의 없이 느껴질 수도 있다. 볼펜보다는 잉크펜의 선택이 좀 더 깔끔한 글쓰기에는 효과가 있을 것도 같다.

모의시험에서 답안 원고를 주어서 그곳에 논술문을 써 오라고 하면 간혹 깨끗하고 선명한 답안을 제시할 욕심으로 임의로 컴퓨터 자판을 이용해 작성해 오는 경우도 있다. 우선 보기에는 형식적 요건의 세련됨으로 전개한 내용의 평가가 그 이상의 효과로 다가올 수도 있겠지만 실제 논술 고사에서는 자신의 손으로 자신이 준비한 필기도구로 작성해야 하기 때문에 이러한 기술(記述)도 모의시험을 통해서 자신의 글씨로 숙달시켜야 함을 명심해야 할 것이다. 즉 논술문 쓰기의 훈련은 논제분석에서 시작하여 답안지에 직접 자신의 손으로 글을 전개해 가는 총체적인 과정의 연습이어야 함을 강조해 두고 싶다.

읽을거리 1

우리 교육의 성리학적 전통

　우리나라의 성리학은 원래 중국 송나라의 유교 철학을 수입한 것으로서, 이 것이 이황[1]과 이이[2]와 서경덕[3]과 같은 석학[4]을 만나 크게 왕성하고, 또 어느 정도 우리나라 독창적인 학문의 모습을 가지고 나타나기도 하였다.

　유학은 본래 여러 분야를 내포한 학문으로서, 정치, 경제, 법률, 철학, 윤리, 문 학 및 예악 등 다방면에 걸친 이론이 그 안에서 전개되고 있다. 거기에는 실용적

---

1 이황(李滉, 1501~1570) : 학자, 문신. 초명은 서홍, 자는 경호, 호는 퇴계·도옹·퇴도·청량산인, 본관은 진보, 진사이식의 아들. 예안 출신, 주자학을 집대성한 대 유학자로서 이이(李珥, 1536~1584)와 함께 유학 계의 쌍벽을 이루었으며, 성을 기본으로 일생동안 敬(경)을 실천하고 주자의 이기이원론을 발전시킴. 도산 서원을 창설하여 후진양성과 학문 연구에 전심을 기울임. 조선 중기의 문신. 호는 퇴계 저서로 『퇴계집』 이 있고, 시조 작품으로 『도산십이곡』이 전해짐.
2 이이(李珥, 1500~1584) : 조선 선조 때의 유학자. 아버지는 사헌부감찰 원수이며, 어머니는 사임당 신씨이 다. 어려서는 주로 어머니의 가르침을 받았으며, 1548년 13세의 나이로 진사시에 합격했다. 16세에 어머니 를 여의자 파주 두문리 자운산에서 3년간 시묘 했다. 1554년 성혼과 교분을 맺었다. 그해에 금강산에 들어 가 불교를 공부하다가 다음해 하산하여 스스로 자경문을 짓고 다시 유학에 몰두했다. 1558년 23세 되던 해에 예안의 도산으로 가서 당시 58세였던 이황을 방문했다. 그 뒤에도 여러 차례 서신을 통하여 경공부 를 격물·궁리의 문제를 왕복문변했다. 1564년 호조좌랑에 처음 임명된 뒤 예조좌랑·정언·이조좌랑· 지평 등을 지냈다. 1568년 천추사의 서장관으로 명나라에 다녀왔으며, 부교리로서 춘추관기사관을 겸하여 『명종실록』 편찬에 참여했다. 이듬해 사직했다가 1571년 다시 청주목사로 복직했고, 다음해 다시 해주로 낙향했다. 1573년 직제학이 되고 이어 동부승지로서 참찬관을 겸직했으며, 다음해 우부승지·병조참지· 대사간을 지낸 뒤 병으로 사직했다. 그 후 황해도관찰사에 임명되었으나 다시 사직하고, 율곡과 석담에서 학문연구에 전념했다. 1581년 대사헌·예문관제학을 겸임하고, 동지중추부사를 거쳐 양관대제학을 지냈다. 이듬해 이조·형조·병조의 판서를 역임하고, 1583년 당쟁을 조장한다는 동인의 탄핵으로 사직했다가 같 은 해 다시 판돈녕부사와 이조판서에 임명되었다. 이듬해 정월 49세를 일기로 죽었다.
3 서경덕(徐敬德, 1489~1546) : 조선 중기의 학자. 한국 유학사상 본격적인 철학문제를 제기하고, 독자적인 기철학(氣哲學)의 체계를 완성했다. 당시 유명한 기생 황진이 와의 일화가 전하며, 박연폭포, 황진이와 더 불어 송도삼절로 불렸다. 본관은 당성. 자는 가구. 호는 복재, 화담.
4 석학(碩學, a savant) : 학식이 많거나 학문이 깊음 또는 그런 사람. 어느 분야에서 뛰어난 업적을 이루어 다른 학자나 일반인에게 인정을 받는 학자.

인 면을 다루는 부면5이 있는가 하면, 순전히 이론에만 기울어지는 부면도 있다. 그런데 이 여러 분야 가운데서 우리나라에 일찍부터 수입되고, 여기서 활발한 성장을 본 것이 주로 형이상학 부면을 다루는 성리학이었다는 것은 하나의 운명이라 하겠다.

성리학의 주제는 우주의 근본 원리를 탐구하는 일과, 하늘과 사람과의 관계를 파악하려는 데 있다. 그러므로 이것은 일종의 자연철학이요 인생철학이었다. 즉 이를 통하여 인간 당위의 본무(本務)를 찾는 데 그 궁극적 목적이 있었다. 이러한 의미에 있어 성리학은 하나의 윤리학이기도 하였다.

이러한 성리학에 근거를 둔 교육의 종국적 목표는 도덕적 인격을 함양6하여 군자의 자리에 이르게 하는 데 있었다. 이것은 마치도 유럽 중세기의 교육 목적이 기독교적 인격을 배양하여 신의 모습에 접근하도록 하는 데 있었던 것과 비슷하다.

성리학이 개인의 인격을 향상시키고 일상생활의 도덕적 기준을 제시함으로써 사람으로 하여금 '군자(君子)의 도(道)'를 지키게 하였다는 점에서 공적이 없지 않으나, 성리학은 실제로 지나친 공리공론에 흘러 일상생활과는 멀리 유리된 '아카데미즘7'에 빠지고 말았다. 성리학은 '주정(主靜)'과 '거경(居敬)'을 수학 방법의 기본으로 삼았는데, '정(靜)'은 동(動)을 부인하는 태도요, '경(敬)'은 현실에서 이탈8할 것을 요구한다. 이 두 가지가 다 같이 활동을 거부하고

---

5 부면(部面, a part of something) : 어떤 대상을 나누거나 분류하여 이루어진 몇 부분이나 측면 가운데의 어느 한 면.
6 함양(涵養, cultivation) : 자연스럽게 터득하도록 차차 길러냄. 학식을 넓혀서 심성을 닦음.
7 아카데미즘(academism) : 어원적으로는 그리스의 플라톤이 아테네 근교인 아카데미아에 개설한 학원의 이름에서 유래하며 플라톤파 철학의 호칭이기도 했으나, 오늘날에는 관학적인 의미를 지니고 있고, 보수적, 전통적 학예에 대해 사용된다. 16세기에서 18세기에 걸쳐 유럽 각국에 학예 진흥을 목적으로 하는 아카데미가 설립되었으나 한결같이 권위를 존중하고 형식과 법칙을 준수하여 과학의 전통을 고집했기 때문에 학예의 진보와 독창을 가로막았다.
8 이탈(離脫, secession) : 떨어져 나가거나 떨어져 나옴. 관계를 끊음.

실제를 무시하는 태도다. 결과적으로 남는 것은 이론뿐이요, 실질보다는 형식을 존중하는 경향에 빠지게 된다. 이러한 교육 사상과 방침은 조선 창건 이래 문(文)을 숭상하고[9] 선비를 높이는 사회적 풍토와[10] 호흡을 같이하여 이 나라에 행(行)보다는 론(論)을, 내용보다는 형식을 존중하는 전통을 마련한 것이다. 그리하여 학문은 더욱 실제 생활로부터 유리되어[11] 갔다. 그 결과로 교육은 사람의 생활 향상의 수단이 되지 못하고 공리공론을 장려하는[12] 근거가 된 것이다.

---

9 숭상(崇尙, respect) : 높이어 소중하게 여김.
10 풍토(風土, natural features) : 어떤 토지의 자연과 인간의 생활이 어울려 형성된 특유한 토지의 성질로, 인간에게 의식되고 그 생활·문화·산업에 영향을 끼쳐 사람들에 의해서 경작되고 변화되는 자연을 말한다. 따라서 풍토는 기후와 토지를 의미하나, 단순한 자연만이 아닌, 인간의 존재를 전제로 하여 그 활동의 기초가 되는 자연환경을 뜻한다.
　　풍토는 각 나라마다, 지역에 따라 각기 다른 특색을 지닌다. 북극의 풍토, 지중해의 풍토, 사막의 풍도 등이 그 좋은 예이다. 흔히 말하는 풍토기는 지지의 일종이며, 풍토산업은 향토의 특색을 살린 산업이고, 풍토순화란 이민의 새로운 자연과 사회에의 적응을 말한다.
11 유리(遊離, separation) : 다른 것에서 떨어짐. 또는 떨어져서 존재함.
12 장려(獎勵, encouragement) : 권하여 북돋아 줌.

지식의 유용성이 지니는 두 가지 함의

교육의 의미에 관하여 누구나 합의하는 한 가지 자명[13]한 진리는, 교육이 어디엔가에 유용해야 한다는 것이다. 그리고 대부분의 사람들은 그 유용성의 의미를 '생활'과의 관련에서 찾는다. 그러나 '생활'에 유용해야 한다는 것은 그 의미가 결코 분명하지 않을뿐더러, 그 의미에는 근본적인 애매성이 있어서, 그 것을 어느 쪽으로 해석하는가에 따라 교육의 양상은 근본적으로 달라진다.

예컨대 '빛은 직진한다'는 과학적 지식과 퓨즈를 갈아 끼우는 방법이 각각 교육 내용으로 어떤 성격을 가지고 있는가를 대비시켜 보자. 퓨즈 갈아 끼우는 방법을 배우지 못한 사람이 겪어야 할 불편이 어떤 것인가 하는 것은 누구에게 나 분명하다. 퓨즈를 갈아 끼우지 않으면 캄캄한 방에 답답하게 앉아 있어야 하기 때문이다. 그러나 '빛은 직진한다'는 과학적 지식의 경우에는 사정이 전혀 다르다. 이 지식을 모른다고 해서 당장 불편을 겪는 것은 아니기 때문이다. 또 한 퓨즈 갈아 끼우는 법을 알 필요가 있는 문제 사태는 살아가는 동안 저절로 부딪치게 되는 반면, '빛이 어떻게 나아가는가'가 문제되는 사태는 살아가는 동 안에 도저히 저절로 부딪칠 가능성이 없다. 빛의 직진을 모른다고 해서, 퓨즈 갈아 끼우는 법을 모르는 경우와는 달리, 당장 불편이 생기지 않는 것은 바로 이 때문이다.

따라서 퓨즈 갈아 끼우는 방법이 '유용하다'는 것은, 누구에게나 분명한 반 면에, 빛의 직진이라는 과학적 지식이 '유용하다'는 것은 모든 사람에게 분명한

---

13 자명(自明, self-evident) : 증명이나 설명을 하지 않아도 저절로 알 정도로 명백함.

것이 아니라는 점이 분명해진다. 오히려 '생활에 유용하다'는 말을 '퓨즈 갈아 끼우는 법이 유용하다'는 것과 같은 뜻으로 해석하면, 빛의 직진이라는 것은 전혀 유용하지 않다고 말하는 편이 더 정확하다.

그렇다면 우리가 오늘날 배우고 있는 빛의 직진이라는 지식은 어떻게 유용한가? 이 질문은 다시 퓨즈 갈아 끼우는 법의 유용성을 다시 재고함으로써 그 답을 구할 수 있다. 퓨즈 갈아 끼우는 법의 경우에는 그것을 배우지 못했다 하더라도, 그것을 배운 다른 사람의 힘을 빌어 퓨즈를 갈아 끼울 수 있다. 다시 말해 퓨즈 갈아 끼우는 법의 유용성은 다른 사람을 통해서도 실현될 수 있는 것이다. 퓨즈를 갈아 끼울 줄 아는 사람이 반드시 몇 명은 필요하지만, 그렇다고 해서 모든 사람이 퓨즈를 갈아 끼울 줄 알아야 하는 것은 아니다.

그러나 빛의 직진이라는 과학적 지식이 어떤 의미에서든 유용성을 가지고 있다면, 그 유용성은 결코 다른 사람의 힘을 빌어 실현될 수 있는 것이 아니다. 누군가가 나를 대신하여 빛이 직진한다는 것을 '알아 줄' 수 있는 것이 아니며, 그 아는 것이 내 것이 아닌 한, 그것은 나에게는 하등[14] 유용성이 없는 것이다. 퓨즈 갈아 끼우는 법을 모든 사람이 배울 필요가 없는 것과는 달리, 빛이 직진한다는 과학적 지식은 우리 각자가 알아야 한다는 뜻에서, 모든 사람이 배워야 하는 것이다.

이것은 다시 말하면 우리가 저마다 빛이라는 과학적 현상을 보는 눈 또는 '안목'을 가져야 한다는 뜻이다. 다른 누군가가 그 현상을 대신해서 보아 줄 수 없기 때문이다. 오늘날 우리가 학교에서 가르치고 있는 '빛의 직진'이라는 지식은 옛날에 누군가가 태양이 특정한 위치에 있을 때 특정한 높이의 막대기의 그림자가 어째서 특정한 길이를 가지는가를 문제 삼았기 때문에 발견된 원리이다.

---

14 하등(何等, nothing) : 부정하는 용언과 함께 쓰이며, 아무, 아무런, 얼마만큼의 뜻을 나타냄.

이 원리가 발견되기 이전에 살았던 사람들, 또는 그 이후라 하더라도 그 원리를 배우지 못한 사람들에게 '빛'은 보이지 않았을 것이다. 보였다고 하더라도 그들이 보는 빛은 환하다는 정도의 빛일 뿐, 하나의 과학적 현상으로서의 '빛'은 아닌 것이다. '빛의 직진'을 모르는 사람들에게는 빛에 관하여 단순히 아무 것도 볼 것이 없는 것이다. 이와 같이 '빛의 직진'이라는 원리는, 살아가는 동안에 당면15하는 불편을 해결하기 위하여 만들어낸 원리가 아니라, 빛이라는 현상을 '보기' 위한 수단으로 만들어낸 원리이다. 이는 오늘날 우리가 학교에서 가르치고 있는 대부분의 교과에서도 마찬가지이다.

퓨즈를 갈아 끼울 줄 아는 것이 생활에 유용하다는 것은 누구에게나 분명하다. 그것을 모르면 당장 생활에 불편이 생기기 때문에, 퓨즈를 갈아 끼울 줄 모르는 사람까지도 그것이 유용하다는 것을 알 수 있다. 그러나 빛이라는 현상을 보는 것은 어디에 유용한가? 그것은 '빛의 직진'이라는 지식의 유용성은 그것을 배운 사람 자신이 그러한 눈으로 빛이라는 현상을 보는 데에 있다. 만약 빛의 직진이라는 교육 내용의 의미를 잘못 파악한 나머지, 그것이 마치 퓨즈 갈아 끼우는 법처럼 당장 생활에서 부딪치는 문제를 해결하는 데에 유용하게 쓰이는 것이라고 생각한다면, 빛의 직진을 가르치면서 그것이 학생들의 안목이 되도록 가르치지 않을 위험이 충분히 있다. 그럴 때, 그 교육 내용은 이쪽 저쪽 어느 쪽에도 쓸데없는 것이 될 가능성이 있다. 이런 점을 생각해 보면, 교육의 의미를 올바로 파악하는 데는 교육이 생활에 유용하다는 말은 분명히 방해가 된다고 말할 수 있다.

---

15 당면(當面, confront) : 일이 바로 눈앞에 닥치다.(=직면하다)

「양반전」의 '증서'의 문맥적 의미

　　기존에는 군수가 적은 증서가 한탄 형식주의적인 것으로 마땅히 타파[16] 되어야 할 것들을 연암이 제시해 놓은 것이라는 견해가 지배적이었다. 그리하여 이 절목[17] 들은 양반들의 위선[18] 을 풍자 폭로[19] 하였다고 하거나 유교적 형식주의를 타파하려는 의도에서 풍자적으로 제시된 것이라 하였다. 이러한 견해는 그 내용이 정선 양반 같은 무기력하고 무능한 양반들마저 생산을 외면한 채 지체[20] 에 얽매어 이 형식주의[21] 적 절목을 지키고자 애쓰는 것으로 파악한 데서 추론한 것이다.

　　그러나 이것은 어디까지나 당시의 현실 속에서 판단되어져야 할 것으로 그

16　타파(打破, breaking) : 비합리적인 규율이나 관습 등을 깨뜨려버림.

17　절목(節目, a subdivision) : 정해 놓은 법률이나 규정 따위의, 낱낱의 조항이나 항목. 조목(條目), 조항(條項), 항목(項目).

18　위선(僞善, hypocrisy) : 겉으로만 착한체함. 또는 겉치레로 보이는 선행.

19　폭로(暴露, disclosure) : 부정이나, 음모, 비밀 따위를 들추어냄.

20　지체 : 대대로 이어 내려오는 사회적 신분이나 지위. 세벌(世閥).

21　형식주의(形式主義, formalism) : 장식효과나 상징효과를 거두기 위해 자연스러운 겉모양보다는 추상적·기하학적 형식으로 사물을 표현하는 예술상의 입장. 넓은 뜻으로는 같은 취지의 전통적인 틀에 박힌 형식표현을 말하기도 한다. 형식주의는 '양식화와는 일치하지만, 비구상적 형체의 자유스러운 나열인 20세기의 추상예술과는 구별되어야 한다. 먼 옛날부터 두 가지 의미에서의 형식주의의 보기는 신석기시대의 조각과 아프리카와 오세아니아 지역에서 나온 목제 조각품 및 가면에서 볼 수 있으며, 원시 도기와 중국 청동기 및 옥기의 장식에 나타나 있고 동양 융단 무늬를 이루고 있는 상징물에서도 발견된다. 종교예술에서는 형식주의가 비잔틴 모자이크나 러시아 조각상의 성직자 모습 및 동아시아 불상에서 나타났는데, 그것들 모두 자세와 의상으로 단번에 알아볼 수 있다.(예를 들면 성모 마리아는 파란 겉옷, 후광, 연수련 모양의 옥좌 등으로 알아 볼 수 있음). 근대에 들어와 형식주의는 입체파·미래파·소용돌이파 운동의 회화작품이 그 보기라 할 수 있다. 건축에서는 고대 그리스와 로마 건축의 도리스·이오니아·코린트 양식의 기둥들, 박공벽 및 장식적인 핵심 패턴과 같은 요소들이 르네상스와 신고전주의를 거쳐 근대까지 전해졌다.

의미도 선비가 명상을 위한 마음을 가다듬는 자세이거나 양반들이 위생과 품위를 지킬 수 있는 행위 규범이었으며, 오늘날의 시각에서 보아도 이 절목들이 반드시 부정적으로 인식되는 것만은 아니다. 또 연암이 「열하일기」 등에서 보여주었듯이, 규율과 형식에 구애받지 않고 솔직하게 행동하는 성품이 없었던 것은 아니지만, 그렇다고 양반이 지켜야 할 예의범절을 결코 소홀히 했던 인물이 아님을 그의 글들을 통해서 충분히 확인할 수 있다. 따라서 이 증서의 절목들을 당시 양반의 형식주의를 풍자하려는 의도에서 제시된 것이라고 보기는 어려워진다.

그렇다면 이 증서의 문맥적 의미는 무엇인가? 이 절목들은 양반이 정덕(正德)을 닦고 선비의 도리를 갖추는 데 필요한 최소한의 규범이었다. 그런데 이 절목이 양반에게 잘못 인식되면 이것만을 전부로 알고 치민(治民)의 위치에 있는 선비가 이용(利用)이나 후생(厚生)을 외면하고 나아가 이것의 본질적 정신을 망각[22]한 채 형식만 중시할 수도 있다. 실학의 기본 정신은 정덕(正德), 이용(利用), 후생(厚生)이다. 그러므로 정덕이 바로 선 위에서 이용과 후생이 함께 거론되어야 한다. 만약 정덕만을 앞세운다면 정선 양반과 같은 존재가 될 것이고, 이용후생만 중시한다면 천부[23]와 같은 존재가 될 것이다.

증서의 절목들이 부자에게 제시된 것은 부자와 같은 존재가 양반이 되기 위해서 먼저 갖추어야 할 수신의 행위 규범이기 때문이고, 그것은 이용후생에 앞서 갖추어야 할 정덕의 구체적인 항목이기 때문이다. 그러나 이런 규범은 부자로서는 결코 실천이 용이하지 않았다. 그런데 그는 이런 실천이 없이 자신이 소망했던 양반의 존귀를 부로써 얻고자 했다. 여기에 부자의 속물주의[24]가 도

---

22 망각(忘却, oblivion) : 잊어버림. 경험하였거나 학습한 내용에 대한 기억을 되살리기 어렵게 된 상태.
23 천부(賤夫, a man of lowly birth) : 신분이 낮은 남자.
24 속물(俗物, a worldly person) : '세속적인 명리에만 급급한 사람'을 얕잡아 이르는 말.

사리고[25] 있으며 연암은 이 부자의 야망을 해학적으로 폭로하면서 진정한 양반의 상이 어떤 것인가를 암시하였다. 부자와 같은 속물적 인간형은 오늘날에도 얼마든지 찾아볼 수 있다.

선비는 끊임없이 예로써 이욕을 억제하고 지조를 잃지 않으며 명절(名節)을 닦기 때문에 존귀함을 인정받는 것이다. 이러한 존귀를 부자는 재물로써 구하고자 하였으니 연암의 의식으로는 이것이 용납[26]될 수 없었던 것이다.

---

25 도사리다(lurk) 마음이나 생각 따위가 깊숙이 자리 잡다. 앞으로 일어날 일의 기미가 다른 사물 속에 숨어 있다.
26 용납(容納, permission) : 남의 언행을 너그러운 마음으로 받아들임.

논술 실전

✦ 다음은 연암 박지원의 소설 「양반전」의 전문이다. 다음의 (나)에 나타난 증
서의 내용은 양반의 책임이나 도리로 볼 수 있다. '양반'을 '교육받은 사람
들'의 집단으로 상정할 때, 교육받은 사람의 책임과 권리를 고려하여 (가)에
서 '양반'과 그의 행동을 바라보는 '부인'의 태도를 평가하는 논술을 작성하
되, 다음의 질문 항목에 대한 답을 포함시키시오.

(1) 보통 사람들에게는 하등의 유용성이 없어 보이는 일이 참으로 어떤 중요한 의미
를 가진다고 볼 수 없는가?

(2) 정전이 되었을 때를 대비하여 퓨즈 갈아 끼우는 법을 배울 것인가, 아니면 이러
한 실질적인 도움을 받지 않더라도 전하와 전류, 전압의 원리를 배울 것인가?
즉, 학교 교육에서 가르치고 배우는 지식은 실생활에 유용하게 활용될 수 있어야
하는가?

 가

　양반이란 사족(士族)을 높여서 부르는 말이다.

　정선군(旌善郡)에 한 양반이 살았다. 이 양반은 어질고 글읽기를 좋아하여
매양 군수가 새로 부임27하면 으레 몸소 그 집을 찾아와서 인사를 드렸다. 그
런데 이 양반은 집이 가난하여 해마다 고을의 환자(還子)를 타다 먹은 것이 쌓
여서 천 석에 이르렀다.

　강원도 감사(監司)가 군읍(郡邑)을 순시28하다가 정선에 들러 환곡(還穀)29의

---

27 부임(赴任, proceeding to one's new post) : ① 임무를 받아 근무할 곳으로 감. ② 임명을 받아 새로 맡
　겨진 자리에 감.
28 순시(巡視, a round of inspection) : ① 돌아다니며 보살핌. 시찰함. ② 또는 그 사람.
29 환곡(還穀) : 삼정의 하나. 각 고을에서 백성에게 꾸어주던 사창에 간직한 곡식으로 봄에 내어 주었다가

장부를 열람하고 대노해서,

"어떤 놈의 양반이 이처럼 군량(軍糧)[30]을 축냈단 말이냐?"

하고, 곧 명해서 그 양반을 잡아 가두게 했다. 군수는 그 양반이 가난해서 갚을 힘이 없는 것을 딱하게 여기고 차마 가두지 못했지만 무슨 도리가 없었다.

양반 역시 밤낮 울기만 하고 해결할 방도를 차리지 못했다. 그 부인이 역정[31]을 냈다.

"당신은 평생 글읽기만 좋아하더니 고을의 환곡을 갚는 데는 아무런 도움이 안 되는군요. 쯧쯧, 양반, 양반이란 한 푼어치도 안 되는걸."

그 마을에 사는 한 부자가 가족들과 의논하기를,

"양반은 아무리 가난해도 늘 존귀[32]하게 대접받고 나는 아무리 부자라도 항상 비천(卑賤)[33]하지 않느냐. 말도 못하고, 양반만 보면 굽신굽신 두려워해야 하고, 엉금엉금 가서 정하배(庭下拜)를 하는데 코를 땅에 대고 무릎으로 기는 등 우리는 노상 이런 수모[34]를 받는단 말이야. 이제 동네 양반이 가난해서 타먹은 환자를 갚지 못하고 시방 아주 난처한 판이니 그 형편[35]이 도저히 양

가을에 받아들였음.

⇒ 조선은 고려와 마찬가지로 농민경제를 안정시키기 위하여 국초부터 의창과 상평창 제도를 정비하였다. 환곡이란 빈민구제를 목적으로 평시에 양곡을 저장하였다가 흉년이나 춘궁기에 대여하고 추수 후에 회수하는 것인데, 이는 의창의 소관이었다. 그러나 16세기에 들어오면서 의창은 원곡이 부족하여 유명무실하게 되었고, 물가조절기관인 상평창이 이를 대신하였다. 그런데 환곡을 회수할 때 모곡이라 하여 10%의 이자를 받았는데, 이것이 점차 고리대로 변하여 갔고 전세수입이 감소되자 환곡이 국가재정의 주요한 기반이 되어갔다. 조선 후기의 탐관오리들은 이를 기화로 허위장부를 작성하는 번질, 저축해야 할 양곡을 사사로이 대여한 가분, 겨나 돌을 섞어서 한 섬을 두 섬으로 불리는 분석, 창고에 없는데 실물이 있는 듯이 보고하는 허류 등 작폐가 매우 심하여 민란의 주요 원인이 되었다. 환곡은 오늘날 농업협동조합에서 실시하는 양곡방출제도의 기원이다.

30 군량(軍糧, provisions) : 군대에서 사용하는 양식.

31 역정(逆情, anger, displeasure) : 성의 높임말. 몹시 언짢거나 못마땅하게 여겨 내는 성. 주로 윗사람에게 쓰는 말임. 역증.

32 존귀(尊貴, nobility) : 지위나 신분 따위가 높고 귀함.

33 비천(卑賤, (be) lowly, humble, obscure) : 지체가 낮고 천함.

34 수모(受侮, scorn, disdain) : 남에게 모멸을 당함. 모욕을 당함.

35 형편(形便, one's financial situation) : 살림살이의 정도. 형세. 예) 형편이 어렵다.

반을 지키지 못할 것이다. 내가 장차 그의 양반을 사서 가져 보겠다." 부자는 곧 양반을 찾아가 보고 자기가 대신 환자를 갚아 주겠다고 청했다. 양반은 크게 기뻐하며 승낙[36]했다. 그래서 부자는 즉시 곡식을 관가에 실어가서 양반의 환자를 갚았다.

군수[37]는 양반이 환곡을 모두 갚은 것을 놀랍게 생각했다. 군수가 몸소 찾아가서 양반을 위로하고 또 환자를 갚게 된 사정을 물어 보려고 했다 그런데 뜻밖에 양반이 벙거지를 쓰고 짧은 잠방이를 입고 길에 엎드려 '소인'이라고 자칭하며 감히 쳐다보지도 못 하고 있지 않는가. 군수가 깜짝 놀라 내려가서 부축[38]하고,

"귀하는 어찌 이다지 스스로 낮추어 욕되게 하시는가?"

하고 말했다. 양반은 더욱 황공해서 머리를 땅에 조아리고 엎드려 아뢴다.

"황송하오이다. 소인이 감히 욕됨을 자청[39]하는 것이 아니오라, 이미 제 양반을 팔아서 환곡을 갚았습지요 동리의 부자 사람이 양반이 옳습니다. 소인이 이제 다시 어떻게 전의 양반을 모칭(冒稱)[40]해서 양반 행세를 하겠습니까?"

군수는 감탄해서 말했다.

"군자로구나 부자여! 양반이로구나 부자여! 부자이면서도 인색하지 않으니 의로운 일이요, 남의 어려움을 도와주니 어진 일이요, 비천한 것을 싫어하고 존귀한 것을 사모하니 지혜로운 일이다. 이야말로 진짜 양반이로구나. 그러나 사사로 팔고 사고서 증서를 해 두지 않으면 송사(訟事)[41]의 꼬투리가 될 수 있

---

36 승낙(承諾, consent, ssent) : 청하는 바를 들어줌.
37 군수(郡守, a county headman(governor), the magistrate of a county) : 한 군의 행정사무를 맡아보는 으뜸 벼슬. 곧 군청의 으뜸 벼슬.
38 부축(helping by holding a person's arms) : 곁부축의 준말. 겨드랑이를 붙들어 걸음을 돕는 일.
39 자청(自請, volunteering) : 무슨 일에 나설 것을 제 스스로가 청함.
40 모칭(冒稱) : (이름을) 거짓으로 꾸며냄.
41 송사(訟事, a lawsuit, a suit) : 남과 분쟁이 있는 백성이 옳고 그름을 판결해 주기를 관부에 호소하던 일.

다. 내가 너와 약속을 해서 군민(君民)[42]으로 증인을 삼고 만들어 미덥게 하되 본관이 마땅히 거기에 서명할 것이다."

"건륭(乾隆) 10년 9월 ○일"

위에 명문(明文)은 양반을 팔아서 환곡을 갚은 것으로 그 값은 천 석이다.

오직 이 양반은 여러 가지로 일컬어지나니, 글을 읽으면 가리켜 사(士)라 하고, 정치에 나아가면 대부(大夫)가 되고, 덕이 있으면 군자(君子)이다. 무반(武班)[43]은 서쪽에 늘어서고 문반(文班)[44]은 동쪽에 늘어서는데, 이것이 '양반'이니 너 좋을 대로 따를 것이다.

야비한 일을 딱 끊고 옛을 본받고 뜻을 고상하게 할 것이며, 늘 오경(五更)만 되면 일어나 황(黃)[45]에다 불을 당겨 등잔을 켜고 눈은 가만히 코끝을 보고 발꿈치를 궁둥이에 모으고 앉아 동래박의(東萊博議)를 얼음 위에 박 밀 듯 왼다. 주림을 참고 추위를 견뎌 입으로 설궁(設窮)[46]을 하지 아니하고 고치·탄뇌(叩齒彈腦)를 히며 입안에서 침을 가늘게 내뿜어 연진(嚥津)을 한다. 소맷자락으로 모자를 쓸어서 먼지를 털어 물결무늬가 생겨나게 하고, 세수를 할 때 주먹을 비비지 말고, 양치질해서 입내를 내지 말고, 소리를 길게 뽑아서 여종을 부르며, 걸음을 느릿느릿 옮겨 신발을 땅에 끄은다. 그리고 고문진보(古文眞寶)[47]·당시품

소송하는 일.
42 군민(君民) : 임금과 백성.
43 무반(武班, the military nobility) : 무신의 반열.
44 문반(文班, civil functionaries) : 문신의 반열.
45 황(黃, sulfur) : 비금속 원소의 한 가지. 냄새가 없고 파삭파삭한 수지 광택이 있는 황색의 결정. 화약이나 성냥 따위의 원료로 쓰임. 유황.
46 설궁(設窮) : 구차스러운 살림의 형편을 남에게 이야기함.
47 고문진보(古文眞寶) : 중국 송나라 학자 황견이 편찬한 역대의 시문 선집.

휘(唐詩品彙)48를 깨알같이 베껴 쓰되 한 줄에 백자를 쓰며, 손에 돈을 만지지 말고, 쌀값을 묻지 말고, 더워도 버선을 벗지 말고, 밥을 먹을 때 맨상투로 밥상에 앉지 말고, 국을 먼저 훌쩍 떠먹지 말고, 무엇을 후루루 마시지 말고, 젓가락으로 방아를 찧지 말고, 생파를 먹지 말고, 막걸리를 들이켠 다음 수염을 쭈욱 빨지 말고, 담배를 피울 때 볼에 우물이 파이게 하지 말고, 화난다고 처를 두들기지 말고, 성내서 그릇을 내던지지 말고, 아이들에게 주먹질을 하지 말고, 노복(奴僕)49들을 야단쳐 죽이지 말고,

마소50를 꾸짖되 그 판 주인까지 욕하지 말고, 아파도 무당을 부르지 말고, 제사 지낼 때 중을 청해 재(齋)를 드리지 말고, 추워도 화로51에 불을 쬐지 말고, 말할 때 이 사이로 침을 흘리지 말고, 소 잡는 일을 말고, 돈을 가지고 놀음을 말 것이다. 이와 같은 모든 품행52이 양반에 어긋남이 있으면, 이 증서를 가지고 관(官)53에 나와 변정54할 것이다.

성주(城主) 정선 군수(旌善郡守) 화압(花押), 좌수(座首) 별감(別監) 증서(證書)

이에 통인(通引)55이 탁탁 인(印)을 찍어 그 소리가 엄고(嚴鼓)56 소리와 마주

---

48 당시품휘(唐時品彙) : 중국 명나라 고병이 편찬한 당시의 시선집.
   ⇒ 90권, 습유 10권. 명나라의 고병 편. 1393년에 나왔으며, 습유는 1398년에 나왔다.
   오언고시부터 칠언율시에 이르는 시를, 시체에 따라 정시, 정종, 대가, 명가, 우익, 접무, 정변, 여항, 방류의 9목으로 분류하고, 대체로 초당 때의 시는 정시에, 성당 때의 시는 정종, 대가, 명가, 우익에 중당 때의 시는 접무에, 만당 때의 시는 정변, 여향에, 승려, 여류시인 등의 시는 방류에 각각 수록하였다. 그리하여 90권에는 620명의 시 5769수, 습유 10권에는 61명의 시 950수가 수록되어 있다. 문학에서 당나라 때를 초당 성당 중당 만당으로 나누는 사변설은 이 선집으로의 정착하였으며, 그 연대도 고병의 설이 표준이 되어 있다. 고병은 나중에 이 선집에서 뛰어난 작품 1100수를 다시 골라 「당시정성」을 편찬하였다.
49 노복(奴僕, a manservant) : 사내종.
50 마소(horses and oxen) : 말과 소. 우마(牛馬).
51 화로(火爐, a brazier, a charcoal burner) : 열을 이용하기 위하여 불을 담아 두는 그릇. 숯불을 담아 놓는 그릇. 불을 사르거나 또는 담아놓는 그릇.
52 품행(品行, conduct, behavior) : 품성과 행실.
53 관(官, the government, the authorities) : 국가나 정부, 또는 관청.
54 변정(辨正) : 사리를 따져서 일을 바로 잡음.
55 통인(通引) : 조선시대 지방 관청에 속한 이속. 지인이라고도 하며 수령의 심부름, 행차수행, 명령전달 등의 일을 하였다.

치매 북두성(北斗星)이 종으로, 삼성(參星)이 횡으로 찍혀졌다.

"양반이라는 게 이것뿐입니까? 나는 양반이 신선 같다고 들었는데 정말 이렇다면 너무 재미가 없는 걸요. 원하옵건대 무어 이익이 있도록 문서를 바꾸어 주옵소서."

그래서 문서를 다시 작성했다.

(하략)

유의 사항 ●●●●●●●●●●●●●●●●●●●●●●●●●●●●●●

1. 소설 작품에 대한 문학적 평가는 삼갈 것.
2. 글의 분량은 띄어쓰기를 포함하여 1,600자 내외(±100자)로 할 것.

급료 대신 봉족을 받기도 했으나 각 지방마다 차이가 많아 일정하지 않았다.

명칭도 지역마다 달라서 경기와 영동 지역에서는 통인, 하삼도인 경상도 전라도 지역에서는 공생, 황해도와 함경도 지역에서는 연직이라고 불렀다. 대개 이서의 자제들이 자원하였고 공노의 자제들도 지원하였다.

56 엄고(嚴鼓) : 임금이 정전에 나올 때나 거동할 때에 여러 관원에게 준비를 서두르도록 치는 큰 북. 첫 번째 치는 것을 초엄, 두 번째 치는 것을 이엄, 세 번째 치는 것을 삼엄이라 하며 세 번째의 북소리로 모든 준비 태세를 갖춤.

논술 해결의 길잡이

✪ 논제 살피기

이 논제는 한 인물의 태도를 평가하라는 요구를 하고 있지만, 그 절차와 요구 사항이 상당히 복잡하게 얽혀 있다. 발문에서 두 가지 질문을 미리 제시했고, 그에 대한 답변을 포함해야 하기 때문이다. 그러나 이 두 가지 질문은 완결된 논의를 위해서는 반드시 거쳐야 할 단계이기 때문에, 오히려 문제의 난이도를 쉽게 조정하기 위한 배려로 보아야 한다. 즉 이 두 가지 질문을 답을 하다 보면, 양반의 부인이 가지는 태도를 평가할 수 있는 근거를 찾을 수 있는 것이다. 요구 사항이 많다는 것은 거꾸로 그만큼 논술 작성자가 수고를 덜 수 있다는 점을 명심해야 한다.

이 두 가지 질문은 한 마디로 학교에서 배우는 지식이 반드시 일상생활에서 유용하게 활용되어야만 하는가 하는 두 번째 질문으로 귀결된다. 즉 양반의 부인이 보기에는 하등의 유용성도 없는 일만 하는 양반이 그래도 글을 읽고 공부를 하는 이유, 다시 말해 교육을 받는 이유는 무엇인가 하는 것이다. 만일 일상생활에서 유용하게 활용되는 지식만을 얻기 위해서 교육을 받는다는 것이 타당하다면 부인의 태도는 지극히 정당하고 옹호되어야 한다. 그러나 생활상에 직접적으로 필요한 무엇인가를 얻는 데 교육의 목표가 기울어진다고 판단되면, 부인의 태도는 교육의 본질을 보지 못하는 근시안적인 것이라 할 수 있다. 이 논제의 핵심은 바로 여기에 있다.

연암 박지원의 대표적인 소설 「양반전」은 양반이 양반답지 못한 행태를 풍자적으로 그려낸 작품이다. 이 소설은 일반적으로 이용후생과 실사구시를 기치로 내건 조선 후기 실학운동의 영향 아래 비생산적인 양반들의 허위의식을 비판한 것으로 알려져 있다. 그러나 이 작품의 후기를 참조하면 양반이 양반답지 못한 점을 꼬집은 것이지, 결코 양반 제도 자체를 부정한 것은 아니었다.

논제와 관련하여 제시문에서 알 수 있는 점은 크게 두 가지이다. 하나는 양반들이 하등의 유용성이 없는 내용을 배우고 익힌다는 것이고, 다른 하나는 그런 내용을 출중하게 배운 결과로, 혹은 출중하게 배우지 않고도 부당한 사회적 특권을 누린다는 것이다. 제시문의 (나)가 전자와 관련된다면, 생략된 두 번째 증서는 후자와 관련된다.

그런데 유용성이 없는 것을 배우고 익힌다는 지적은 양반의 부인의 입을 통해서 명시적으로 제시되었다. 글만 읽는 양반이 무능하게도 생계를 책임지지 못할 때 가장 큰 피해를 입거나 가장 큰 걱정을 하는 사람은 당연히 그의 부인일 것이라는 점에서, 양반 부인의 핀잔은 어느 정도 개연성을 갖는다. 이를 뒤집어 생각해 보면, 그는 교육이 돈을 번다거나 양식을 구한다거나 하는 등의 생활적 필요를 충족시키는 데 도움이 되어야 한다는 전제를 암암리에 내세우고 있음을 알 수 있다.

❂ 해결 과정 생각하기

① (가)에 나타난 양반의 부인의 태도를 간추려 본다.

(가)에서 양반의 부인은 빈곤한 생활을 견디지 못하여 "당신은 평생 글읽기만 좋아하더니 고을의 환곡을 갚는 데는 아무런 도움이 안 되는군요."라고 하

면서, 양반의 품위를 한 푼의 돈보다도 더 못한 가치로 폄하하고 있다. 그의 폄잔은 어떤 면에서 지극히 자연스러운 것이다. 남편이 '무능하게' 생활에 필요한 재화를 획득하지 못할 때, 가장 큰 피해와 고통을 당하는 사람은 다름 아닌 아내이기 때문이다. 그에게는 양반의 글읽기, 즉 교육이 당장 쌀을 살 수 있는 한 푼어치의 돈만도 못한 것으로 보일 수밖에 없는 것이다.

그런데 이러한 생각은 글을 읽으면 돈이나 쌀이나 간에 생활에 필요한 재화를 얻을 수 있어야 한다는 전제를 깔고 있다. 이러한 생각을 오늘날 학교 교육에 적용시켜 보면, 학교에서 배운 지식은 한 인간이 사회생활을 해 나가는 데에 직접적·간접적으로 도움을 줄 수 있어야 한다는 논리로 발전한다. 그리고 실제로 이러한 논리는 상당한 공감대를 지니고 오늘날의 교육 현장에 커다란 영향력을 행사하고 있다.

② 양반의 부인이 보여주는 태도를 비판할 수 있는 근거가 없는지 확인한다.

이런 논리는 어떤 면에서 매우 타당하면서도 그 반대 입장에서 생각해 볼 수 있다. 우리는 정전이 되었을 때를 대비하여 퓨즈 갈아 끼우는 법을 배울 것인가, 아니면 이러한 실질적인 도움을 받지 않더라도 전하와 전류, 전압의 원리를 배울 것인가? 양반의 부인의 입장에서라면 당연히 퓨즈 갈아 끼우는 법이 중요하다. 전하와 전류, 전압의 원리에 아무리 완벽하게 통달하더라도 퓨즈를 갈아 끼울 수는 없기 때문이다.

그러나 우리는 학교에서 전하와 전류를 배우고 그 원리를 익히는 데 많은 시간을 할애한다. 뿐만 아니라, 수학 시간에는 집합과 함수, 미분과 적분, 순열과 조합 등등을 배우지만 일상 생활에서 이러한 지식을 '써먹는' 경우는 거의 없다. 음악 시간에는 화성의 원리를 배우고, 미술 시간에는 인상주의니 입체주의니 하는 사조를 배우기도 한다. 국어 시간에는 운율이나 이미지, 시점이나

물을 배운다. 그러나 역시 이러한 지식을 아는 것은 대학 입시에서 유리한 위치를 점하는 데는 도움이 되지만, 일상생활에서 당장 써먹을 수 있는 것은 아니다. 그러면 왜 그러한가? 교육이 방향을 잘못 잡아서인가, 아니면 교육이란 본래부터 '먹고 사는 일'과는 무관한 일인가? 이 논제는 이러한 거시적인 안목에서 구상되어야 마땅하지만, 거기까지는 가지 않더라도 돈을 한 푼이라도 더 버는 데 유리해지기 위해서 교육을 받아야 한다는 생각이 지니는 타당성과 부당성을 저울질해 보는 것으로도 해결될 수 있다.

　　이 논제는 발문에서 두 가지 질문을 던져 놓고 여기에 답하는 형식으로 답안을 작성할 것을 요구하고 있다. 이 두 가지 질문은 결국 학교에서 배우는 지식이 반드시 일상생활에서 유용하게 활용되어야만 하는가 하는 두 번째 질문으로 귀결된다. 즉 양반의 부인이 보기에는 하등의 유용성도 없는 일만 하는 양반이 그래도 글을 읽고 공부를 하는 이유, 다시 말해 교육을 받는 이유는 무엇인가 하는 것이다. 만일 일상생활에서 유용하게 활용되는 지식만을 얻기 위해서 교육을 받는다는 것이 타당하다면 부인의 태도는 지극히 정당하고 옹호되어야 한다. 그러나 생활상에 직접적으로 필요한 무엇인가를 얻는 데 교육의 목표가 기울어진다고 판단되면, 부인의 태도는 교육의 본질을 보지 못하는 근시안적인 것이라 할 수 있다. 이 논제의 핵심은 바로 여기에 있다. 즉, 교육이 생활을 해 나가는데 유용한 지식이나 기술을 가르쳐야 한다는 일반적인 논리가 타당한가 부당한가의 문제이다.

✪ 주제문 작성
　　교육은 생활상에 필요한 지식과 기술을 가르쳐 원만한 사회생활을 해 나가게 하는 데 목적이 있으므로, 양반에 대한 부인의 태도는 정당하다.

✪ **주제어**: 학교 교육, 사회인, 유용성, 관념성.

✪ **개요 작성(1,600자)**

서론(300자) : 학교 교육은 사회 생활의 준비 단계.

본론(1,000자) : 1. 유능한 사회인의 양성을 위한 학교 교육.

　　　　　　　2. 실생활에 유용한 지식과 기술 습득의 필요성.

　　　　　　　3. 무능한 남편에 대한 부인의 태도가 지니는 정당성.

결론(300자) : 관념적 지식 편향으로 인한 학교 교육의 붕괴.

✪ **예시 답안**

　가축이나 다른 동물들은 모체로부터 떨어져 나와 몇 시간 안에 혼자서 설 수 있다. 반면에 인간은 생후 2년은 되어야 온전히 서서 걸을 수 있다. 이는 인간이 완전한 개체가 되는 데에도 다른 동물에 비해 훨씬 오랜 시간이 걸린다는 사실을 단적으로 보여주는 예이다. 뿐만 아니라 정신적인 면에서나 인격적인 면에서나 인간이 하나의 자립적인 개체가 되는 데는 20년 가까운 시간이 소요되는 것이 일반적이다. 그리고 우리는 그 기간을 대부분 학교에서의 학습으로 보낸다.(257자)

　이런 점에서 볼 때 학교 교육은 우리 인간이 유능한 사회인으로 살아가기 위해 지식과 기술을 배우고 익히는 준비로서의 의미를 갖는다고 할 수 있다. 우리가 학교에서 보내는 정상적인 제도 교육 기간은 대충 12년 정도가 된다. 물 그리고 나머지 대부분의 시간은 사회인으로서, 직업인으로서, 시민으로서 살아간다. 그 시간은 대체로 40년이 훨씬 넘는다. 다시 말해 12년 동안 배운 지식과 기술은 평생을 살아갈 유용한 생활의 방편이 되는 것이다. 따라서 학교 교육이란 한 개인이 특정한 직업을 통하여 사회적 의무를 수행하고 한 가정을 꾸리면서 살아갈 나머지 세월을 예비하는 기간이라 할 수 있다.(328자)

그렇다면 학교에서 무엇을 배울 것인가 하는 질문에 대한 답은 자명해진다. 그것은 바로 실생활에 필요한 지식과 기술이다. 그러나 오늘날의 학교에서 가르치고 배우는 교과 내용은 대체로 실생활에 전혀 유용하지 않고, 오히려 매우 관념적이어서 생활과 교육의 분리 현상을 낳기에 이르렀다. 예컨대 정보화 시대를 살아갈 우리에게 당장 필요한 지식은 컴퓨터의 작동 방법이고 인터넷을 손쉽게 활용할 수 있는 방법인데도, 학교에서는 이러한 분야에 대한 배려에 매우 인색하다. 노래를 잘 부를 수 있는 방법을 가르치는 대신 화성의 원리를 가르치는 데 더 열중한다. 영어가 세계 공용어인 상황인데도 한자와 한문을 가르치는 경우도 있다.(344자)

이렇게 배운 지식들은 어떻게든 유용하게 쓰일 수 있을지는 모르지만, 이것을 배우는 데 투자하는 시간은 아까울 수밖에 없다. 왜냐하면 유능한 사회인으로서 살아가기 위해서는 어떤 관념적인 지식보다는 실생활에 유용하게 활용될 수 있는 지식이나 기술이 훨씬 더 막강한 힘을 발휘할 수 있을 것이기 때문이다. 이런 맥락에서 보면 양반의 부인이 돈 한 푼 생기지 않는 글읽기에 몰두하고 있는 남편에게 핀잔을 준 것은 지극히 정당한 태도라 할 수 있다. 이는 남편의 무능함에 대한 핀잔이 아니라 생활에 전혀 도움이 되지 않는 공부에 대한 비판으로 보아야 할 것이다.(314자)

오늘날 우리가 학교에서 배우고 익히는 대부분의 교과는 현실 생활과 유리된 내용을 담고 있다. 정보화 시대가 도래하여 숨가쁘게 흘러가는 시대인데도 학교 교육은 아직도 19세기와 크게 달라진 것이 없다. 전통이 그렇게 흘러 왔다고 해서 지금도 반드시 그 전통대로 살아가야 하는 것은 아니다. 오늘날에는 오늘날의 새로운 삶의 문법이 새로 생성될 것이며, 우리의 삶은 그 문법에 맞추어 살아가는 것이 옳다. 이 점은 교육에서도 마찬가지이다. 시대가 변한다면 거기에 맞추어 교육도 변해야 할 것이다.(279자)

(총1,522자)

✪ 강평

이 답안에는 치밀한 논리에 의해 뒷받침된 작성자의 주관이 매우 선명하게 드러나 있다. 왜 학교에서 실생활에 유용한 지식과 기술을 배워야 하는가 하는 점을, 인간의 본질적인 특성과 시대적인 환경을 근거로 하여 설득력 있게 풀어낸 점이 미덕이다.

그러나 정작 논제에서 요구하고 있는 바, 양반 부인의 태도에 대한 평가가 너무나 소략하게 서술되어 있어서 본말이 전도된 듯한 느낌을 준다. 발문에서 제시한 두 질문은 양반 부인의 태도를 평가하기 위해 거쳐야 할 과정이어야 하는데, 그 자체가 종착점이 된 것이다. 또한 학교 교육이 유능한 사회인으로 성장해 가기 위한 준비 단계라는 주장을 내세우기 위해 처음에는 다른 동물과 구별되는 인간의 특징을 근거로 삼았다가 뒤에 가서는 정보화 시대라는 시대적 환경을 그 근거로 삼고 있어, 논리의 일관성에 큰 손상이 있었다. 서론에서 내세운 근거는 가능하면 본론과 결론에 이르기까지 일관되게 유지하는 것이 바람직하다.

개념 심화 1

교육(教育, education)

1. 교육이란

인간의 가치를 높이고자 하는 행위 또는 그 과정을 말한다.

2. 교육의 목표

교육목표 수립에서는 개인 중심적 입장, 사회 중심적 입장, 통합적 입장 등이 있다.

개인 중심적 입장에서는 학생의 능력·필요·흥미 등에 기초하여 아동 각자의 효과적이고 충실한 발달에 중점을 두고, 사회 중심적 입장에서는 사회에의 적응 및 개조를 교육의 목적으로 보고 이에 합당한 교육목표를 수립한다.

통합적 입장에서는, 사회는 개인에 의해 구성되고 개선되지만 동시에 사회 또한 개인 성원의 성격·활동방향을 규제한다고 보고 사회와 개인의 상호작용적 성질을 중시한다. 따라서 학생의 사회적 자아실현을 강조하고, 사회의 요청과 개인의 필요를 절충하여 높은 차원에서 교육목표를 구성하고자 한다. 또한 교육목표는 인간행동의 분류에 따른 행동적 특징을 교육의 내용과 관련시켜 진술되는데, B.S.블룸 등이 행동적 목표라고 일컬은 교육목표는 인지적·정의적·운동 기능적 영역으로 분류된다.

3. 교육의 구조

교육은 여러 구조를 가지게 되는데, 이들의 구조는 대개 세 가지 형식으로 구분할 수 있다.

첫째, 교육자가 교재(敎材)를 준비해서 피교육자에게 교수하는 형식이다. 이것은 주로 학교교실에 존재하는 교육의 기본구조로서 이러한 교육은 일정한 장소에서 계획을 세워 일정기간에 걸쳐 행하는 것이다. 가정에서는 부모나 형과 누이 등이 자식이나 동생을 가르치고, 직장에서는 선배가 후배에게 일의 기본을 가르치기도 한다.

둘째, 교육을 받는 자가 스스로 계몽하도록 여러 교육내용을 준비하는 형식의 교육이다. 이는 피교육자에게 직접 교수하는 것이 아니고, 도서나 영화·방송 등을 교육적으로 편성하여 제공함으로써 피교육자 각자가 자기교육을 하는 것이다. 교육자는 배후에서 교육적 배려를 하며, 교육매체로서 효과가 있을 만한 재료를 준비하여 그것이 자기계발을 위해 이용되도록 기대하는 것이다.

셋째, 인간관계 자체가 인간을 상호 교육하는 형식이다. 이것은 교육기관에서도 볼 수 있지만 주로 교육기관 밖의 사회생활 가운데서 인간을 교육하는 활동이다. 교육자는 의도적으로 가르치려고 하지 않으며, 자기계발을 위한 내용을 제공하지도 않는다. 다만, 교육받는 사람을 어떻게 인간관계 안에 넣을 것인가에 대해서 교육적 의도를 가지고 작용한다. 교육의 현실은 이들 세 가지 교육의 기본구조가 서로 결합하여 성립된다.

이 세 가지 교육의 기본구조가 어떠한 모양으로 결합하느냐에 따라서 각각 특색 있는 교육의 장(場)이 나타나게 된다. 교육의 장의 성격은 기본구조 가운데서 어느 것이 주(主)가 되느냐에 따라 결정된다. 근대사회의 대표적인 교육의 장으로는 청소년교육을 목표로 집중적인 교육을 실시하는 학교가 있다. 학교에서 실시하는 수업은 교재를 가지고 지식이나 기술을 전수하는 교육활동으로서, 학교에서의 시간은 대부분 여기에 충당되고 있다. 또한 학교와 함께 가정도 중요한 교육의 장이 되고 있다.

4. 교육의 변천

원시시대에는 교육을 위한 시설이 없었으며, 다만 일상생활 가운데서 생활에 필요한 범위의 지식이나 기술이 전수되고 생활방식으로 전달되었다. 이 시대에 모든 사람을 통솔하는 힘을 가진 자는 신(神)을 제사지내는 사람이고, 신을 제사지내는 사람은 일반인이 가지고 있지 못한 고도의 지식이나 제사의 방법을 다음 세대에게 전달하기 위하여 조직적인 교육을 행하였다. 또한 상층(上層)의 사람들은 정치적으로나 경제적으로 힘이 있고 생활도 높은 수준에 이르렀으며, 다음 세대에 대해서는 고도의 지식이나 기예(技藝)를 습득시키고 학습을 위해 필요한 시설도 갖추게 되었다.

고대 그리스에서는 높은 사회적 지위에 있던 자유민이 학교를 만들어서 다음 세대에게 문화적 교육을 행하였다. 예술과 체육을 통한 조화적 발달의 목적을 달성하기 위한 교육을 행하였는데, 특히 플라톤의 아카데미아(academia)는 높은 수준의 학문을 교수하는 기관이었다. 로마에서도 6세부터 어린이를 교육할 목적으로 기초학교가 만들어졌으며, 그 위에 문법학교(文法學校)와 수사학교(修辭學校)를 만들어 귀족의 자제를 교육하였으나 일반인은 이들 학교를 이용할 수 없었다. 중세는 종교와 군비(軍備)의 시대였으므로, 유럽에서는 그리스도교적 교육과 기사(騎士)의 교육이 중세 교육의 특색이 되었다. 근세사회는 중세의 종교적 지배로부터 벗어나서 고대의 문화를 부흥하고 자아의 자각에 의한 새로운 학문과 교육을 전개하게 되었다. 합리적 지식에 의하여 자연과 인간을 재발견하였는데, 이들 지식은 고전을 기초로 하였으므로 학교를 만들어 그 지식과 탐구방법을 교수하였다.

그러나 18세기에 들어서자 유럽의 학교는 국가의 제도로서 정비되고, 19세기에는 여러 국가에서 학교체계가 정비되기 시작하여 공교육제도가 나타나게 되었다. 초등·중등·고등으로 나누어진 학교체계가 나타났으나 일반 민중은 초등교육정도의 학교만 이용할 수 있었으며, 지도층의 자제는 고등교육기관에 진학하여 높은 교양을 쌓고 사회의 상층에 입신할 자격을 가지게 되었다. 국가에 따라서는 교육을 실시하는 기관이 노동자층과 지도층을 구분하는 경향까지 나타났는데, 복선형(複線型) 학교제도는 이러한 사고방식을 기초로 발달한 것이다.

한국의 경우는 삼국시대 이전부터 문자를 사용하였으며, 일찍부터 『논어』, 『천자문(千字文)』 등을 귀족 자제의 학습교재로 사용하였고, 이들의 교수를 위한 학교를 설립하였다. 삼국시대부터는 형식을 갖춘 학교가 나타나서 귀족 자제의 교육과 관리를 양성하는 임무를 수행하였는데, 신라의 국학(國學)이 대표적인 예이다. 이러한 교육기관은 고려시대에 국자감(國子監) 및 학당(學堂)·향교(鄕校)로, 조선시대에는 성균관·사부학당(四部學堂)·향교 등으로 발전하였다.

5. 교육의 기능과 전개 과정

교육은 근본적으로 인간애(人間愛)로부터 출발하며 상대편 인간에게 영향을 끼쳐서 그로 하여금 가치 있는 모습으로 성장하게 하는 사회기능이다. 교육은 인간사회가 본래부터 가지고 있는 근본기능으로서 무릇 사회생활이 있는 곳에는 교육기능이 존재하게 마련이다. 따라서 교육은 인간이 생활을 시작한 이래 오늘날까지 행하여 온 작용으로서 사회가 있는 한 앞으로도 영원히 이루어질 것이다. 현대사회에서는 학교가 특히 큰 힘을 가지고 청소년을 교육하고 있기 때문에 일반적으로 교육이란 교사가 학교라고 하는 정비된 기관에서 계획적으로 학생을 가르치는 것으로 인식되고 있다.

그러나 학교가 설립된 것은 인간생활의 역사에서 보면 얼마 되지 않은 일이며, 더욱이 모든 국민이 학교교육을 받게 된 것은 불과 최근 100년 사이의 일이다. 학교가 없던 시대, 그리고 학교가 있어도 소수의 특수층만이 교육기관에서 교육받던 시대에 대부분의 청소년은 학교 밖에서 교육을 받았다. 교육은 사회생활에 따라다니는 기능이기 때문에 사회생활이 진보하면서 변해 왔으며, 어느 시대에도 같은 모양의 교육이 행해진 적은 없다.

교육이 바람직한 인간을 기른다는 기능 자체는 같지만 그 양상은 사회에 따라서 각기 다른 것이다. 세계 각국은 모두 통일된 학교제도나 사회교육기관을 설치·운영하고 있지만 농어촌과 대도시, 대도시 가운데서도 주택지역과 상공업지역에서는 각각 그 지역의 여건을 반영한 특색 있는 교육이 행해지고 있다. 이와 같이 교육은 시대와 장소에 따라서 그 모습이 다르며 동시에 끊임없이 개선·진보하고 있다.

논술 첨삭

논술 원고지

3학년 (　　)반　이름(　　　　　)

사회가 변화해 온 ①모습을 설명하는(나타내는)
말이 줌②에서 '조용한 혁명'이라는 표현이 추
있다. 이는 돈과 물질을 맹목적으로 해결에 풍요이
구하던 시대가 지나고 의식주의 정신적인
제가 없게 되자, 점차 ③시작함을 해결되어야 정
다④먹고 사는 감문제가 관리든 할 수 있기
수양이든 것이다⑤그러나, 조선시대 양반들
의 단⑥이런지 양반전 에서 못하였다. 조
선시대 양반들은 빛이 늘어가고 쌀이
없어. 굶어 죽더라도 일을 해서는⑦안 되
있⑧고픈데 글반 읽어야④하다니.
⑩권위와 위신으로도 배가 부른단 말인가. 보
통 사람에게는 분명⑪비효율적으로 보
일 것이다. 그래도 이들⑫에게는 자부심이
있었을 것이다. 농사나 짓는⑬사람들과는 알
현저한 지식의 차이, 교육의 차이를
고⑭어쨌거나 있었을 테니 그의 부인의
편은 환곡을 값는데에 남편이 조금도 남
되지 않는 쓸모없는 닥쳤을 때 아무 도움도
하다. 고난이 없는 능력뿐인 양반의 모습에
염증을 느끼고 욕구있을이 것이다 중⑮역시
보적인 생황 가치는 족족되기 전에
추구되는 정신적 가치는 비난을 받아야
하는 것인가.
이런 입장에서 바라보자면 글읽기를

Syntopical Essay Art

열심히 해서 과거에⑥누리는 합격하여 출세가 의한
도를 ⑯양반들과 따라 명예를 물려받은 재산이을 니를 ⑰검정하 권리
양반들은 정당하게 학문을 추구할 수 없
가진분이 ⑱양반인지라 당장 하루까지를 농사라는 부 생각
는적으로는 차들은 허울 뿐이지라 말일지 모르나 내
은 이것과는 조금 다르다.
⑳양반이 학문을 추구할 때 그 목적을
먼저 생각해 보면, 그들이 읽는 글이
살림엔 보탬이 되지 않을지언정 매우 있
귀중한 양식을 쌓는다고 여기는데 말
다. ㉑극단적인 경우에는 어느 정도는 당격하겠지만 것도
통섭을 발휘해야 함은 당격하겠지만 뒷받
이다. 그리고 실질적인 이루는 학문이 의한
결국 기본 바탕을 원리 탐구에 이상의 진보
침되어야 가능하다.
기술이 아니라면 어느 정도 발전을 이상의 진보
루는 한계에 맞닥뜨려 더이 될 것이다.
없게 될 것이다.
현재의 시점에서 이 문제는 학교 교
육에 던 결될 수 있다. 실제로 학교생
활 중에 배우는 여러 지식들은 ㉒어째서 많다. 학
배워야 하는지 알 수 없는 것이 실업계
질용주의적 입장에서 실제 도움되는 지식을 ㉓조가바
교란 곳에서 실제 가르친다. 그렇다고 모든 학교
금 더 가르친다. 그렇다고 바
실질적인 지식율만을 제공해야 그것이
강직한 교육이 될 것인가?
우리 모두는 학교에서 ㉔배운 바탕으로

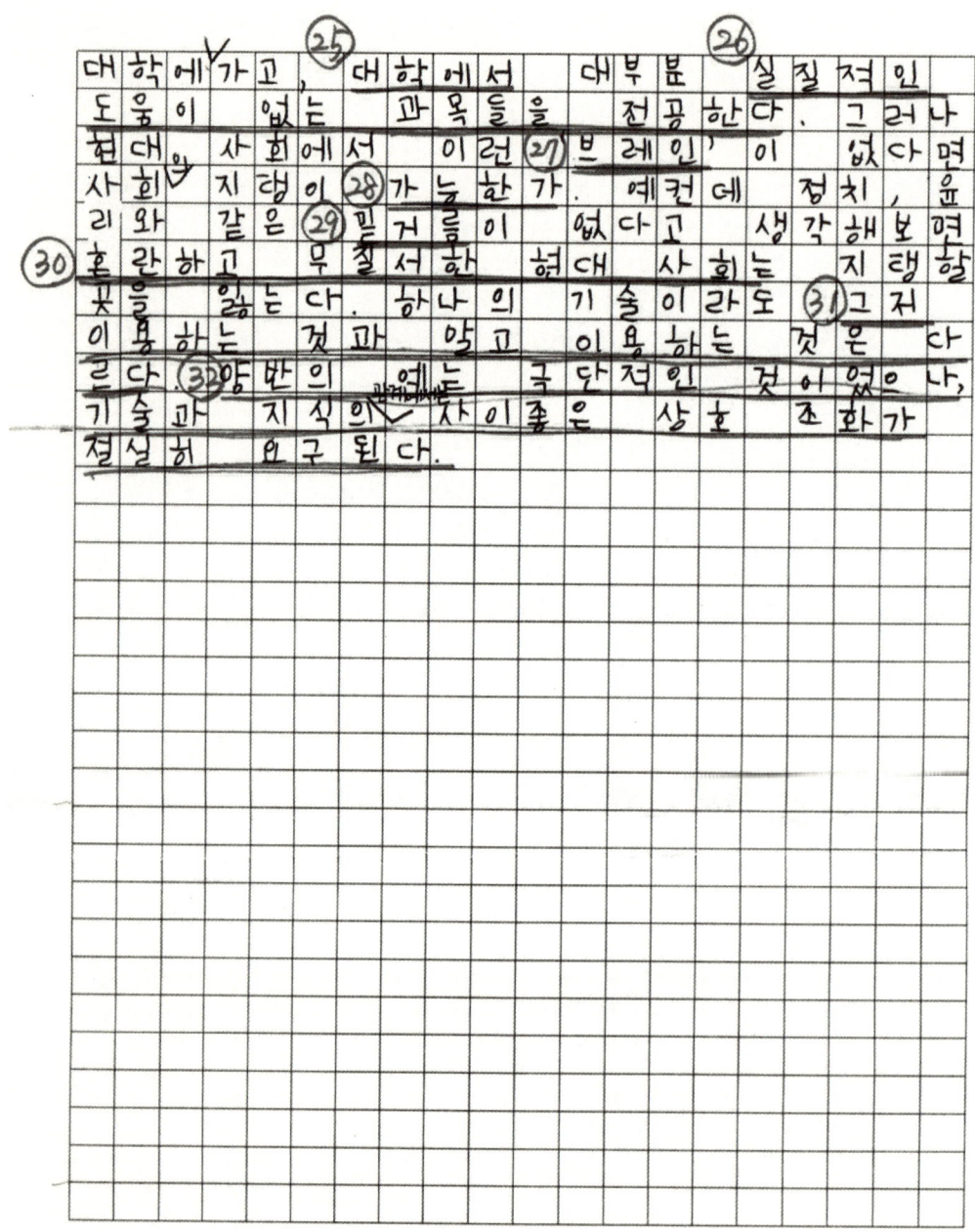

대학에가고, ㉕대학에서 대부분 ㉖실질적인
도움이 없는 과목들을 전공한다. 그러나
현대와 사회에서 이런 ㉗브레인이 없다면
사회 지탱이 ㉘가능한가. 예컨데 정치, 윤
리와 같은 ㉙필거들이 없다고 생각해보면 할
㉚혼란하고 무질서한 현대 사회는 지탱할
빛을 잃는다. 하나의 기술이라도 ㉛그저
이용하는 것과 알고 이용하는 것은 다
르다. ㉜양반의 연계는 극단적인 것이었으나,
기술과 지식의 차이좋은 상호 조화가
절실히 요구된다.

Syntopical Essay Art

① * '모습' → '과정'(사회는 연속적으로 변화하는 것이고 그 한 지점에 '조용한 혁명'이라는 표현이 적용됨)

　* '나타내는' → '설명하는'

② → '에'('에서'와 '에'의 용법 차이 인식이 필요함. '에서'는 동작성 서술어와 호응하고 '에'는 비동작성 서술어와 호응함. 즉, '~말 중에 ~이 있다')

③ → '시작하게 되었음을'('시작함'은 주체의 행위를 드러냄, '시작하게 되었음'은 상황 인식적 표현임)

④는 논의 전개에서 매우 중요한 핵심 내용임. 이 내용은 '양반전'에서의 생활을 꾸리지 않고 글만 읽는 행위(논제1)와 교육에서의 실용적 가르침 선호 여부를 판단(논제2)하는 데 연결되어 논술의 흐름을 이어가므로, 원인해명의 문장으로 마무리할 것이 아니라 '조용한 혁명'의 표현에서 뽑아낸 논의의 쟁점을 잇는 고리로 이끌어야 함.

⑤ 새로운 문단으로 처리함.

⑥ → '이와 같지'(어색하거나 구어적인 표현은 지양함)

⑦ → '안 되었다'('안'은 부정 의미의 부사임, 즉 부사의 용언은 띄어 적음)

⑧ → '고픈데도'(의미를 강화하기 위해 '도'를 첨가함)

⑨~⑩ 논술문에서는 구어적 표현은 가능한 한 피함. ⑨는 구어적 표현임. ⑩의 내용을 볼 때 줄표 처리를 하여 ⑩이 앞 문장을 부연하도록 하는 것이 좋음.

⑪ → '납득이 안 가는 일일 것이다.'('비효율적'은 효율이 없다는 뜻으로 이 맥락에서는 부적절한 단어임)

⑫ 궁극적 핵심 내용을 살려 의미내용을 추가함. : → '학문추구라는 정신적인 자부심이~'

⑬ 호응관계 정돈이 필요함.('~사람들과는 ~차이가 있었다'로 호응함. 그러므로 '사람들과의 ~차이, ~차이를 ~'로 호응함.)

⑭ '어쨌거나' '어쨌든'은 논리성을 벗어난 의미를 가지므로 논술문에서는 반드시 피해야 할 단어임. → '하지만'(앞 문단의 '그러나' 표현을 고려하여 '그러나'를 다시 쓰지 않음)

⑮ 이 문장은 자신의 생각을 밝히기 위한 문제제기의 성격이 있으므로 문단을 달리하여

전개하는 것이 좋음. 그리고 그런 이유에서 문장의 시작은 '역시'보다는 '그러면'으로 시작하는 것이 좋음.('역시'는 앞 문장과의 동의적인 내용 전개, '그러면'은 전환적 문제제기의 의미가 담겨 있음) 또 이것은 앞의 ④ 내용과 관련이 있음.

⑯ → '양반들이나'(뒤의 '~양반들(은)'과 선택관계에 있음.)

⑰ → '걱정해야 하지만'(앞의 '추구할 권리가 있으나'와 '-으나'가 중복됨)

⑱ 의미 강화를 위해 내용 추가를 하고 '허울'의 ' '을 없앰(특별한 용어가 아님). → '양반으로서의 정신 가치 추구가 그저 허울뿐이라는 것인가.'

⑲ 애매한 표현보다는 정확한 의미 내용을 살림. → '현실 논리로 보면 ~'

⑳ 문장의 호응이 불안함. → '양반이 학문을 추구할 때 그 목적은 아마도 그들이 읽는 글이 살림에는 직접 보탬이 되지 않을지언정 매우 귀중한 생활의 양식을 쌓을 것이라는 데에 있다.'

㉑은 삭제함. 왜냐하면, 제시문 (가)의 상황은 허생이 양반으로서의 글읽기에 매달리기보다는 충분히 융통성을 발휘해야 할 처지인데 굳이 융통성을 발휘하지 않고 양반으로서의 가치를 추구하는 행동을 보임. 그리고 이 논술문은 그것을 근거로 논리를 전개해 가야 함. 그런데 여기에서 융통성을 발휘해야 당연하다고 하면 논지 기반이 흔들림.

㉒ 이 부분은 하나의 문장으로 엮어야 더 자연스럽고 의미가 명확해짐. → '적어도 실용주의적 입장에서는 왜 배워야 하는지를 알 수 없는 것이 많다.'

㉓ 비교의 의미를 살려 내용을 추가함. → '인문계 학교에 비해'

㉔ 문장 의미 연결이 안 됨 → '배운 것을 바탕으로'

㉕ → '대학에서도'(의미 강조)

㉖ 내용을 보강하여 문맥을 정리함. → '실질적인 기술이 아닌 이론을 전공한다'

㉗ '브레인'이라는 단어를 바로 쓰기보다는 정돈된 내용으로 구성하고 이해를 쉽게 하기 위해 이 단어를 괄호에 넣는 것도 좋음. → '전문적인 이론 구축('브레인')이'

㉘ → '가능할까?'

㉙ 사회 구조적 측면을 말하기 때문에 '밑거름'보다는 '저변 구축'이라는 단어가 더 적절할 듯함. → '저변 구축이'

㉚ 이 표현은 '혼란하고 무질서한'이 '현대 사회'를 수식하고 있음. 그러므로 내용을 위해 구성을 바로잡음. → '혼란하고 무질서하게 되어 현대 사회는 결코 지탱될 수 없다.'

㉛ 책임 있고 명확한 표현을 사용하는 습관이 중요함. → '정확히 알고 이용하는 것과 그렇지 않은 것이 차이가 있다.'

㉜ 구체적인 내용을 잡아서 언급해주면 문장 자체에서 의미의 대비성이 선명하게 살아남. 특히 마지막 문장의 경우는 자신의 글을 선명하고 정확하게 마무리할 필요가 있음. → '제시문의 양반에 보이는 현실 생활과 정신 가치 추구의 쟁점은 극단적인 사례이긴 하지만, 기술과 지식의 관계에서는 철저한 원리 터득 차원의 지식이 뒷받침되는 상호 조화가 절실히 요구된다.'

〈총평〉

본 논술 답안지에 반드시 나타나야 하는 내용은 논제에 근거하여 세 가지가 있다. 첫째는 '양반전'에 나오는 양반의 태도를 바라보는 '부인'의 태도를 평가하는 것이고, 둘째는 논제에 소문항으로 나온 내용 즉, 다른 사람들에게는 유용성이 없어 보이는 것에 대한 유용성의 의미와 가치에 대한 판단, 그리고 셋째는 두 번째 소문항 즉, 배움이라는 것이 이론으로 이루어지는 있는가와 실용에 입각해야 하는가에 대한 평가의 내용이다. 이 부분은 첨삭을 마친 <논술 첨삭 수정 원고>에 표시해 두었다.

위 학생은 논술문을 쓸 때 경수필적인 글의 흐름이 아닌 개념적인 글쓰기에 유념을 하고, 단어와 표현을 선택하는 데 좀 더 많은 연습을 요한다. 그리고 개요에 입각해서 글을 전개하면서 그것의 핵심 의미를 살려 내용 전달을 정확하게 하려는 노력이 보강되면 자잘한 표현상의 어색함을 충분히 극복할 수 있을 것이라 생각한다.

논술 수정 원고

　사회가 변화해 온 과정을 설명하는 말 중에 '조용한 혁명'이라는 표현이 있다. 이는 돈과 물질을 맹목적으로 추구하던 시대가 지나고 의식주의 해결에 문제가 없게 되자, 점차 정신적인 풍요의 추구에 초점을 맞추기 시작하게 되었음을 이르는 말이다. 이 흐름은 먹고 사는 문제가 해결되어야 정신수양이든 건강관리든 할 수 있음을 반영하고 있다.

　그러나, 조선시대 양반들의 사정은 이와 같지 못하였다. 비단 제시문 '양반전'에서 뿐만은 아니다. 조선시대 양반들은 빚이 늘어가고 쌀이 없어 굶어 죽더라도 일을 해서는 안 되었다. 배가 고픈데도 글만 읽어야 하다니, ─권위와 위신으로 배가 부를 수 있다는 말인가. 보통 사람들의 이해로는 분명 납득이 안 가는 일일 것이다. 그래도 이들에게는 학문추구라는 정신적인 자부심이 있었다. 농사나 짓는 보통 사람들과 현저한 지식의 차이, 교육의 차이를 그들은 스스로 긍정하고 있었을 테니 말이다.

　하지만 그의 부인의 눈에 비친 남편은 환곡을 값는 데에 조금도 도움이 되지 않는 쓸모없는 남편이었음은 분명하다. 경제적인 고난이 닥쳤을 때 아무 보탬도 줄 수 없는 허울뿐인 모습에 염증을 느끼고 있었을 것이다.

　그러면 역시 기본적인 생활 욕구들이 충족되기 전에 추구되는 정신적 가치는 비난을 받아야 하는 것인가. 이런 입장에서 바라보자면, 글읽기를 열심히 해서 과거에 합격하여 출세가도에 따라 명예를 누리는 몇몇 소수의 양반들이나, 물려받은 재산이 있는 부유한 양반들은 정당하게 학문을 추구할 권리가 있으나, 당장 하루 끼니를 걱정해야 하지만 신분이 양반인지라 농사도 지을 수 없는 자들은 양반으로서의 정신가치 추구가 그저 허울뿐이라는 것일까. 현실 논리로 보면 맞는 말인지 모르나 내 생각은 이것과는 조금 다르다.

양반이 학문을 추구할 때 그 목적은 아마도 그들이 읽는 글이 살림에는 직접 보탬이 되지 않을지언정 매우 귀중한 생활의 양식을 쌓을 것이라는 데에 있다. 그리고 실질적인 기술력이라는 것도 결국 기본 바탕을 이루는 학문이 뒷받침되어야 가능하다. 원리 탐구에 의한 기술이 아니라면 어느 정도 발전을 이루다가 한계점에 맞닥뜨려 더 이상의 진보는 없게 될 것이다.

현재의 시점에서 이 문제는 학교교육에 연결될 수 있다. 실제로 학교에서 배우는 여러 지식들은 적어도 실용주의적 입장에서는 왜 배워야 하는지를 알 수 없는 것이 많다. 실업계 학교에서는 실제 도움이 되는 지식을 인문계 학교에 비해 조금 더 가르친다. 그렇다고 모든 학교가 실질적인 지식만을 제공해야 그것이 바람직한 교육이 될 것인가?

우리 모두는 학교에서 배운 것을 바탕으로 대학에 가고, 대학에서도 대부분은 실질적인 기술이 아닌 이론을 전공한다. 그러나 현대 사회에서 이러한 전문적인 이론구축('브레인')이 없다면 사회의 지탱이 가능할까? 예컨대, 정치, 윤리와 같은 저변구조가 없으면 혼란하고 무질서하게 되어 현대 사회는 결코 지탱될 수 없다. 하나의 기술이라도 정확히 알고 이용하는 것과 그렇지 않은 것은 차이가 있다. 제시문의 양반에 보이는 현실 생활과 정신 가치의 쟁점은 극단적인 사례이긴 하지만, 기술과 지식의 관계에서는 철저한 원리 터득 차원의 지식이 뒷받침되는 상호 조화가 절실히 요구된다.

제 10 장

문명과
환경 위기

논술 기법

☺ 첨삭 지도의 중요성

　논술 고사를 대비하기 위한 글쓰기 연습과 효과는 이론과 지식으로만 될 수는 없다. 평가를 받기 위한 최종물은 제한된 시간 속에서 작성한 원고 답안지가 되며 이 원고 답안지에는 단편적인 자신의 지식뿐만 아니라, 지식과 지식의 구성, 맞춤법, 띄어쓰기, 문장 구성 규칙, 단어 사용, 표현 방법 등이 총망라 된 상태로 총체적인 것이 대상이 되어 평가되기 때문이다. 여기에는 심지어 적당한 글씨 크기, 필기도구의 특성, 정서(正書, 淨書)의 정도 등도 채점자의 심리적인 평가 대상이 될 수 있다. 그러므로 논술 고사의 대비 공부는 본 교재의 설명을 차근차근 읽고 이 해해 가면서 해당 실전 문제를 검토하고 논술 답안을 작성하여 이에 의거해 교사 로부터 첨삭 지도를 받아야 완성된다. 첨삭 지도를 하다보면 학생이 무슨 말을 하 려는지 이해는 되지만 그것을 논리적으로 매끄럽게 연결하지 못해 답답해하는 그 들의 속마음이 노출되기도 하며, 출발점에서의 초점화 된 의도와는 다르게 전개되 는 글은 어디에서부터인가 약간 방향이 틀어진 경우도 발견된다. 이 경우 첨삭자 의 입장에서 보면 어느 한 시점이나 이어지는 한 보조적 문장에서부터 틀어져 나 가는 경우를 발견한다. 이러한 것을 제대로 잡아주는 첨삭 지도를 받게 되면 자신 이 쓴 글에 대하여 수정해 주는 내용이기 때문에 이론적으로 학습하는 것보다 월 등한 학습 효과를 거두게 된다. 첨삭 지도한 원고를 돌려주었을 때 학생들이 엄청 난 집중력으로 첨삭 지도 내용을 검토하는 것을 보면 첨삭 지도의 효과를 생생하 게 느낄 수 있을 것이다. 단순히 이론적인 차원에서 공부한 글쓰기의 일반적 지식 은 배우면서 잊어버리고 각인되기가 어렵다. 그러나 자신의 글을 대상으로 첨삭된 내용을 접하고 그 부분이 왜 잘못되었는가의 설명을 접하거나, 기존 표현을 다른 방식으로 바꾸었을 때 글이 아주 매끄럽게 살아나면서 자신의 의도가 좀 더 명확 히 살아나는 것을 인식하는 순간은 글쓰기에 대한 이론적 지식이 이 단계에서 기 의 각인되는 정도에 이른다. 그리고 글을 쓰는 스타일도 사람마다 개성이 있어서 다른 사람에게서는 보이지 않는 단골 실수(?)를 특정 개인은 가지고 있을 수 있다. 이것도 첨삭을 통해서 수정 보완할 수 있고 자신의 글쓰는 잘못된 습관을 고쳐갈 수도 있는 것이다.

첨삭 지도를 통해서 얻을 수 있는 또 하나의 장점은 첨삭 자료를 통해서 자신 의 글쓰기에 대한 자신감을 키울 수 있는 것이다. 처음에 자신이 쓴 글은 어떤 점 이 잘못되었는지 본인은 잡아낼 수도 없으면서 왠지 만족스럽지가 않는데, 지도를 받은 자료는 글의 흐름의 중요한 맥을 짚어 매끄럽고 명확한 글의 내용으로 잡아 주기 때문에, 글이 크게 변형되지 않고도 비교적 훌륭한 글이 될 수 있다는 가능성을 글쓴이 자신이 스스로 갖게 된다. 그래서 조금만 신중하게 글을 쓰면 자신도 훌륭한 글을 만들어 낼 수 있을 것이라는 자신감과 기대감이 생기게 되는 것이다. 그래서 성취 동기가 강한 사람은 똑같은 논제로 글을 다시 써보기도 한다. 물론 이러한 태도로 논술 공부를 한다면 그 실력 배양은 눈에 띄게 이루어질 것이다. 그러나 그렇게까지 하지 않는다 하더라도 적어도 그 다음 실전 논제에 대한 거부감이나 무서움을 없앨 수 있게 되며, 지금까지의 첨삭 자료를 토대로 그 다음 문제에서는 더 정교한 글을 쓰려는 마음 태도를 단단히 갖게 되는 것이다.

흔히 글쓰기를 공부하거나 논술 공부를 하려 하면 많은 학생들은 띄어쓰기나 맞춤법을 먼저 생각하고 글쓰기 능력에 이러한 실력이 많은 비중을 차지하는 것으로 인식하는 경우가 많다. 그러나 논술 고사에서 이것은 기본일 뿐이다. 다시 말해 이에 대한 지식과 원고에의 반영이 제대로 이루어진 경우는 극히 당연하여 채점에 부가점이 되는 것은 아니고, 다만 이러한 부분이 반영되지 못한 경우는 감점을 당할 수 있으며 아마도 그 감점도 심리적인 감점의 상승 작용도 일으킬 수 있을 것이다. 맞춤법과 띄어쓰기가 안 되면 앞서 말했다시피 기본이 안 되었다고 채점자는 판단할 수 있기 때문이다. 그러나 이에 대한 지식 수용은 적어도 대입 시험을 치르는 학생이라면 이미 넘어섰겠고 다만 실제 글쓰기의 적용 문제만 남아 있는 상태라고 볼 수 있다. 따라서 이러한 맞춤법, 띄어쓰기 능력도 오로지 첨삭 지도를 통해서 내면화하고 완성해 나가야 한다.

정작 논술 답안지의 채점에서는 논제에 따른 기술 내용에서 다양한 배경 지식과 정교한 내용의 연결 그리고 확고한 근거에 의거한 자신의 견해 등을 살피는 것이다. 그런데 '구슬이 서 말이라도 꿰어야 보배다'라는 말이 있듯이 두루두루 읽어 저장해 놓은 지식이라 하더라도 논제를 분석하여 그것을 꿰어 맞추어 가는 능력은 수차례의 실습을 통해서만 가능한 것이고, 이런 반복된 훈련은 빠른 시간 내에 두려움이나 어설픔이 없이 쉽게 글을 쓸 수 있는 능력을 길러줄 것이다. 그러므로 본 교재의 10장으로 구성된 실전 논술의 문제를 대상으로 성실히 훈련을 쌓는다면 편안한 마음으로 주어진 시간 내에 충분히 글을 써 내려가는 단계까지 갈 수 있으리라 믿는다. 혹시 글을 쓰기 위한 내용적 자료가 미비한 학생이 있다면 본 교재의 논술 실전에 관련한 각각의 읽기 자료를 토대로 보강하여 논술 실전 문제에 대비할 수 있다.

읽을거리 1

작은 실천이 소중하다

지구촌 곳곳에서 지금 갖가지 이유로 20만 에이커[1] 이상의 열대 우림이 파괴되고 3만6천 에이커에 이르는 땅이 사막의 불모지로 바뀐다. 1300만 톤의 유독성 화학물질이 공중에 방출되며, 130여 종에 이르는 생물이 지구상에서 사라져버린다. 그런가 하면 4만 5천명이 넘는 사람들이 굶어 죽어가고 있다. 이 모든 일이 24시간, 그러니까 단 하루 사이에 일어나고 있는 일이라면 도저히 믿어지지 않을 것이다. 지구는 앞으로 50년 이상을 견뎌내기 어렵게 될 것이라고 예측하는 과학자들이 적지 않다. 그들은 걷잡을 수 없을 만큼 급속도로 진행되고 있는 열대 우림의 파괴를 그 근거로 든다.

석탄과 석유 같은 화석 연료가 모두 고갈되는 때를 지구 종말의 해로 잡는 학자도 있다. 석탄과 석유가 모두 바닥날 때 지구가 지탱할 수 있는 인구는 고작 2억 5천 명 정도라는 것이다. 현재 에너지 소비율을 기준으로 삼는다면 앞으로 약 45년 동안 사용할 수 있는 양이 남아 있고, 2.8퍼센트의 에너지 소비 증가율로 계산한다면 앞으로 겨우 30년밖에는 쓸 수 없는 양이 남아 있다. 그렇다면 2030년이나 2045년이면 인류는 더 이상 화석 에너지를 사용할 수 없게 된다. 에너지 문제는 과학과 기술을 좀 더 발전시켜 대체 에너지[2]를 개발함으로써 해결할 수 있다고 하더라도 화석 연료에서 얻는 온갖 원자재는 어떻게 할

---

1 에이커(acre) : 파운드법의 면적 단위로서 1에이커는 4,840 제곱 야드이다. 영국 에드워드 1세 시절 정해진 이 단위는 황소 한 마리가 하루에 갈 수 있는 밭의 넓이를 기준으로 했다.
2 대체에너지(代替, alternative energy) : 언젠가 고갈될 화석 에너지를 대신할 에너지들로 수소, 태양열, 지

도리가 없다. 화석 연료만이 아니고 앞으로는 물도 턱없이 부족하게 되어 제3차 세계대전은 아마 물을 두고 벌이게 될 것이라고 한다.

지금 자라나고 있는 어린이들과 앞으로 태어날 어린 생명을 생각하면 정신이 아찔하다. 그들이 사용할 천연자원을 우리가 미리 가불하여 사용한 셈이고, 그 대가로 그들에게 준 약속 어음[3]은 부도가 날 가능성이 아주 높다. 그들에게 새로운 밀레니엄은 장밋빛 희망보다는 회색빛 절망의 그림자가 짙게 드리워져 있다. 가뜩이나 위기의식에 사로잡혀 있는 이때에 무책임하게 묵시[4]론적 종말론에 들떠 있는 이단자처럼 쓸데없이 환경 재앙에 대한 공포를 조장한다고 나무랄는지도 모른다. 그러나 안타깝게도 이러한 예측은 객관적 통계 자료에 근거를 둔 엄연한 사실이다.

이른바 문명국에 살고 있다는 현대인들의 소비생활을 보고 있노라면 섶을 껴안고 불 속으로 뛰어들고 있는 것과 조금도 다르지 않다. 휴지 한 장, 종이컵 하나, 나무젓가락 하나, 철침 하나 사용하는 것을 삼가야 한다. 환경 위기나 생태계 위기를 극복하는 데에는 거창한 이론보다는 작은 실천이 훨씬 더 값지고 소중하다.

— 김욱동, 「한국의 녹색문화」에서

열 풍력 등을 비롯한 무공해 에너지부터 원자력까지 다양한 종류의 것들이 연구되고 있다.

3 약속어음(promissory note) : 일종의 유가 증권으로 엄격한 형식 요건이 요구된다. 채무자인 발행인의 표시가 존재해야 하고 어음 그 자체로는 일종의 차용증과 같은 역할 밖에 하지 못하므로 어음상에 발행인이 별도의 강제집행 승낙의 표시를 하지 않는 이상 법원 재판 없이 강제 집행을 하지 못한다.

4 묵시(黙示, revelation) : 묵시는 계시와 동의어 이며 신에 의해 비밀이 계시되는 것을 말한다. 묵시에 의해 말해지는 비밀들은 천상계나 우주의 구조에 관한 것들이 있으나 특히 종말에 관한 내용이 주를 이루고 있다. 묵시에 의해 계시되는 종말론은 대부분 현세와 내세 죄인과 의인이라는 이원론을 특징으로 하며 죄인이 의인을 핍박하는 현세와 달리 신의 최후의 심판이 있은 후 의인이 영원한 지복을 누린다는 것을 핵심으로 한다.

읽을거리 2

문명은 인성의 나태[5]의 소산

문명의 죄는 문명 그 자체에 있는 것이 아니라 그러한 문명의 양식을 창출한 주체로서의 인간에게 있다. 다시 말하면, 수질오염[6]의 주범은 합성세제 그 자신이 아니라 그 합성세제를 만들어 내었고 또 그것을 사용하는 인간이다. 마치 수질오염의 죄악을 합성세제라는 가치중립적 사태에 모두 전가시킴으로써 그 합성세제라는 사태를 창출시킨 인간의 죄악을 모면시키고자 하는, 치사하고도 약삭 빠른 또 다른 인간의 문명의 죄악을 우리는 고발하여야 한다. 문명의 죄악은 문명 그 자체에 있다기보다는 결국 문명을 창출하는 인간의 "욕망"에 있음을 직시하여야 한다.

우리는 학교교육을 통해 퇴계 이황[7]과 고봉 기대승[8] 사이에 "四端七情"에 관한 논의를 담은 편지가 일곱 번 왕래되었고, 그 "四端七情論爭"이 조선조의 전유학의 성격을 규정했다는 역사적 사실을 알고 있다. 七情(희·노·애·구·애·오·욕)이란 욕망이다. 그리고 四端(인·의·예·지)이란 이 욕망을 조절하

---

5 나태(懶怠, Sloth) : 느리고 게으름. 가톨릭에서 말하는 7대 죄악중 하나.
6 수질오염(水質汚染, Water pollution) : 자연수역의 수질이 폐물질의 유입으로 오염되는 현상으로 19세기 영국에서 처음으로 현대적 개념 의로서의 수질오염이란 용어가 사용되기 시작했다. 먹이사슬에 따른 생물 농축을 일으켜 사람에게 중금속 중독 등의 막대한 피해를 줄 수 있다.
7 퇴계 이황(退溪 李滉) : 1501~1570 조선 중기의 학자이자 관료로서 주자학을 집대성 했다. 후진양성에도 힘써 그의 제자 중 상당수가 관직에 진출했다. 주요저서로는 『성학십도』과 『도산십이곡』 등이 있다.
8 고봉 기대승(高峯 奇大升) : 이황과 동시대를 살았던 학자. 그가 이황과 벌였던 4단7정 논쟁은 매우 유명하다. 이황이 주장한 이기이원론에 대해 이와 기는 관념적으로는 구분할 수 있으나 실제 마음의 작용에서는 그럴 수 없다는 이기공발설을 내세웠다. 이것은 이이에 의해 발전되어 후에 영남학파와 기호학파 즉 동인과 서인의 당쟁에 이념적 근거가 되었다.

기 위한 人性內的 장치다. 그리고 흔히 우리는 이것을 "도덕" 내지 "윤리"라고 표현한다. 그러나 四端이 존재론적으로 七情外的인 것이 아니라, 七情內的인 것이라는데 그 문제의 복잡성이 있다. 사단과 칠정은 비록 그것이 사대부[9] 양반계층의 윤리체계를 직접 겨냥하고 한 언설들이지만, 거시적으로는 바로 그것이 그들이 살고 있는 사회전체의 윤리를 규정하고, 그 사회의 제도적 모습까지도 규정한다는 데에 바로 그 이데올로기[10]적 특성이 있는 것이다.

우리가 알고 있는 조선조사회는 분명 도덕적으로 훈련된 사회였고, 욕망이 절제된 사회며, 따라서 생태학적으로 조절된 사회다. 다시 말해서, 그 봉건성[11]이나 전근대성[12]을 운운하기에 앞서, 그 사회의 모습이 단순한 우연이 아니라, 매우 조직적으로 절제된 결과라는 소박한 현실인식이 성립되어야 한다. 현재의 문명을 바라볼 때 그리고 우리의 윤리감각과는 영 엉뚱하게 흘러가는 환경파괴의 실상을 목도할 때, 우리의 전통 문화 속에 내장되어 있는 잘 조절된 생활방식과 욕망을 절제했던 인간의지가 절실한 교훈이 된다.

---

9 사대부(士大夫) : 중국과 고려, 조선에서의 상류 계층. 높은 관리나 학식이 높은 사람을 일컬었다. 사대부는 유교에 바탕을 둔 예의를 생활의 기본으로 하여 스스로를 엄격히 절제하였고 조선시대에는 법률로서 이를 규정 하기도 하였다.

10 이데올로기(ideology) : 어떤 사회 집단의 행동을 근본적으로 제약하거나 이끄는 관념이나 믿음의 체계를 뜻한다. 공산주의 등과 같이 현대 한국사에서 중요한 부분을 차지하는 부분들도 이데올로기의 문제라고 볼 수 있다. 희랍어에서 이념을 뜻하는 idea와 논리 logic을 합성한 것이다. 관념형태 또는 의식형태로 번역되기도 하나 원어 그대로 사용하는 경우가 일반적이다.

11 봉건성(封建性, Feudality) : 봉건주의나 봉건사상에 의한 고루하고 폐쇄적인 성질을 뜻한다.

12 전근대성(前近代性, premodern) : 문자 그대로 근대 이전의 성질을 뜻하며 대부분 비합리적이고 부정적인 이미지로 통한다.

Syntopical Essay Art

읽을거리 2

동물학대

동물학대의 최종적인 목적은 인간의 욕망을 충족하기 위해서다. 인간이 동물과 동등한 種13으로써 공존할 때에는 동물학대는 없었다. 동물을 기르고 농지를 개간하여 씨를 뿌리면서 동물학대는 그 기나긴 여정을 시작한 것이다.

세계 축산업의 최종적인 희생자는 동물들 자신이다. 태어나자마자 어린 숫송아지들은 좀 더 "순종적"으로 되고, 그 고기의 질을 개선하기 위하여 거세된다. 동물들이 서로 상처를 내는 일이 없도록 하기 위해서 쇠뿔의 뿌리를 태워 버리는 화학약품이 사용된다. 이런 일이 마취도 하지 않고 이루어진다.

송아지들은 어미소들과 함께 여섯 달에서 열한 달 동안 방목장에서 지내는 것이 허용되고, 그 이후에는 거대한 기계화된 사육장으로 옮겨져서 거기서 살이 찌고 도살되기를 기다린다. 최소한의 시간 안에 최적의 몸무게를 얻기 위해서 사육 관리자들은 성장촉진 호르몬14과 사료첨가물을 포함한 여러 가지 약제들을 소들에게 투여한다. 전에는 사람들이 엄청난 양의 항생제15를 투여하였는데, 그것은 동물들을 비좁고 오염된 우리나 사육장 속에 억지로 가둬놓고 살게

---

13 종(種, species) : 개체 사이에서 교배가 가능한 한 무리의 생물. 다른 생물과는 생식적으로 격리되어 있다고 할 수 있으나 명확하게 선이 그어지는 것은 아니다. 종의 분화에는 지리적 격리가 가장 큰 이유라고 설명되고 있으며 지방적으로 분화하여 많은 아종을 형성하기도 한다.

14 호르몬(hormone) : 동물체 내의 특정한 선(腺)에서 형성되어 체액에 의하여 체내의 어느 기관까지 운반되어 그 기관의 활동이나 생리적 과정에 특정한 영향을 미치는 화학물질. 호르몬을 형성하는 선을 내분비선이라고 하며 내분비선 외에도 다른 몇 가지 기관에서 발생되는 경우가 있다.

15 항생제(抗生劑, antibiotics) : 미생물이 생산하는 대사산물로 소량으로 다른 미생물의 발육을 억제하거나 사멸 시킬 수 있는 물질. 병원균을 죽이기 위해서 복용하며 우리에게 잘 알려진 페니실린, 마이신 등과 같은 약들도 항생제의 일종이다. 오용 남용 할 시에는 내성균이 생겨 더 강하게 복용해야 되거나 다른 항생제를 사용해야만 할 때도 있다.

할 때 만연되는 질병을 막기 위한 것이다. 축산업자들은 소의 먹이 속에 항생제를 광범위하게 섞는 것을 중지하였다고 주장하고 있지만, 그 약들이 여전히 젖소들에게는 투여되고 있고, 젖소 고기는 미국에서 소비되는 쇠고기 전체의 15퍼센트를 차지하고 있다. 사람들이 소비하는 고기에서 항생제 잔류물이 발견되고 있는데, 이것은 인체가 항생제 효과에 저항력을 갖도록 만들며 그렇게 함으로써 좀 더 유독한 계통의 박테리아[16]에 쉽게 감염되게 만든다. 거세되고, 온순해지고, 약물을 주입 받으면서, 소들은 먹이통에서 옥수수와 사탕수수와 기타 곡물을 소비하면서 긴 시간을 보내는데, 그 곡물들은 온통 제초제로 절여진 것이다.

소의 몸무게를 최대한으로 확보하기 위해서 사육되는 소들의 삶의 모든 국면이 하나하나씩 감시되고 통제되고 있다. 파리떼를 쫓느라고 소들이 몸을 움직임으로써 매일 반파운드까지 몸무게를 잃어버릴 수 있기 때문에 고도의 독성을 가진 살충제가 사육장 부근에 살포된다. 이상적인 체중인 1,100파운드까지 살이 찐 다음에 소들은 거대한 트레일러에 무리지어 실려 가게 되는데, 트럭에서 소들은 조금도 움직일 공간도 없이 서로 부대끼며 참아야 한다. 도살장까지 이동하는 수십 마일 내지 수백 마일 동안에 소들은 트럭 안에서 쓰러지고, 그러고서는 짓밟혀서 다리와 목과 등과 골반이 깨어지는 일이 허다하다. 도중에 쓰러진 소들은 트럭에서 끌어내려지기를 몇 시간이고 기다려야 한다. 쓰러진 동물들은 흔히 엄청난 고통으로 괴로움을 당하고 있음에도 불구하고 이들에게 결코 안락사[17]나 마취제가 주어지는 일이 없다. 왜냐하면 그렇게 하면 그들의 시

---

16 박테리아(細菌, bacteria) : 우리가 흔히 말하는 세균(細菌)으로서 몸이 하나의 세포로 이루어진 가장 작고 하등한 미생물을 뜻한다. 현재까지 2,000여 종 정도의 박테리아가 발견 됐다. 이것들은 엽록소가 없어 광합성을 할 수 없으며 땅 속, 물 속, 공기 속, 사람의 몸속 등 어느 곳이나 양분이 있으면 기생한다. 인간에게 유익한 유용세균과 해로운 유해세균으로 나누는데 콜레라, 결핵, 파상풍 등은 유해세균들이 일으키는 것이다.

17 안락사(安樂死, euthanasia) 생존의 가능성이 없는 환자의 고통을 덜어주기 위하여 인위적으로 죽음에 이르게 하는 일을 뜻한다. 동물의 경우 안락사의 윤리적 논란을 피해 갔으나 사람의 경우 그것의 허용 여부

체는 쓸모가 없고 따라서 이윤에 손실을 가져오기 때문이다.

소들은 일렬로 도살장으로 들어간다. 들어가자마자 공기총을 맞고 소들은 기절한다. 동물이 주저앉을 때 도살장 노동자가 재빨리 뒷다리의 발굽에 쇠사슬 하나를 건다. 그리고 동물은 기계적으로 마루에서 들어올려지게 되고, 몸이 뒤집혀진 채 걸려있게 된다. 피에 흠뻑 젖은 사람들이 길다란 칼을 가지고 소의 목을 베는데, 칼날을 후두 속으로 깊이 1, 2초 동안 들이밀었다가 재빨리 칼을 거두면서 그 과정에 경동맥[18]과 경정맥[19]을 절단하는 것이다.

－피터 싱어[20], 「동물해방」에서

<hr>

를 두고 끊임없이 논쟁이 벌어지고 있으며 교황청은 이것을 "모든 고통을 없애려는 목적으로 그 자체로써 그리고 고의적으로 죽음을 가져오는 행위나 부작위"로 정의하여 강력하게 비판하고 있다. 네덜란드와 같은 일부 국가는 사람의 안락사를 법적으로 허용하기도 한다.

18 경동맥(頸動脈, carotid artery) : 목을 지나서 안면과 두개골 안으로 들어가는 대동맥의 분맥이다. 의식을 담당하는 뇌에 혈액을 공급하기 때문에 협착증 등으로 좁아질 경우 치매나 반신마비 등을 일으킬 수 있다.

19 경정맥(頸靜脈, jugular vein) : 목에 분포하는 정맥으로 내경정맥과 외경정맥으로 나누어진다. 두 정맥이 완두정맥이란 곳에서 합류하여 상대 정맥이 된 뒤 심장으로 돌아간다.

20 피터 싱어(Peter Singer) : 미국 프리스턴대학교 생명윤리 교수. 1973년에 쓴 "동물해방(Animal Liberation)"이란 논문에서 '동물해방론'과 '동물의 권리'에 관한 논의를 시작하였다. 그는 공리주의적 관점에서 인간을 다른 동물에 비해 특권적인 존재로 볼 수 없으며 동물을 고통 속에 전 생애 동안 가두는 고기 생산방식과 축산기술을 중단해야 한다고 주장했다.

읽을거리 4

나로부터의 윤리

인간도 동물인 까닭에, 동물로서의 기본적인 욕구는 우선 충족되어야 한다. 인간의 기본적 욕구를 유감 없이 충족시키기 위해서는 의식주에 필요한 물질이 요청되거니와 의식주에 필요한 물질만으로는 경제생활의 안정을 얻었다고 볼 수가 없다. 인간은 동물로서의 기본적인 욕구 이외에 문화적 욕구를 가지고 있으며, 이 문화적 욕구의 충족을 위해서도 물질적 기반이 필요하다. 그러나 인간의 '문화적 욕구'라는 것은 변화와 신축성이 강한 심리 상태를 말하는 것이므로, 경제생활의 안정을 위해서 필요한 물질의 양과 질이 어느 정도의 것인지는 분명하지 않다. 다만 한 가지 확실한 것은, 빈부의 차이를 좁히고 경제적 균형을 얻는 일이 매우 중요한 조건의 하나라는 사실이다. 인간의 이러한 기본적인 욕구 문제를 사회화의 과정으로 간주하고 거기에 일정한 자율성의 원리를 대입시키려는 것이 윤리학[21]이다. 지난 100년 간의 정신적인 대변혁과 이로 인하여 이루어진 오늘날의 '다원주의[22]적 사회'의 상황은 윤리의 문제에서 획일성과 강제적인 규율성을 부정한다. 윤리가 정치적인 이데올로기와 신중심의 종교 국가관에서 벗어나 이전시기보다 훨씬 더 각 개인의 다면적인 생활사에 다가서게 된 것이다.

- 한스라이어, 「나로부터의 윤리」에서

---

21 윤리학(倫理學, ethics) : 사회에서 사람과 사람의 관계를 규정하는 규범·원리·규칙에 대한 학문. 일반적으로 인간의 행위에 관한 여러 가지 문제와 규범을 연구하는 학문이라고 할 수 있다.
22 다원주의(多元主義, pluralism) : 사회는 여러 독립적인 이익집단이나 결사체로 이루어져 있으므로 권력 엘리트에 의하여 지배되기보다는 그 집단의 경쟁·갈등·협력 등에 의하여 민주주의적으로 운영된다고 보는 사상. 다원주의자의 주장은 각양각색이지만 국가지상주의적인 전통적 이론에 반대한다는 점에서는 일치한다.

환경 윤리

환경이란 일반적으로 인간을 둘러싸고 있는 자연 환경과 생활 환경을 총칭하는 말이다. 환경 윤리는 이러한 환경과 환경 문제에 대한 가치 탐구와 문제 해결을 추구하는 것을 목적으로 한다. 그러므로 환경 윤리의 정립은 자연 환경과 생활 환경 자체의 독자적인 가치를 인정하는 데에서부터 시작되어야 한다. 또한 환경 윤리의 정립을 위해서는 환경 실태에 대한 정확한 인식과 환경 공학적인 접근 노력 및 그 가능성과 한계에 대한 평가, 그리고 경제 발전 단계에 따른 지역적인 차이에 대한 올바른 인식 등이 요구된다. 환경 위기에 대응하려는 윤리학적 노력으로서의 환경 윤리는 환경을 보는 인식의 전환, 또는 환경과 인간의 관계 재정립이라는 차원에서 논의되어야 하다. 자연환경이 인간에게 무엇인가 하는 문제와 관련하여 우리는 생물 중심적인 사고를 할 필요성이 있다. 왜냐하면 인간은 자연 환경 보전에 대해 책임을 지고 있기 때문이다. 여기에서 우리는 자연 환경을 보전하기 위해 두 가지 방향을 생각해 볼 수 있다. 첫째는 자연 환경의 고유한 가치를 인정하는 것이다. 자연은 단순히 인간을 위해 봉사하는 것으로만 의미 있는 것이 아니며, 그 나름대로의 독자성을 가지고 있다. 이는 문명 비판적인 배경에서 자연과 인간이 하나라는 생각을 기초로 하여 환경 윤리를 확립하려는 시도라고 말할 수 있다.

둘째는 인간의 윤리적 의무의 범위를 시간적 공간적으로 확대해서 자연을 인간의 삶의 조건으로 받아들이는 것이다. 이는 인간과 자연의 올바른 관계를 규명해 보려는 시도라고 할 수 있는데, 여기에서 우리가 극복해야 할 사실은 인간 이외의 것은 인간이 정해 놓은 목적에 따라 마음대로 이용할 수 있는 수단에 불과한 것이 아니라는 점이다. 따라서 인간의 책임과 윤리는 단지 인간관계에서만 형성되는 것이 아니며, 그 범위가 자연 환경으로 확대되어야 한다. 인간적인 가치는 바람직한 삶이 무엇이냐 하는 비전과 관계되며, 이러한 차원에서 우리의 선택은 환경 보전의 가치에 연관된다. 환경 보전과 관련된 중요한 문제는 장기적인 안목에서 볼 때 인간의 소비생활과 직접적인 관련이 있다. 윤리적인 소비 생활은 천연 자연을 최대한 절약하며, 개인적인 인간관계의 측면을 뛰어넘어 인류 공동체의 생존을 염두에 두면서 소비와 생산을 조절하는 생활 방식이다. 여기서 말하는 '윤리'라는 개념을 단지 도덕적인 원리나 도덕적 규범 체계라는 좁은 의미보다는 사회의 존속에 대한 책임의 문제를 뜻한다. 즉 '책임'의 범위에는 인간만이 아닌 다양한 생명체의 공존공생23을 약속하는 공동체적 삶의 양식을 구현하는 문제와 관련된다.

- 이선복, 「환경과 윤리」에서

---

23 공존공생(共存共生, symbiosis) : 서로에게 특별한 해를 끼치지 않으며 함께 생존해감.

논술 실전

❖ (가)는 인간의 삶에서 윤리적 규범이 차지하는 위상에 대해서 서술한 글이고, (나)는 축산업의 실태를 통해 편중된 소비형태와 그로 인한 환경파괴의 실상을 언급한 글이다. 두 글을 참조하여 오늘날의 소비생활에서 새로이 요구되는 윤리적 규범을 환경문제와 관련하여 서술하시오.

가

우리는 인간의 자유의지[24]라는 형이상학[25]적 실체를 막연하나마 믿고 말하고 행동한다. 그러나 이미 고대 그리스의 스토이즘[26], 인도의 힌두/불교나 중국의 음양사상[27]은 이러한 신념과 상충[28]되며, 19세기의 파프라스, 라메트리[29]는

---

24 자유의지(自由意志, free will) : 윤리학에서, 외부의 제약이나 구속을 받지 아니하고 어떠한 목적을 스스로 세우고 실행할 수 있는 의지를 이르는 말. 심리학에서, 두 가지 이상의 동기에 대한 선택과 결정은 자신이 자유로이 할 수 있다는 의지를 이르는 말. 철학에서, 유심론(唯心論)에 근거를 두어, 우주의 일체인 정신이 목적을 가지고 스스로 생각하고 결정하는 의지를 이르는 말. 종교적 처지에서, 인간이 신에 의해 창조될 때 부여되었다는 의지를 이르는 말.

25 형이상학(形而上學, metaphysics) : 형이상학은 영역적·부분적인 지식이 아니라 보편적·전체적인 지식을 구한다. 이것은 특수과학의 지식의 총화도 아니고 특수과학의 지식을 성립시키는 주관적인 근거(인식론적 근거)의 지식도 아니다. 그것은 모든 존재자에 근거를 부여하는 궁극적 실재근거(實在根據)의 지식이다. 따라서 특수한 영역과 시야를 넘은 초월의 시야에서 얻어지는 초월적 지식이다.

26 스토이즘(Stoicism) : BC 3세기부터 로마 제정(帝政) 말에 이르는 후기 고대(古代)를 대표한다.
개조(開祖) 제논이 아테네의 광장에 있던 공회당 '채색주랑(彩色柱廊)'에서 제자들을 가르쳤기 때문에 그 제자들을 '스토아파'(柱廊의 사람들이라는 뜻)라고 불렀다. 스토아파 철학은 그리스 문물이 좁은 도시국가의 틀을 넘어서 널리 지중해(地中海) 연안의 여러 지방에 미친 헬레니즘 시대를 대표하는 철학이었다.

27 음양사상(陰陽思想) : 음양이란 암흑천지의 우주(태극)가 최초로 분화된 두 기운을 말한다.
음이란 해가 떠오를 때 그림자가 지는 부분으로 그 예로는 저녁, 어둠, 여자, 물질, 육체, 과학, 서양 등을 들 수가 있으며, 양은 해가 떠오를 때 빛을 받는 부분을 말하며 그 예를 들면 낮, 밝음, 남자, 정신, 영혼, 종교, 동양 등이 이에 해당된다.

28 상충(相衝, contradiction) : 맞지 않고 서로 어긋남.

29 라메트리(La Mettrie, Julien Offroy de, 1709~1751) : 프랑스 출생. 로크와 데카르트의 영향을 받은 계몽시대의 대표적 유물론자이다. 군의(軍醫)로서 플랑드르전투에 종군하였으나 유물론적 저서인 『영혼의 자

자유의지를 허용하지 않는 총체적 결정론[30]을 주장했으며, 현재 날로 발달되는 첨단과학[31]은 자유의지의 허구성을 확실한 사실로 입증해가고 있는 것 같다.

설사 형이상학적으로 자유의지가 부재하더라도, 적어도 형이하학[32]적 차원에서, 즉 구체적이고 명확한 경험의 차원에서 인간의 자유의지는 부정할 수 없다. 인간으로서 항상 이것을 할 것인가 저것을 할 것인가, 이렇게 살 것인가 저렇게 살 것인가의 선택을 해야 하고 그러한 선택으로 고민하지 않는 인간을 상상할 수 없으며, 이러한 선택에 대한 고민이 자유의지를 필연적으로 전제하기 때문이다.

인간의 불가피한 선택 가운데에 가장 중요한 선택의 문제는 윤리적 선택이다. 윤리는 다른 사람 혹은 다른 동물의 즐거움과 아픔과 나의 욕망이 상충되는 상황에서 내가 어떻게 하면 '옳은' 선택을 하고 '선한' 사람, 즉 인간으로서 가치 있는 사람이 될 수 있는가를 판단하고 행동할 수 있는가를 결정하는 문제이며, '윤리적'이란 옳은 판단과 행동을 했다는 뜻이다.

누구나 예외 없이 나름대로 가장 사람답게 살기를 원한다. 사람다운 삶이 곧 윤리적으로 옳은 삶을 의미한다면, 모든 인간은 한결같이 윤리적으로 옳게 살기를 원한다. 어떠한 삶이 윤리적으로 옳은가? 어느 인간 사회이고 윤리적 옳음과 그름을 판단하는 기준이 그 사회의 윤리적 규범으로 존재한다. 윤리적으로 옳은 나의 행동은, 내가 사는 사회의 규범에 따르면 된다. 그러나 한 사

연사(自然史)』를 출판하였기 때문에 군의 지위를 잃고 종교가들의 추궁과 박해를 받아 레이덴으로 도피하였다. 1748년 베를린으로 가서 프리드리히 대왕에게 몸을 의탁하고 그의 시강(侍講)이 되었다.

30 결정론(決定論, determinism) : 인간의 행위를 포함하여 이 세상에서 일어나는 모든 일은 그것이 정해진 때와 장소에서 일어나도록 미리 정해졌다고 생각하는 입장.

31 첨단과학(尖端科學) : 현대 과학기술은 새로운 발전단계로 접어들고 있다. 현대 산업사회의 기술혁신을 주도하는 첨단기술에 대한 공인된 정의는 아직 없다. 그래서 사람에 따라 '1990년대 또는 21세기의 직업을 창조하는 산업', '고도의 변화를 가진 기술'이라고 정의하고 있다.

32 형이하학(形而下學, physical science) : 형이하란 형이상에 대응되는 말로, 시간·공간 속에 모양을 갖추고 나타나서 감성적인 경험으로 파악할 수 있는 것을 의미한다. 형체를 갖추고 있는 사물에 관한 학문, 즉 물리학·동물학·식물학 등이 형이하학에 속한다.

회의 규범은 다른 사회의 규범과 흔히 일치하지 않으며, 한 사회의 규범조차 시대에 따라 변하고 또한 일정한 시대 한 사회의 규범들 가운데에도 구체적인 윤리적 결정의 상황에서 두 가지 규범이 서로 상충하는 경우가 허다하다.

이러한 문제에 부딪칠 때 철학과 종교가 나서게 된다. 동서고금[33]을 막론[34]하고 위대한 철학은 규범윤리학[35]을 반드시 포함하고 있을 뿐만 아니라, 모든 철학체계는 알게 모르게 궁극적으로는 윤리적 문제에 초점이 맞추어지고 있다. 철학은 이성적 직관[36]과 논리에 비추어, 그리고 종교는 계시[37]와 깨달음에 근거하여 시간과 공간을 떠난 보편적인 윤리적 규범을 탐색하여 인류에게 제공하고자 한다.

－박이문[38], 「무엇을 할 것인가?」에서

현재 지구상에는 12억 8천 마리의 소들이 있다. 소들은 지구 땅덩어리의 거의 24퍼센트를 차지하고 있고 지구상에서 생산되는 곡물의 3분의 1을 먹어치

---

33 동서고금 (東西古今, all times and places) : [동양과 서양, 옛날과 지금이란 뜻으로] 인간 사회의 모든 시대 모든 곳.

34 막론(莫論) : '막론하다(go without question)'의 어근. 막론하다 : 따져 말할 나위도 없다. 논의할 것도 없다. 주로, '막론하고'의 꼴로 쓰임.

35 규범윤리학(規範倫理學, normative ethics) : 도덕적으로 옳은 것과 그릇된 것의 기준을 다루는 도덕철학 또는 윤리학의 한 분야.
　　규범윤리학의 중심문제는 기본적인 도덕기준을 어떻게 찾아내고 정당화할지를 결정하는 일이다. 이 문제에 대한 답은 의무론과 목적론이라는 2개의 범주로 나누어진다. 이 둘의 차이점은 윤리기준을 세울 때 의무론적 이론은 가치를 고려하지 않으나, 목적론적 이론은 가치를 고려한다는 데 있다.

36 직관(直觀, intuition) : 판단·추리·경험 따위의 간접 수단에 따르지 않고 대상을 직접 파악하는 일, 또는 그 작용. 직각(直覺). 크게 나누어 직관의 종류로서는 ① 감각적 또는 감성적, ② 이성적, ③ 지적 또는 신비적과 같이 나눌 수 있다.

37 계시(啓示, revelation) : 1. 나아갈 길을 가르쳐 알려 줌. 2. 사람의 지혜로는 알 수 없는 진리를 신이 영감(靈感)으로 알려 줌.

38 박이문(朴異汶 1930~.) : 시몬스대 명예교수로서 연세대 특별초빙 교수를 지내고 있다. 저서로는 길, 나의 출가, 문학과 언어의 꿈 등 다수가 있으며 2003 경기도 생명문화포럼 공동추진위원장을 지냈다.

우고 있다. 오늘날 미국에서 생산되는 곡물39의 70퍼센트 이상이 가축의 먹이로 제공된다. 이것은 농업의 역사에서 새로운 현상이다. 처음으로 소들이 방대한 양의 곡물을 먹게 된 것이다. 소들이 꼴40이 아닌 곡물을 먹게 된 것은 전적으로 20세기 들어 일어난 일이지만 거의 아무런 논쟁 없이 이 일이 일어났다.

전세계적으로 가축 대신에 인간을 먹이는 데 곡물을 이용한다면 십억 이상의 사람들이 먹을 수 있게 된다. 대부분 아이들인 4천만 내지 6천 만 명의 인간이 해마다 굶주림과 그에 관련된 질병으로 죽어가고 있다는 사실을 고려할 때 이러한 통계는 엄청난 의미를 갖는다. 또한 제3세계41에서는 수백만의 사람들이 곡물부족으로 굶주리고 있는 동안 산업화된 나라들에서 수백만이 넘는 사람들이 심장마비와 뇌졸중42과 암으로 죽어가고 있다. 그런데 이 질병들의 원인은 부분적으로 쇠고기의 과잉소비에 있는 것이다. 미국에서는 동물성 지방43과 콜레스테롤44과 인간의 질병 사이의 관련에 대하여 광범위한 조사 연구를

---

30 곡물(穀物, cereal) : 곡물은 주로 녹말로 구성되어 있으며 맛이 담백하여 상식(常食)으로 하기에 알맞다. 또한 재배시기가 한정되어 있으나 널리 재배될 수 있고 수량이 많으며 수분함량이 적고 외부가 단단한 껍질로 덮여 있어 손쉽게 취급 및 장기저장이 가능하고, 유통이 간편하여 모든 식품 중에서 가장 중요한 식량으로서 예로부터 널리 이용되어 왔다.

40 꼴(forage) : 야생동물이나 가축의 먹이가 되는 풀. 수확한 후 가공하여 저장한 사초는 사일리지라고 한다.

41 제3세계(第三世界, Third World) : 제3세계를 규정하는 기준은 정치적으로는 제2차 세계대전 이전에 식민 지배를 경험했으며 종전 후에는 냉전체제의 동·서 어느 진영에도 가담하지 않은 국가들이 해당되고, 경제발전과정으로는 구미 자본주의와 일본이 속하는 제1세계, 그리고 소련과 그 영향권하의 동유럽 제국이 포함된 제2세계로부터 자본·기술·이데올로기 등을 도입한 개발도상국들을 가리킨다.

42 뇌졸중(腦卒中, apoplexy) : 뇌의 급격한 혈액 순환 장애로 일어나는 증상. 갑자기 의식을 잃고 운동 장애를 일으키는데, 주로 뇌일혈과 뇌연화증 등에서 볼 수 있음.

43 동물성 지방(動物性 脂肪, animal fat) : 지방을 흔히 식물성 지방과 동물성 지방으로 나누는데 이 두 지방은 포화 지방과 불포화 지방을 모두 함유하고 있다. 동물성 지방은 포화 지방의 함유량이 더 많기 때문에 실온에서 액체인 식물성 기름과 달리 고체로 존재한다. 고기를 굽다가 차갑게 하면 고기표면에 하얗게 굳는 기름이 대표적인 예이다.

44 콜레스테롤(Cholesterol) : 고등 동물 세포의 주요 성분으로, 뇌·신경 조직·장기(臟器)·혈액 따위에 들어 있는 스테로이드의 한 가지로 동물에만 볼 수 있다. 혈액 속에 이것의 양이 지나치게 늘면 동맥 경화증을 일으킴. 콜레스테린이라고도 한다.

실시한 결과 쇠고기문화가 약속한 "행복한 삶"은 미국인들의 무절제한 습관으로 풍요의 질병에 시달리게 되었음을 입증했다.

또한 세계의 축산업은 지구생태계의 존속 그 자체에 영향을 미치고 있다. 1960년 이래 중앙아메리카 숲의 25퍼센트 이상이 목초지 조성을 위해 벌채되었다. 1970년대 말에는 중앙아메리카 전체 농토의 3분의 2를 소나 다른 가축들이 점유하게 되었는데, 그 대부분은 북미의 식탁으로 갈 운명에 있는 가축들이었다. 이러한 파괴적인 방식—삼림벌채, 토지집중, 농민분해[45]—은 라틴아메리카 전체에 걸쳐 되풀이되고 있다. 멕시코에서는 1987년 이후 3천7백만 에이커[46]의 숲이 방목지의 추가를 위해 파괴되었다.

축산의 파괴적인 영향은 열대우림을 훨씬 넘어 지구의 광대한 땅덩이를 포함하는 데까지 미치고 있다. 가축은 이제 지구 전역에 걸친 사막화의 주요 원인이 되고 있고 엄청난 양의 메탄가스를 방출함으로써 지구온난화의 주범이 되고 있다. (중략)

우리의 나날의 식사에서 쇠고기를 먹지 않는 것은 개인적인 결정이지만, 그러나 그것은 매우 파급효과[47]가 큰 결정이다. 지금 수백만의 미국인과 유럽인들이 쇠고기를 졸업하거나 아니면 적어도 쇠고기 소비를 줄이려는 개인적 선택을 하고 있는 중인데, 이것은 우리의 행성과 인간의 장래에 중대한 영향을 미칠 것이다.

－제레미 리프킨[48], 「쇠고기를 넘어서」에서

---

45 농민분해(農民分解) : 자립을 한 소규모 경영의 농민이 상품경제의 진전에 따라 토지와 생산수단을 상실하여 몰락하는 다수자(多數者)와 반대로 토지와 생산수단을 집적하여 부유화하는 소수자로 분극(分極)하는 과정.
46 에이커(acre) : 기호는 ac 또는 acre. 1에이커는 4,840 yd2(제곱 야드)이다. 이 값은 40.468 a(아르)에 해당한다. 에드워드 1세 시대에 황소를 부려 하루에 갈 수 있는 땅의 면적을 기준으로 정해진 것이다.
47 파급효과(波及效果, a ripple effect) : 파급됨으로써 얻게 되는 성공적인 결과.
48 제레미 리프킨(Jeremy/Rifkin) : 미국의 세계적인 경제학자이자 문명비평가로 1945년 콜로라도주(州) 덴버에서 태어나 펜실베이니아대학교 워튼스쿨에서 경제학을 전공한 뒤, 터프츠대학교 플레처스쿨에서 국제관계학 석사학위를 받았다.
　　그의 저서로는 『엔트로피 법칙』, 『노동의 종말(The End of Work)』, 『생명권 정치학(Biosphere Politics)』 등이 있다.

1. .수험생의 직접·간접 체험을 반영할 것.
2. 한 편의 완결된 글로 쓸 것.
3. 어문 규정과 원고지 사용법에 따를 것.
4. 1,600자 내외(제목, 띄어쓰기 포함, ±200자)로 쓸 것.

논술 해결의 길잡이

✪ 논제 살피기

이 논제는 추상적인 윤리 문제가 아니라, 윤리적 안목을 평가하기 위하여 생태 문제라는 구체적인 사안을 논의의 단서로 삼을 것을 요구하고 있다. 보통 윤리를 주제로 하는 논제가 상당 부분 추상적이고 관념적인 논의로 흘러 답안을 작성하는 과정에서 커다란 어려움을 초래하는 경우가 많은데, 이 논제는 '소비 생활'이라는 구체적인 문제를 윤리적으로 해명하도록 유도하고 있다는 점에서 특징적이라 할 수 있다. 이른바 '생태 윤리' 혹은 '환경 윤리'의 범주로 포괄될 수 있다.

이 논제에서 요구하는 것은 다음의 두 가지이다. 첫째 오늘날의 소비 생활을 비판적으로 고찰하고 그 이면에 존재하는 인간의 욕망이라는 문제를 윤리적인 규범이라는 틀 내에서 논의하는 것이고, 둘째 우리가 확립해야 할 윤리 규범의 측면에서 새롭게 모색되어야 할 생태계와의 관계를 논술하는 것이다.

✪ 주제문 작성

생태 위기에 대처하기 위해서는 필요 이상의 욕망을 충족하고자 하는 태도를 버려야 한다.

✪ 주제어: 소비 욕망, 과잉 욕망, 환경 재해, 윤리적 규범.

✪ 개요 작성(1,400자)

서론(200자) : 광고의 소비 욕망 자극.

본론(900자) : 1. 현대인의 삶이 가진 개인 본위 경향.

　　　　　　　 ─사회적 규범과의 충돌.

　　　　　　2. 심리적 만족을 위한 소비 생활.

　　　　　　　 ─물질적 충족 이상의 과잉 욕망.

　　　　　　3. 각종 환경 재해로부터 얻는 교훈.

　　　　　　　 ─미래 세대에 대한 책임감.

결론(300자) : 생산자와 소비자의 윤리적 규범.

✪ 예시 답안

　　오늘날 우리의 소비 생활은 주위의 무수한 유혹과 광고에 속속들이 노출되어 있다. 아침 조간 신문에 끼어오는 수많은 광고 전단을 접하면서 하루가 시작되어 한밤중 마감뉴스가 끝나도 상품을 선전하는 광고는 계속 이어진다. 지금의 소비 생활은 필요한 물건을 고르고 선택하는 의지의 차원이 아닌 집요한 광고와 유혹을 견디어 내어야만 하는 것이다.(189자)

　　그것은 결국 우리들이 지나치게 물질주의적 가치만을 가치고 인정하는 생활방식, 다시 말해서 산업문화를 전적으로 받아들였기 때문이다. 이 과정에서 사회적인 규범과 개인의 윤리 규범은 철저히 분리되어 '좀 더 풍요롭고 편한 생활'이란 슬로건은 사회 공동체를 위한 것이 아니라 개개인의 삶의 편의를 위해 유용되었다.

　　더욱 심각한 문제는 풍요로운 생활이라는 가치가 단순히 물질적 충족에 머무르지 않고 드디어는 무한한 심리적 욕망의 충족을 지향하고 있다는 데 있다.

Syntopical Essay Art

이제 더 이상 사람들은 단순히 배가 고파서 음식을 먹지 않는다. 좀 더 비싼 음식을 먹음으로써 사회적인 인정을 받고자 하고, 비슷한 유의 사람들끼리 동질감을 형성하고자 한다. 마찬가지로 속도를 내기 위해 차를 이용하지 않고, 비싼 차를 탐으로써 남들로부터 받게 되는 모종의 위화감을 즐기는 것이다. 이러한 심리를 이용하여, 끊임없이 새로운 유행을 만들어 내고, 소비자들의 심리적 소비 욕망을 자극한다. 그리하여 결국은 자원을 필요 이상으로 소모하게 되는 것이다.(513자)

그런데 과잉 욕망이 초래하게 될 위험은 지금 바로 나타나지 않고, 먼 훗날에 가서야 나타난다는 데 심각한 문제가 있다. 개인의 몫도 아니고 지금 사회의 몫도 아닌 영원히 후손에게 대물림해야 할 환경에 대해 거의 윤리적인 규범을 갖지 못한 채 소비하고 파괴하고 있는 것이다. 아무리 환상을 갖고 싶어도, 이대로 간다면 머지않아 생존의 자연적 토대가 완전히 허물어지고 만다는 냉정한 사실이 달라지는 것은 아니다. 지금 온갖 곳에서 매순간 끊임없이 불거져 나오는 환경재난과 생명훼손의 사례들은 이 추세에 강력한 제동이 걸리지 않으면 우리 자신이나 다음 세대들의 이 지상에서의 생존이 사실상 불가능하게 될 것임을 예고하는 불길한 징후들이다.(356자)

우리가 '미래의 세계'를 계획하거나 만들어낼 필요가 없다. 현재의 세계를 잘 보살피면 미래도 충분히 보살피는 일이 될 것이다. 그러기 위해서는 심리적 효과에 치중된 소비 생활의 패턴에서 과감하게 벗어날 필요가 있다. 이른바 '메이커' 신발, '메이커' 가방, '메이커' 의류만을 찾는 것은 실질적인 필요가 아닌 순전히 물질을 통한 심리적 만족을 추구하는 일에 불과하다. 기업체들도 오직 영리 추구에만 집착하여 불필요한 소비 욕구를 자극하는 대신, 일정한 수익을 환경에 환원하는 생태적 사고를 가질 필요가 있다.(291자)

(총1,349자)

✪ 강평

　이 논술은 전반적으로 구체적인 사례와 일반적인 설명이 조화를 이루어, 창의적이면서도 보편적인 사고력을 드러냈다는 장점을 갖는다. 서론과 결론에서 소비 생활과 관련된 구체적인 사례가 추상적으로 흐를 논의를 구체화시키고 있는 것이다. 또한 논제가 요구하는 바를 비교적 포괄적으로 제시하여 문제를 발견하고 해결하는 논술 작성자의 사고의 폭이 매우 넓음을 알 수 있다. 또한 본론의 요약 정도로 그치는 상투적인 논술의 공식에서 벗어나, 그야말로 결론적인 내용을 서술함으로써 개요를 작성하는 능력이 범상치 않음을 알 수 있다.

　다만 아쉬운 것은, <제시문>에 나온 내용을 지나치게 외면 혹은 무시했다는 점이다. 육류 소비의 문제나, 생태 문제의 윤리 문제를 <제시문>으로부터 이끌어냈더라면, 논의의 안정감을 확보할 수 있었으리라 생각된다. <제시문>의 가치도 존중하고, 그것을 참조하라는 논제의 요구에도 충실해질 필요가 있다.

Syntopical Essay Art

개념 심화 1

문명(文明, civilization)

1. 유래

라틴어의 키비스(civis : 시민)나 키빌리타스(civilitas : 도시)에서 유래된 용어이다.

2. 개요

　'미개'와 대응하는 진보된 인간생활의 총체를 이른다. 라틴어의 'civis'(시민)와 'civitas'(도시)에서 유래한 바와 같이 특별히 도시문화를 가리키는 경우가 많다. 19세기 말에 '문화'를 최초로 정의한 타일러(1832~1917)는, '문명'과 '문화'를 동일시했다. 플라톤, 아리스토텔레스, T.홉스 등은 '문명'과 '사회'를 동일시하고 문명 이전을 무질서상태(자연상태)라고 생각했다. 그러나 자연상태라고 부를 만한 무질서한 세계는 미개사회까지 포함, 인간사회에는 존재하지 않는다는 것이 밝혀져 이 개념은 무너졌다. 고대의 여러 문명은 몇몇 지역에서 시기를 달리해 발생한 것으로 밝혀졌다. 메소포타미아와 이집트에서는 BC 3500~3000년경, 인더스 강 유역에서는 BC 2500년경, 중국에서는 BC 1500년경에 각각 문명이 형성되었고 신대륙에서는 멕시코 계곡과 페루에서 기원 전후에 탄생했다. 신대륙의 문명은 구대륙의 문명과는 독립적으로 발생했다는 것도 밝혀졌다. 고대문명이 발생한 이들 지역을 통해 농경의 발전에 따른 인구증가, 부의 축적, 직업의 분화, 도시의 형성, 치수(治水), 토기·직물의 제작 등을 볼 수 있다.

3. 개념

문명이라는 용어는 실제에 있어 매우 다양한 뜻으로 쓰이나 문화와 대치(對置)되는 것으로 파악하는 입장과 문화의 특수한 한 형태로 파악하는 입장으로 크게 나누어 볼 수 있다. 전자는 독일철학이나 사회학에서 전통적으로 볼 수 있으며 인류의 정신적이고 가치적인 소산을 문화라고 하는 데 대하여 물질적·기술적 소산을 문명이라고 한다. 이 견해는 통속적인 용법으로 널리 보급되어 사용되고 있다.

후자의 견해는 제2차 세계대전 후 문화인류학의 보급에 따라 일반화되었다. 여기에 따르면 문화 중에서 도시적인 요소, 고도의 기술, 작업의 분화, 사회의 계층분화를 갖는 복합문화(문화의 복합체)를 큰 단위로서 파악한 총체를 문명이라고 한다. 전자의 입장 가운데 A.베버에 의하면 문명은 주체(主體)를 떠나 직선적으로 발전, 누적되어 무한하게 진보하는 기술적 수단의 총계(總計)이지만 문화는 주체와의 관련 하에 일회에 그치는 역사적 개체이며 누적되는 것이 아니므로 진보라는 척도로써는 측정할 수 없다고 한다.

그 밖에 18세기 몽테스키외나 루소 등의 백과전서파는 문명을 야만(barbarism)과 대치시키지 않고 봉건제·군주제와 대치시켜 문명이란 말 속에 봉건사회에서 시민사회로의 진보라는 뜻과 계몽의 의미를 포함시켰다. 이러한 생각은 사회진화론의 바탕에서도 볼 수 있는데, 예를 들면 모건 등이 주장한 몽매(蒙昧:savagery)·야만·문명(civilization)이리고 하는 단계적인 구분이다.

토인비는 고대에서 현대에 이르는 모든 세계문명을 포괄적으로 다룬 드문 역사가로서, 문명의 단위를 국가보다는 크고 세계보다는 작은 중간적인 범위에서 구하였다. 그는 서구문명·인도문명·극동문명·정교(正敎) 그리스도교 문명과 같은 현존하는 문명에서 고대문명까지 거슬러 올라가 21개의 문명을 들었고, 그 발생·성장·쇠퇴·해체과정을 논하였다. 이들 문명 중에서, 모체가 된 고대문명은 모문명(母文明)이라 부르며, 이들은 서로 독립해서 발생하였다고 하였다. 모문명은 구(舊)세계의 이집트 문명, 수메르 문명, 미노스 문명, 중앙 아메리카의 마야 문명, 남아메리카의 안데스 문명, 아시아의 중국 문명 등 6개이며, 여기에 더하여 고대 인도의 하라파 문명이 독립적으로 발생하였다고 보면 7개가 된다. 이 중에서 중국 문명은 중간에 이민족의 지배를 받으면서도 현재까지

4,000년 동안 계속 살아 있다. 그러나 모문명이 독립적으로 발생하였다고 하는 주장은 충분히 논증된 것은 아니다.

세계에서 가장 오래 된 문명의 발생지와 발생기에 대해서는, 정설이라고 단언할 수는 없지만 BC 4000년대 오리엔트로 보는 것이 통설이다. 각 문명의 기원을 보면, 이집트 문명은 BC 2800년경, 미노스 문명은 BC 2600년경, 하라파 문명은 BC 3000년기(紀)의 중간, 중국 문명은 BC 2000년 초, 신대륙의 문명은 BC 1000년대 전기(前期)로 보고 있다. 한때 세계의 고대문명이 단일문화로부터 전파되었다고 하는 설(예: 이집트 기원설)도 있었으나 현재 이를 인정하는 사람은 없다. 문명의 기원을 큰 하천의 유역에 한정시키거나, 관개시설 또는 유목민에 의한 농경민 정복에서 구하는 등의 여러 설이 있으나 모두 부분적으로 해당할 뿐, 모든 고대문명에 해당하는 일반론으로서는 인정되지 않고 있다.

문명발생의 근본적인 요인을 생산력의 일정한 수준에서 구하는 이론은 일반론으로서는 인정할 수 있지만, 개개의 문명 사례(事例)에 대해 개별적·구체적 논증은 충분히 얻지 못하고 있다.

4. 문화(文化)와의 차이점

> **※ 사전적 의미**
>
> <문명> : 인류가 이룩한 물질적, 기술적, 사회 구조적인 발전. 자연 그대로의 원시적 생활에 상대하여 발전되고 세련된 삶의 양태를 뜻한다.
>
> <문화> : 자연 상태에서 벗어나 일정한 목적 또는 생활 이상을 실현하고자 사회 구성원에 의하여 습득, 공유, 전달되는 행동양식이나 생활양식의 과정 및 그 과정에서 이룩하여 낸 물질적·정신적 소득을 통틀어 이르는 말. 의식주를 비롯하여 언어, 풍습, 종교, 학문, 예술, 제도 따위를 모두 포함한다.
>
> ∴ 이 모든 것을 종합해 볼 때, 문명을 환경에 맞게 적응시킨 것이 문화라고 생각한다.

5. 문명과 도시

문명의 발전에 있어서 도시가 수행한 역할은 크다. V.G.차일드는 도시가 문명의 기본적 요소임을 역설하고 신석기시대의 농경문화에서 문명에로의 추이를 '도시혁명'이라고 불렀다. 그리고 도시는 문명을 표시할 뿐만 아니라 문명을 창출하는 것이라는 개념이 생겼다.

그러나 메소아메리카(Mesoamerica)의 저지대에 번창했던 올멕 문화(BC 800~300경)의 중심은 도시라기보다는 제사 중심지라고 해야 할 것이며 올멕 문화와 거의 같은 시기에 형성된 남아메리카의 차빈 문화에서도 도시의 발달은 미약하다. 그러므로 문명과 '도시성'(urbanism)을 동일시할 수는 없으나 매우 밀접한 관계에 있는 것은 사실이다.

문명의 형성에 따라 도시가 발전하면 자연이 주는 위협에서 해방되어 생활이 보다 쾌적해지지만, 다른 한편 자연의 파괴도 진전된다. 고대도시 중에는 인구 1만~2만에 이르는 곳도 있었다고 하지만, 후대로 내려와서 예를 들면 16세기 서유럽의 도시는 그렇게 대규모였던 것은 아니며 2,000~2만 정도의 인구였다. 17세기에 와서 인구가 겨우 10만 이상 되는 도시가 출현한다. 고대문명에서도 도시는 저장·관개(灌漑) 등으로 많은 자연재해를 피할 수 있었지만 도시생활은 신체적·정신적 건강에 부적당한 요소를 초래하게 되었다. 교역, 채광(採鑛), 군사활동, 성벽·도로·상수도·하수도의 건설, 신전(神殿) 등의 웅장한 건축 등을 통해 고대도시는 환경을 대규모로 파괴·변형하게 되고, 그 진행방향이 현대도시의 모습을 향해갔다. 고대 로마의 하수도는 공중변소에 직결되어 테베레 강을 오염시켰다. 도시화가 진전될수록 자연이 주는 위협에서 해방되었지만 환경파괴 역시 심해지지 않을 수 없었다. 이것은 분명히 문명의 발전, 도시화에 내포된 심각한 딜레마였다.

이와 같은 문명화·도시화에 따른 자연파괴는 19세기에 와서는 이전과 비교도 할 수 없을 만큼 심해졌다. 과학과 기술의 진보에 따른 기계화의 진전, 산업혁명 이후의 대량생산의 실현, 대공장의 건설로 환경파괴는 급속하게 진행되었기 때문이다. 석탄사용, 강철제조, 화학공장은 대기와 하천을 한층 더 오염시켰다. 이와 같이 문명 자체는 자연의 극복과정에서 발달했지만, 그 문명의 발달은 결국 인류의 생존을 위협하는 자연의 파괴·변형을 촉진하게 되었다. 이와 같은 모순은 고대도시에서도 이미 나타났지만, 현대에 와서 극단적인 형태를 띠게 된 것이다

6. 세계 4대 문명

① 황하 문명

중국 황하강 중류, 하류 지역에서 발생한 문명이다. 종래는 문명을 미개의 상대적인 말로 이해하고, 문자의 발명과 도시의 성립 등에 중점을 두어, 황하 문명의 연도도 청동기 시대 이후로 보는 것이 보통이었다.

그러나 문명을 문화의 가치 체계를 떠받치는 물질적·기술적 기초라고 정의할 경우, 황하 문명의 연대 범위는 농경이 시작된 신석기시대부터 청동기가 나타난 은나라, 철기가 거의 완전히 보급된 전한시대(前漢時代)까지라고 할 수 있다.

세계의 4대 문명은 큰 강 유역에서 일어났다. 그렇다면 왜 중국 문명은 양쯔강이 아닌 황하강 유역에서 일어났을까?

양쯔강은 신석기 시대에는 현재보다 기온이 높고 강수량이 많아 저습지에 크고 작은 호소(湖沼)가 산재하여 삼림이 무성한 상태였다. 이에 반하여 황하강 유역은 대륙성 기후로 건조한데다가 비옥한 황토가 퇴적하여 황토 지대를 형성하였다.

② 인더스 문명

BC 3000년기 중엽부터 약 1000년 동안 인더스 강 유역에서 청동기를 바탕으로 번영한 고대 문명이다. 메소포타미아의 영향을 받은 듯하다. 인더스 문명의 대표적 유적은 당시의 2대 도시였던 하라파와 모헨조다로인데, 최초로 고고학적 조사를 받았던 하라파 유적의 이름을 따서 고고학적으로는 하라파문화라고 부른다.

19세기 중엽에 영국인 알렉산더 커닝엄이 하라파 유적을 조사하였지만, BC 3000년기의 고대문명으로서 확인된 것은 1922~23년 시작되었던 양 유적 발굴의 결과였다.

모헨조다로는 '사자(死者)의 언덕'이라는 뜻으로, 처음에는 J.H.마셜에 의해, 후에는 E.매케이에 의해 발굴되었다. 하라파는 『리그베다』에 전하는 할리 유푸야라는 추측도 있다. 하라파는 M.S.버트에 의해 발굴되었고, 그 후 찬후다로(chanhu-daro) 등 같은 종류의 문화가 인더스강 유역을 중심으로 분포해 있는 사실이 밝혀졌으며, 현재까지 총계 100개소 이상의 유적이 보고 되고 있다.

이 유적 가운데 남쪽의 소라스트라 지방의 것은 인더스 문명 후기 또는 그것에 이어지는 아(亞)인더스 문명에 속한다고 알려져 있다. 이와 같은 인더스 문명권 중에서 하라파는 인더스 상류유역 펀자브 지방의, 모헨조다로는 하류유역인 신드 지방의 수도로 추정된다.

③ 메소포타미아 문명

메소포타미아는 '두 강 사이의 땅'이란 뜻으로 비옥한 반달 모양의 티그리스 강, 유프라테스 강 유역을 중심으로 번영한 고대 문명이다. 바빌로니아·아시리아 문명을 가리키나 넓게는 서남아시아 전체의 고대 문명을 지칭하는 경우도 있다.

메소포타미아 문명은 지리적 요건 때문에 외부와의 교섭이 빈번하여 정치·문화적 색채가 복잡하였다. 폐쇄적인 이집트 문명과는 달리 두 강 유역은 항상 이민족의 침입이 잦았고, 국가의 흥망과 민족의 교체가 극심하였기 때문에 이 지역에 전개된 문화는 개방적, 능동적이었다. 메소포타미아 문명은 주위의 문화적 파급과 후세의 영향을 고려해 볼 때 세계사적 의의가 크다.

④ 이집트 문명

나일강 하류의 비옥한 토지에서 이집트 문명은 이루어졌다. 이집트는 지리적 위치가 폐쇄적이어서 메소포타미아 문명이 비해 정치·문화적 색채가 단조롭다. 이집트는 사막과 바다로 둘러 싸여 있어서 외부의 침입 없이 2000년 동안 고유 문화를 간직할 수 있었다.

이집트는 '헤로도투스'의 말처럼 '나일강의 선물'이라 할 만큼 나일강의 영향을 많이 받았다. 이집트는 나일강과 주변의 기름진 토양을 바탕으로 일찍 농경이 발달하였다.

해마다 겪게 되는 나일강의 범람은 상류의 비옥한 퇴적물을 운반하는 작용을 하였으므로 나일 강변은 풍요로운 땅이었다. 나일강의 홍수는 주변의 모든 것들을 진흙 속에 묻어 버렸다. 그러나 이런 홍수는 규칙적으로 일어나서 미리 예측을 할 수 있었다. 따라서 이집트인들은 농사의 시기를 조절할 수가 있었다. 이런 나일강의 범람 때문에 태양력·기하학·건축술·천문학이 발달하였다.

【부록】 한글 맞춤법

문교부 고시 제88-1호(1988. 1. 19.)

한글 맞춤법

제1장 총 칙

제1항 한글 맞춤법은 표준어를 소리대로 적되, 어법에 맞도록 함을 원칙으로 한다.

제2항 문장의 각 단어는 띄어 씀을 원칙으로 한다.

제3항 외래어는 '외래어 표기법'에 따라 적는다.

제2장 자 모

제4항 한글 자모의 수는 스물넉 자로 하고, 그 순서와 이름은 다음과 같이 정한다.

ㄱ(기역) ㄴ(니은) ㄷ(디귿) ㄹ(리을) ㅁ(미음) ㅂ(비읍) ㅅ(시옷)
ㅇ(이응) ㅈ(지읒) ㅊ(치읓) ㅋ(키읔) ㅌ(티읕) ㅍ(피읖) ㅎ(히읗)
ㅏ(아) ㅑ(야) ㅓ(어) ㅕ(여) ㅗ(오)
ㅛ(요) ㅜ(우) ㅠ(유) ㅡ(으) ㅣ(이)

〔붙임 1〕 위의 자모로써 적을 수 없는 소리는 두 개 이상의 자모를 어울러서 적되, 그 순서와 이름은 다음과 같이 정한다.

ㄲ(쌍기역) ㄸ(쌍디귿) ㅃ(쌍비읍) ㅆ(쌍시옷) ㅉ(쌍지읒)
ㅐ(애) ㅒ(얘) ㅔ(에) ㅖ(예) ㅘ(와) ㅙ(왜)
ㅚ(외) ㅝ(워) ㅞ(웨) ㅟ(위) ㅢ(의)

〔붙임 2〕 사전에 올릴 적의 자모 순서는 다음과 같이 정한다.

자 음: ㄱ ㄲ ㄴ ㄷ ㄸ ㄹ ㅁ ㅂ
ㅃ ㅅ ㅆ ㅇ ㅈ ㅉ ㅊ ㅋ
ㅌ ㅍ ㅎ

모 음: ㅏ ㅐ ㅑ ㅒ ㅓ ㅔ ㅕ ㅖ
ㅗ ㅘ ㅙ ㅚ ㅛ ㅜ ㅝ ㅞ
ㅟ ㅠ ㅡ ㅢ ㅣ

제3장 소리에 관한 것

제1절 된소리

제5항 한 단어 안에서 뚜렷한 까닭 없이 나는 된소리는 다음 음절의 첫소리를 된소리로 적는다.

1. 두 모음 사이에서 나는 된소리

소쩍새	어깨	오빠	으뜸	아끼다	기쁘다
깨끗하다	어떠하다	해쓱하다	가끔	거꾸로	부썩
어찌	이따금				

2. 'ㄴ, ㄹ, ㅁ, ㅇ' 받침 뒤에서 나는 된소리

산뜻하다　잔뜩　살짝　훨씬　담뿍　움찔　몽땅　엉뚱하다

다만, 'ㄱ, ㅂ' 받침 뒤에서 나는 된소리는, 같은 음절이나 비슷한 음절이 겹쳐 나는 경우가 아니면 된소리로 적지 아니한다.

국수　깍두기　딱지　색시　싹둑(~싹둑)　법석　갑자기　몹시

제2절 구개음화

제6항 'ㄷ, ㅌ' 받침 뒤에 종속적 관계를 가진 '-이(-)'나 '-히-'가 올 적에는, 그 'ㄷ, ㅌ'이 'ㅈ, ㅊ'으로 소리나더라도 'ㄷ, ㅌ'으로 적는다.(ㄱ을 취하고, ㄴ을 버림.)

ㄱ	ㄴ	ㄱ	ㄴ
맏이	마지	핥이다	할치다
해돋이	해도지	걷히다	거치다
굳이	구지	닫히다	다치다
같이	가치	묻히다	무치다
끝이	끄치		

제3절 'ㄷ'소리 받침

제7항 'ㄷ'소리로 나는 받침 중에서 'ㄷ'으로 적을 근거가 없는 것은 'ㅅ'으로 적는다.

덧저고리   돗자리   엇셈   웃어른   핫옷   무릇   사뭇   얼핏   자칫하면
뭇〔衆〕   옛   첫   헛

제4절 모 음

제8항 '계, 례, 몌, 폐, 혜'의 'ㅖ'는 'ㅔ'로 소리나는 경우가 있더라도 'ㅖ'로 적는다.(ㄱ을 취하고, ㄴ을 버림.)

ㄱ	ㄴ	ㄱ	ㄴ
계수(桂樹)	게수	혜택(惠澤)	헤택
사례(謝禮)	사레	계집	게집
연몌(連袂)	연메	핑계	핑게
폐품(廢品)	페품	계시다	게시다

다만, 다음 말은 본음대로 적는다.

게송(偈頌)   게시판(揭示板)   휴게실(休憩室)

제9항 '의'나, 자음을 첫소리로 가지고 있는 음절의 'ㅢ'는 'ㅣ'로 소리나는 경우가 있더라도 'ㅢ'로 적는다.(ㄱ을 취하고, ㄴ을 버림.)

ㄱ	ㄴ	ㄱ	ㄴ
의의(意義)	의이	닁큼	닝큼
본의(本義)	본이	띄어쓰기	띠어쓰기
무늬〔紋〕	무니	씌어	씨어
보늬	보니	틔어	티어
오늬	오니	희망(希望)	히망
하늬바람	하니바람	희다	히다
늴리리	닐리리	유희(遊戲)	유히

제5절 두음 법칙

제10항 한자음 '녀, 뇨, 뉴, 니'가 단어 첫머리에 올 적에는, 두음 법칙에 따라 '여, 요, 유, 이'로 적는다. (ㄱ을 취하고, ㄴ을 버림.)

ㄱ	ㄴ	ㄱ	ㄴ
여자(女子)	녀자	유대(紐帶)	뉴대
연세(年歲)	년세	이토(泥土)	니토
요소(尿素)	뇨소	익명(匿名)	익명

다만, 다음과 같은 의존 명사에서는 '냐, 녀' 음을 인정한다.

냥(兩)　　　　냥쭝(兩-)　　　년(年)(몇 년)

〔붙임 1〕 단어의 첫머리 이외의 경우에는 본음대로 적는다.

남녀(男女)　　　당뇨(糖尿)　　　결뉴(結紐)　　　은닉(隱匿)

〔붙임 2〕 접두사처럼 쓰이는 한자가 붙어서 된 말이나 합성어에서, 뒷말의 첫소리가 'ㄴ' 소리로 나더라도 두음 법칙에 따라 적는다.

신여성(新女性)　　　공염불(空念佛)　　　남존여비(男尊女卑)

〔붙임 3〕 둘 이상의 단어로 이루어진 고유 명사를 붙여 쓰는 경우에도 붙임 2에 준하여 적는다.

한국여자대학　　　대한요소비료회사

제11항 한자음 '랴, 려, 례, 료, 류, 리'가 단어의 첫머리에 올 적에는, 두음 법칙에 따라 '야, 여, 예, 요, 유, 이'로 적는다. (ㄱ을 취하고, ㄴ을 버림.)

ㄱ	ㄴ	ㄱ	ㄴ
양심(良心)	량심	용궁(龍宮)	룡궁
역사(歷史)	력사	유행(流行)	류행
예의(禮儀)	례의	이발(理髮)	리발

다만, 다음과 같은 의존 명사는 본음대로 적는다.
　　리(里) : 몇 리냐?
　　리(理) : 그럴 리가 없다.

〔붙임 1〕 단어의 첫머리 이외의 경우에는 본음대로 적는다.
　　　　개량(改良)　　　선량(善良)　　　수력(水力)　　　협력(協力)
　　　　사례(謝禮)　　　혼례(婚禮)　　　와룡(臥龍)　　　쌍룡(雙龍)
　　　　하류(下流)　　　급류(急流)　　　도리(道理)　　　진리(眞理)

　　다만, 모음이나 'ㄴ' 받침 뒤에 이어지는 '렬, 률'은 '열, 율'로 적는다. (ㄱ을 취
하고, ㄴ을 버림.)

ㄱ	ㄴ	ㄱ	ㄴ
나열(羅列)	나렬	분열(分裂)	분렬
치열(齒列)	치렬	선열(先烈)	선렬
비열(卑劣)	비렬	진열(陳列)	진렬
규율(規律)	규률	선율(旋律)	선률
비율(比率)	비률	전율(戰慄)	전률
실패율(失敗率)	실패률	백분율(百分率)	백분률

〔붙임 2〕 외자로 된 이름을 성에 붙여 쓸 경우에도 본음대로 적을 수 있다.
　　　　신립(申砬)　　　최린(崔麟)　　　채륜(蔡倫)　　　하륜(河崙)

〔붙임 3〕 준말에서 본음으로 소리나는 것은 본음대로 적는다.
　　　　국련(국제연합)　　　대한교련(대한교육연합회)

〔붙임 4〕 접두사처럼 쓰이는 한자가 붙어서 된 말이나 합성어에서, 뒷말의 첫
　　소리가 'ㄴ' 또는 'ㄹ' 소리로 나더라도 두음 법칙에 따라 적는다.
　　　　역이용(逆利用)　　　연이율(年利率)　　　열역학(熱力學)
　　　　해외여행(海外旅行)

〔붙임 5〕 둘 이상의 단어로 이루어진 고유 명사를 붙여 쓰는 경우나 십진법에
　　따라 쓰는 수(數)도 붙임 4에 준하여 적는다.

서울여관   신흥이발관   육천육백육십육(六千六百六十六)

제12항 한자음 '라, 래, 로, 뢰, 루, 르'가 단어의 첫머리에 올 적에는, 두음 법칙에 따라 '나, 내, 노, 뇌, 누, 느'로 적는다.(ㄱ을 취하고, ㄴ을 버림.)

ㄱ	ㄴ	ㄱ	ㄴ
낙원(樂園)	락원	뇌성(雷聲)	뢰성
내일(來日)	래일	누각(樓閣)	루각
노인(老人)	로인	능묘(陵墓)	릉묘

〔붙임 1〕 단어의 첫머리 이외의 경우에는 본음대로 적는다.
쾌락(快樂)   극락(極樂)   거래(去來)   왕래(往來)
부로(父老)   연로(年老)   지뢰(地雷)   낙뢰(落雷)
고루(高樓)   광한루(廣寒樓)   동구릉(東九陵)   가정란(家庭欄)

〔붙임 2〕 접두사처럼 쓰이는 한자가 붙어서 된 단어는 뒷말을 두음 법칙에 따라 적는다.
내내월(來來月)   상노인(上老人)   중노동(重勞動)
비논리적(非論理的)

제6절 겹쳐 나는 소리

제13항 한 단어 안에서 같은 음절이나 비슷한 음절이 겹쳐 나는 부분은 같은 글자로 적는다.(ㄱ을 취하고, ㄴ을 버림.)

ㄱ	ㄴ	ㄱ	ㄴ
딱딱	딱닥	꼿꼿하다	꼿곳하다
쌕쌕	쌕색	놀놀하다	놀롤하다
씩씩	씩식	눅눅하다	능눅하다
똑딱똑딱	똑닥똑닥	밋밋하다	민밋하다
쓱싹쓱싹	쓱삭쓱삭	싹싹하다	싹삭하다
연연불망(戀戀不忘)	연련불망	쌉쌀하다	쌉살하다
유유상종(類類相從)	유류상종	씁쓸하다	씁슬하다

누누이(屢屢-)　　　　누루이　　　　　　짭짤하다　　짭잘하다

제4장　형태에 관한 것

제1절　체언과 조사

제14항　체언은 조사와 구별하여 적는다.

떡이	떡을	떡에	떡도	떡만
손이	손을	손에	손도	손만
팔이	팔을	팔에	팔도	팔만
밤이	밤을	밤에	밤도	밤만
집이	집을	집에	집도	집만
옷이	옷을	옷에	옷도	옷만
콩이	콩을	콩에	콩도	콩만
낮이	낮을	낮에	낮도	낮만
꽃이	꽃을	꽃에	꽃도	꽃만
밭이	밭을	밭에	밭도	밭만
앞이	앞을	앞에	앞도	앞마
밖이	밖을	밖에	밖도	밖만
넋이	넋을	넋에	넋도	넋만
흙이	흙을	흙에	흙도	흙만
삶이	삶을	삶에	삶도	삶만
여덟이	여덟을	여덟에	여덟도	여덟만
곬이	곬을	곬에	곬도	곬만
값이	값을	값에	값도	값만

제2절　어간과 어미

제15항　용언의 어간과 어미는 구별하여 적는다.

먹다　　　　　먹고　　　　　　먹어　　　　　　먹으니

신다	신고	신어	신으니
믿다	믿고	믿어	믿으니
울다	울고	울어	(우니)
넘다	넘고	넘어	넘으니
입다	입고	입어	입으니
웃다	웃고	웃어	웃으니
찾다	찾고	찾아	찾으니
좇다	좇고	좇아	좇으니
같다	같고	같아	같으니
높다	높고	높아	높으니
좋다	좋고	좋아	좋으니
깎다	깎고	깎아	깎으니
앉다	앉고	앉아	앉으니
많다	많고	많아	많으니
늙다	늙고	늙어	늙으니
젊다	젊고	젊어	젊으니
넓다	넓고	넓어	넓으니
훑다	훑고	훑어	훑으니
읊다	읊고	읊어	읊으니
옳다	옳고	옳아	옳으니
없다	없고	없어	없으니
있다	있고	있어	있으니

〔붙임 1〕 두 개의 용언이 어울려 한 개의 용언이 될 적에, 앞말의 본뜻이 유지되고 있는 것은 그 원형을 밝히어 적고, 그 본뜻에서 멀어진 것은 밝히어 적지 아니한다.

(1) 앞말의 본뜻이 유지되고 있는 것

넘어지다	늘어나다	늘어지다	돌아가다	되짚어가다
들어가다	떨어지다	벌어지다	엎어지다	접어들다
틀어지다	흩어지다			

(2) 본뜻에서 멀어진 것

　　드러나다　　사라지다　　쓰러지다

〔붙임 2〕 종결형에서 사용되는 어미 '-오'는 '요'로 소리 나는 경우가 있더라도 그 원형을 밝혀 '오'로 적는다.(ㄱ을 취하고, ㄴ을 버림.)

ㄱ	ㄴ
이것은 책이오.	이것은 책이요.
이리로 오시오.	이리로 오시요.
이것은 책이 아니오.	이것은 책이 아니요.

〔붙임 3〕 연결형에서 사용되는 '이요'는 '이요'로 적는다.(ㄱ을 취하고, ㄴ을 버림.)

ㄱ	ㄴ
이것은 책이요, 저것은 붓이요, 또 저것은 먹이다.	이것은 책이요, 저것은 붓이요, 또 저것은 먹이다.

제16항 어간의 끝음절 모음이 'ㅏ, ㅗ'일 때에는 어미를 '-아'로 적고, 그 밖의 모음일 때에는 '-어'로 적는다.

1 '-아'로 적는 경우

나아	나아도	나아서
막아	막아도	막아서
얇아	얇아도	얇아서
돌아	돌아도	돌아서
보아	보아도	보아서

2. '-어'로 적는 경우

개어	개어도	개어서
겪어	겪어도	겪어서
되어	되어도	되어서
베어	베어도	베어서
쉬어	쉬어도	쉬어서

저어	저어도	저어서
주어	주어도	주어서
피어	피어도	피어서
희어	희어도	희어서

제17항 어미 뒤에 덧붙는 조사 '-요'는 '-요'로 적는다.

읽어	읽어요
참으리	참으리요
좋지	좋지요

제18항 다음과 같은 용언들은 어미가 바뀔 경우, 그 어간이나 어미가 원칙에 벗어나면 벗어나는 대로 적는다.

1. 어간의 끝 'ㄹ'이 줄어질 적

갈다:	가니	간	갑니다	가시다	가오
놀다:	노니	논	놉니다	노시다	노오
불다:	부니	분	붑니다	부시다	부오
둥글다:	둥그니	둥근	둥급니다	둥그시다	둥그오
어질다:	어지니	어진	어집니다	어지시다	어지오

〔붙임〕 다음과 같은 말에서도 'ㄹ'이 준 대로 적는다.

마지못하다	마지않다	(하)다마다	(하)자마자
(하)지 마라	(하)지 마(아)		

2. 어간의 끝 'ㅅ'이 줄어질 적

긋다:	그어	그으니	그었다
낫다:	나아	나으니	나았다
잇다:	이어	이으니	이었다
짓다:	지어	지으니	지었다

3. 어간의 끝 'ㅎ'이 줄어질 적[1]

그렇다:	그러니	그럴	그러면	그러오
까맣다:	까마니	까말	까마면	까마오
동그랗다:	동그라니	동그랄	동그라면	동그라오
퍼렇다:	퍼러니	퍼럴	퍼러면	퍼러오
하얗다:	하야니	하얄	하야면	하야오

4. 어간의 끝 'ㅜ, ㅡ'가 줄어질 적

푸다:	퍼	펐다		뜨다:	떠	떴다
끄다:	꺼	껐다		크다:	커	컸다
담그다:	담가	담갔다		고프다:	고파	고팠다
따르다:	따라	따랐다		바쁘다:	바빠	바빴다

5. 어간의 끝 'ㄷ'이 'ㄹ'로 바뀔 적

걷다〔步〕:	걸어	걸으니	걸었다
듣다〔聽〕:	들어	들으니	들었다
묻다〔問〕:	물어	물으니	물었다
싣다〔載〕:	실어	실으니	실었다

6. 어간의 끝 'ㅂ'이 'ㅜ'로 바뀔 적

깁다:	기워	기우니	기웠다
굽다〔炙〕:	구워	구우니	구웠다
가깝다:	가까워	가까우니	가까웠다
괴롭다:	괴로워	괴로우니	괴로웠다
맵다:	매워	매우니	매웠다
무겁다:	무거워	무거우니	무거웠다
밉다:	미워	미우니	미웠다
쉽다:	쉬워	쉬우니	쉬웠다

---

1 고시본에서 보였던 용례 중 '그렇습니다, 까맣습니다, 동그랗습니다, 퍼렇습니다, 하얗습니다'는 1994년 12월 16일에 열린 국어 심의 회의 결정에 따라 삭제하기로 하였다. '표준어 규정' 제17항이 자음 뒤의 '-습니다'를 표준으로 정함에 따라 '그렇습니다, 까맣습니다, 동그랗습니다, 퍼렇습니다, 하얗습니다'가 표준어가 되는 것과 상충하기 때문이다.

다만, '돕-, 곱-'과 같은 단음절 어간에 어미 '-아'가 결합되어 '와'로 소리나는 것은 '-와'로 적는다.

돕다〔助〕:	도와	도와서	도와도	도왔다
곱다〔麗〕:	고와	고와서	고와도	고왔다

7. '하다'의 활용에서 어미 '-아'가 '-여'로 바뀔 적

하다:	하여	하여서	하여도	하여라	하였다

8. 어간의 끝음절 '르' 뒤에 오는 어미 '-어'가 '-러'로 바뀔 적

이르다〔至〕:	이르러	이르렀다
노르다:	노르러	노르렀다
누르다:	누르러	누르렀다
푸르다:	푸르러	푸르렀다

9. 어간의 끝음절 '르'의 'ㅡ'가 줄고, 그 뒤에 오는 어미 '-아/-어'가 '-라/-러'로 바뀔 적

가르다:	갈라	갈랐다	부르다:	불러	불렀다
거르다:	걸러	걸렀다	오르다:	올라	올랐다
구르다:	굴러	굴렀다	이르다:	일러	일렀다
벼르다:	별러	별렀다	지르다:	질러	질렀다

제3절   접미사가 붙어서 된 말

제19항   어간에 '-이'나 '-음/-ㅁ'이 붙어서 명사로 된 것과 '-이'나 '-히'가 붙어서 부사로 된 것은 그 어간의 원형을 밝히어 적는다.

1. '-이'가 붙어서 명사로 된 것

길이	깊이	높이	다듬이	땀받이	달맞이
먹이	미닫이	벌이	벼훑이	살림살이	쇠붙이

2. '-음/-ㅁ'이 붙어서 명사로 된 것

걸음	묶음	믿음	얼음	엮음	울음
웃음	졸음	죽음	앎	만듦	

3. '-이'가 붙어서 부사로 된 것

같이	굳이	길이	높이	많이	실없이
좋이	짓궂이				

4. '-히'가 붙어서 부사로 된 것

밝히	익히	작히

  다만, 어간에 '-이'나 '-음'이 붙어서 명사로 바뀐 것이라도 그 어간의 뜻과 멀어진 것은 원형을 밝히어 적지 아니한다.

굽도리	다리〔髢〕	목거리(목병)	무녀리
코끼리	거름(비료)	고름〔膿〕	노름(도박)

  〔붙임〕 어간에 '-이'나 '-음' 이외의 모음으로 시작된 접미사가 붙어서 다른 품
    사로 바뀐 것은 그 어간의 원형을 밝히어 적지 아니한다.

  (1) 명사로 바뀐 것

귀머거리	까마귀	너머	뜨더귀	마감
마개	마중	무덤	비렁뱅이	쓰레기
올가미	주검			

  (2) 부사로 바뀐 것

거뭇거뭇	너무	도로	뜨덤뜨덤	바투
불긋불긋	비로소	오긋오긋	자주	차마

  (3) 조사로 바뀌어 뜻이 달라진 것

나마	부터	조차

제20항 명사 뒤에 '-이'가 붙어서 된 말은 그 명사의 원형을 밝히어 적는다.

1. 부사로 된 것

   곳곳이　　낱낱이　　몫몫이　　살살이　　앞앞이　　집집이

2. 명사로 된 것

   곰배팔이　　　　바둑이　　　　삼발이　　　　애꾸눈이
   육손이　　　절뚝발이/절름발이

〔붙임〕'-이' 이외의 모음으로 시작된 접미사가 붙어서 된 말은 그 명사의 원
　　형을 밝히어 적지 아니한다.

   꼬락서니　　　끄트머리　　　모가치　　　바가지　　　바깥
   사타구니　　　싸라기　　　이파리　　　지붕　　　지푸라기　　　짜개

제21항 명사나 혹은 용언의 어간 뒤에 자음으로 시작된 접미사가 붙어서 된 말
은 그 명사나 어간의 원형을 밝히어 적는다.

1. 명사 뒤에 자음으로 시작된 접미사가 붙어서 된 것

   값지다　　홑지다　　넋두리　　빛깔　　옆댕이　　잎사귀

2. 어간 뒤에 자음으로 시작된 접미사가 붙어서 된 것

   낚시　　　　　늙정이　　　　덮개　　　　뜯게질
   갉작갉작하다　　갉작거리다　　뜯적거리다　　뜯적뜯적하다
   굵다랗다　　　굵직하다　　　깊숙하다　　　넓적하다
   높다랗다　　　늙수그레하다　얽죽얽죽하다

다만, 다음과 같은 말은 소리대로 적는다.

(1) 겹받침의 끝소리가 드러나지 아니하는 것

   할짝거리다　　　널따랗다　　　널찍하다　　　말끔하다
   말쑥하다　　　　말짱하다　　　실쭉하다　　　실큼하다
   얄따랗다　　　　얄팍하다　　　짤따랗다　　　짤막하다

실컷

(2) 어원이 분명하지 아니하거나 본뜻에서 멀어진 것
넙치   올무   골막하다   납작하다

제22항 용언의 어간에 다음과 같은 접미사들이 붙어서 이루어진 말들은 그 어간을 밝히어 적는다.

1. '-기-, -리-, -이-, -히-, -구-, -우-, -추-, -으키-, -이키-, -애-'가 붙는 것

맡기다	옮기다	웃기다	쫓기다	뚫리다
울리다	낚이다	쌓이다	핥이다	굳히다
굽히다	넓히다	앉히다	얽히다	잡히다
돋구다	솟구다	돋우다	갖추다	곧추다
맞추다	일으키다	돌이키다	없애다	

다만, '-이-, -히-, -우-'가 붙어서 된 말이라도 본뜻에서 멀어진 것은 소리대로 적는다.

도리다(칼로 ～)	드리다(용돈을 ～)	고치다
바치다(세금을 ～)	부치다(편지를 ～)	거두다
미루다	이루다	

2. '-치-, -뜨리-, -트리-'가 붙는 것

놓치다	덮치다	떠받치다	받치다	발치다
부딪치다	뻗치다	엎치다	부딪뜨리다/부딪트리다	
쏟뜨리다/쏟트리다	젖뜨리다/젖트리다			
찢뜨리다/찢트리다	흩뜨리다/흩트리다			

〔붙임〕 '-업-, -읍-, -브-'가 붙어서 된 말은 소리대로 적는다.
미덥다   우습다   미쁘다

제23항 '-하다'나 '-거리다'가 붙는 어근에 '-이'가 붙어서 명사가 된 것은 그 원형을 밝히어 적는다.(ㄱ을 취하고, ㄴ을 버림.)

ㄱ	ㄴ	ㄱ	ㄴ
깔쭉이	깔쭈기	살살이	살사리
꿀꿀이	꿀꾸리	쌕쌕이	쌕쌔기
눈깜짝이	눈깜짜기	오뚝이	오뚜기
더펄이	더퍼리	코납작이	코납자기
배불뚝이	배불뚜기	푸석이	푸서기
삐죽이	삐주기	홀쭉이	홀쭈기

〔붙임〕 '-하다'나 '-거리다'가 붙을 수 없는 어근에 '-이'나 또는 다른 모음으로 시작되는 접미사가 붙어서 명사가 된 것은 그 원형을 밝히어 적지 아니한다.

개구리	귀뚜라미	기러기	깍두기	꽹과리
날라리	누더기	동그라미	두드러기	딱따구리
매미	부스러기	뻐꾸기	얼루기	칼싹두기

제24항 '-거리다'가 붙을 수 있는 시늉말 어근에 '-이다'가 붙어서 된 용언은 그 어근을 밝히어 적는다.(ㄱ을 취하고, ㄴ을 버림.)

ㄱ	ㄴ	ㄱ	ㄴ
깜짝이다	깜짜기다	속삭이다	속사기다
꾸벅이다	꾸버기다	숙덕이다	숙더기다
끄덕이다	끄더기다	울먹이다	울머기다
뒤척이다	뒤처기다	움직이다	움지기다
들먹이다	들머기다	지껄이다	지꺼리다
망설이다	망서리다	퍼덕이다	퍼더기다
번득이다	번드기다	허덕이다	허더기다
번쩍이다	번쩌기다	헐떡이다	헐떠기다

제25항 '-하다'가 붙는 어근에 '-히'나 '-이'가 붙어서 부사가 되거나, 부사에 '-이'가 붙어서 뜻을 더하는 경우에는 그 어근이나 부사의 원형을 밝히어 적는다.

1. '-하다'가 붙는 어근에 '-히'나 '-이'가 붙는 경우
   급히   꾸준히   도저히   딱히   어렴풋이   깨끗이

〔붙임〕 '-하다'가 붙지 않는 경우에는 소리대로 적는다.
   갑자기   반드시(꼭)   슬며시

2. 부사에 '-이'가 붙어서 역시 부사가 되는 경우
   곰곰이   더욱이   생긋이   오뚝이   일찍이   해죽이

제26항 '-하다'나 '-없다'가 붙어서 된 용언은 그 '-하다'나 '-없다'를 밝히어 적는다.

1. '-하다'가 붙어서 용언이 된 것
   딱하다   숱하다   착하다   텁텁하다   푹하다

2. '-없다'가 붙어서 용언이 된 것
   부질없다   상없다   시름없다   열없다   하염없다

제4절 합성어 및 접두사가 붙은 말

제27항 둘 이상의 단어가 어울리거나 접두사가 붙어서 이루어진 말은 각각 그 원형을 밝히어 적는다.

국말이	꺾꽂이	꽃잎	끝장	물난리
밑천	부엌일	싫증	옷안	웃옷
젖몸살	첫아들	칼날	팥알	헛웃음
홀아비	홑몸	흙내		
값없다	겉늙다	굶주리다	낮잡다	맞먹다
받내다	벋놓다	빗나가다	빛나다	새파랗다
샛노랗다	시꺼멓다	싯누렇다	엇나가다	엎누르다
엿듣다	옻오르다	짓이기다	헛되다	

〔붙임 1〕 어원은 분명하나 소리만 특이하게 변한 것은 변한 대로 적는다.
　　　　할아버지　　　할아범

〔붙임 2〕 어원이 분명하지 아니한 것은 원형을 밝히어 적지 아니한다.
　　　　골병　　　　골탕　　　　끌탕　　　　며칠　　　　아재비
　　　　오라비　　　업신여기다　부리나케

〔붙임 3〕 '이〔齒, 虱〕'가 합성어나 이에 준하는 말에서 '니' 또는 '리'로 소리날
　　　때에는 '니'로 적는다.
　　　　간니　　　　덧니　　　　사랑니　　　송곳니　　　앞니
　　　　어금니　　　윗니　　　　젖니　　　　톱니　　　　틀니
　　　　가랑니　　　머릿니

제28항 끝소리가 'ㄹ'인 말과 딴 말이 어울릴 적에 'ㄹ' 소리가 나지 아니하는 것
　　　은 아니 나는 대로 적는다.
　　　　다달이(달-달-이)　　　따님(딸-님)　　　　마되(말-되)
　　　　마소(말-소)　　　　　무자위(물-자위)　　바느질(바늘-질)
　　　　부나비(불-나비)　　　부삽(불-삽)　　　　부손(불-손)
　　　　소나무(솔-나무)　　　싸전(쌀-전)　　　　여닫이(열-닫이)
　　　　우짖다(울-짖다)　　　화살(활-살)

제29항 끝소리가 'ㄹ'인 말과 딴 말이 어울릴 적에 'ㄹ' 소리가 'ㄷ' 소리로 나는
　　　것은 'ㄷ'으로 적는다.
　　　　반짇고리(바느질~)　　사흗날(사흘~)　　　삼짇날(삼질~)
　　　　섣달(설~)　　　　　　숟가락(술~)　　　　이튿날(이틀~)
　　　　잗주름(잘~)　　　　　푿소(풀~)　　　　　섣부르다(설~)
　　　　잗다듬다(잘~)　　　　잗다랗다(잘~)

제30항 사이시옷은 다음과 같은 경우에 받치어 적는다.

1. 순 우리말로 된 합성어로서 앞말이 모음으로 끝난 경우
　(1) 뒷말의 첫소리가 된소리로 나는 것

고랫재	귓밥	나룻배	나뭇가지	냇가
댓가지	뒷갈망	맷돌	머릿기름	모깃불
못자리	바닷가	뱃길	볏가리	부싯돌
선짓국	쇳조각	아랫집	우렁잇속	잇자국
잿더미	조갯살	찻집	쳇바퀴	킷값
핏대	햇볕	혓바늘		

(2) 뒷말의 첫소리 'ㄴ, ㅁ' 앞에서 'ㄴ' 소리가 덧나는 것

멧나물	아랫니	텃마당	아랫마을	뒷머리
잇몸	깻묵	냇물	빗물	

(3) 뒷말의 첫소리 모음 앞에서 'ㄴㄴ' 소리가 덧나는 것

도리깻열	뒷윷	두렛일	뒷일	뒷입맛
베갯잇	욧잇	깻잎	나뭇잎	댓잎

2. 순 우리말과 한자어로 된 합성어로서 앞말이 모음으로 끝난 경우
   (1) 뒷말의 첫소리가 된소리로 나는 것

귓병	머릿방	뱃병	봇둑	사잣밥
샛강	아랫방	자릿세	전셋집	찻잔
찻종	촛국	콧병	태줄	텃세
핏기	햇수	횟가루	횟배	

   (2) 뒷말의 첫소리 'ㄴ, ㅁ' 앞에서 'ㄴ' 소리가 덧나는 것

곗날	제삿날	훗날	툇마루	양칫물

   (3) 뒷말의 첫소리 모음 앞에서 'ㄴㄴ' 소리가 덧나는 것

가욋일	사삿일	예삿일	훗일

3. 두 음절로 된 다음 한자어
   곳간(庫間) 셋방(貰房) 숫자(數字) 찻간(車間) 툇간(退間) 횟수(回數)

제31항 두 말이 어울릴 적에 'ㅂ' 소리나 'ㅎ' 소리가 덧나는 것은 소리대로 적는다.
　1. 'ㅂ' 소리가 덧나는 것

댑싸리(대ㅂ싸리)	멥쌀(메ㅂ쌀)	볍씨(벼ㅂ씨)	입때(이ㅂ때)
입쌀(이ㅂ쌀)	접때(저ㅂ때)	좁쌀(조ㅂ쌀)	햅쌀(해ㅂ쌀)

　2. 'ㅎ' 소리가 덧나는 것

머리카락(머리ㅎ가락)	살코기(살ㅎ고기)	수캐(수ㅎ개)	수컷(수ㅎ것)
수탉(수ㅎ닭)	안팎(안ㅎ밖)	암캐(암ㅎ개)	암컷(암ㅎ것)	암탉(암ㅎ닭)

제5절　준　말

제32항　단어의 끝모음이 줄어지고 자음만 남은 것은 그 앞의 음절에 받침으로 적는다.[2]

(본말)	(준말)
기러기야	기럭아
어제그저께	엊그저께
어제저녁	엊저녁
가지고, 가지지	갖고, 갖지
디디고, 디디지	딛고, 딛지

제33항　체언과 조사가 어울려 줄어지는 경우에는 준 대로 적는다.

(본말)	(준말)
그것은	그건
그것이	그게
그것으로	그걸로
나는	난
나를	날
너는	넌
너를	널
무엇을	뭣을/무얼/뭘

---

2 고시본에서 보였던 '온갖, 온가지' 중 '온가지'는 '표준어 규정' 제14항에서 비표준어로 처리하였으므로 삭제하였다.

무엇이   뭣이/무에

제34항 모음 'ㅏ, ㅓ'로 끝난 어간에 '-아/-어, -았-/-었-'이 어울릴 적에는 준
대로 적는다.

(본말)	(준말)	(본말)	(준말)
가아	가	가았다	갔다
나아	나	나았다	났다
타아	타	타았다	탔다
서어	서	서었다	섰다
켜어	켜	켜었다	켰다
펴어	펴	펴었다	폈다

〔붙임 1〕 'ㅐ, ㅔ' 뒤에 '-어, -었-'이 어울려 줄 적에는 준 대로 적는다.

(본말)	(준말)	(본말)	(준말)
개어	개	개었다	갰다
내어	내	내었다	냈다
베어	베	베었다	벴다
세어	세	세었다	셌다

〔붙임 2〕 '하여'가 한 음절로 줄어서 '해'로 될 적에는 준 대로 적는다.

(본말)	(준말)	(본말)	(준말)
하여	해	하였다	했다
더하여	더해	더하였다	더했다
흔하여	흔해	흔하였다	흔했다

제35항 모음 'ㅗ, ㅜ'로 끝난 어간에 '-아/-어, -았-/-었-'이 어울려 'ㅘ/ㅝ, ㅙ/
ㅞ'으로 될 적에는 준 대로 적는다.

(본말)	(준말)	(본말)	(준말)
꼬아	꽈	꼬았다	꽜다
보아	봐	보았다	봤다
쏘아	쏴	쏘았다	쐈다
두어	둬	두었다	뒀다

쑤어	쒀	쑤었다	쒔다
주어	줘	주었다	줬다

〔붙임 1〕 '놓아'가 '놔'로 줄 적에는 준 대로 적는다.

〔붙임 2〕 'ㅚ' 뒤에 '-어, -었-'이 어울려 'ㅙ, ㅙㅆ'으로 될 적에도 준 대로 적는다.

(본말)	(준말)	(본말)	(준말)
괴어	괘	괴었다	괬다
되어	돼	되었다	됐다
뵈어	봬	뵈었다	뵀다
쇠어	쇄	쇠었다	쇘다
쐬어	쐐	쐬었다	쐤다

제36항 'ㅣ' 뒤에 '-어'가 와서 'ㅕ'로 줄 적에는 준 대로 적는다.

(본말)	(준말)	(본말)	(준말)
가지어	가져	가지었다	가졌다
견디어	견뎌	견디었다	견뎠다
다니어	다녀	다니었다	다녔다
막히어	막혀	막히었다	막혔다
버티어	버텨	버티었다	버텼다
치이어	치여	치이었다	치였다

제37항 'ㅏ, ㅕ, ㅗ, ㅜ, ㅡ'로 끝난 어간에 '-이-'가 와서 각각 'ㅐ, ㅖ, ㅚ, ㅟ, ㅢ'로 줄 적에는 준 대로 적는다.

(본말)	(준말)	(본말)	(준말)
싸이다	쌔다	누이다	뉘다
펴이다	폐다	뜨이다	띄다
보이다	뵈다	쓰이다	씌다

제38항 'ㅏ, ㅗ, ㅜ, ㅡ' 뒤에 '-이어'가 어울려 줄어질 적에는 준 대로 적는다.

(본말)	(준말)		(본말)	(준말)	
싸이어	쌔어	싸여	뜨이어	띄어	
보이어	뵈어	보여	쓰이어	씌어	쓰여
쏘이어	쐬어	쏘여	트이어	틔어	트여
누이어	뉘어	누여			

제39항 어미 '-지' 뒤에 '않-'이 어울려 '-잖-'이 될 적과 '-하지' 뒤에 '않-'이 어울려 '-찮-'이 될 적에는 준 대로 적는다.

(본말)	(준말)	(본말)	(준말)
그렇지 않은	그렇잖은	만만하지 않다	만만찮다
적지 않은	적잖은	변변하지 않다	변변찮다

제40항 어간의 끝음절 '하'의 'ㅏ'가 줄고 'ㅎ'이 다음 음절의 첫소리와 어울려 거센소리로 될 적에는 거센소리로 적는다.

(본말)	(준말)	(본말)	(준말)
간편하게	간편케	다정하다	다정타
연구하도록	연구토록	정결하다	정결타
가하다	가타	흔하다	흔타

〔붙임 1〕 'ㅎ'이 어간의 끝소리로 굳어진 것은 받침으로 적는다.

않다	않고	않지	않든지
그렇다	그렇고	그렇지	그렇든지
아무렇다	아무렇고	아무렇지	아무렇든지
어떻다	어떻고	어떻지	어떻든지
이렇다	이렇고	이렇지	이렇든지
저렇다	저렇고	저렇지	저렇든지

〔붙임 2〕 어간의 끝음절 '하'가 아주 줄 적에는 준 대로 적는다.

(본말)	(준말)	(본말)	(준말)
거북하지	거북지	넉넉하지 않다	넉넉지 않다
생각하건대	생각건대	못하지 않다	못지않다

생각하다 못해	생각다 못해	섭섭하지 않다	섭섭지 않다
깨끗하지 않다	깨끗지 않다	익숙하지 않다	익숙지 않다

〔붙임 3〕 다음과 같은 부사는 소리대로 적는다.

결단코	결코	기필코	무심코	아무튼	요컨대
정녕코	필연코	하마터면	하여튼	한사코

제5장 띄어쓰기

제1절 조 사

제41항 조사는 그 앞말에 붙여 쓴다.

꽃이	꽃마저	꽃밖에	꽃에서부터	꽃으로만
꽃이나마	꽃이다	꽃입니다	꽃처럼	어디까지나
거기도	멀리는	웃고만		

제2절 의존 명사, 단위를 나타내는 명사 및 열거하는 말 등

제42항 의존 명사는 띄어 쓴다.

아는 **것**이 힘이다.	나도 할 **수** 있다.
먹을 **만큼** 먹어라.	아는 **이**를 만났다.
네가 뜻한 **바**를 알겠다.	그가 떠난 **지**가 오래다

제43항 단위를 나타내는 명사는 띄어 쓴다.

한 **개**	차 한 **대**	금 서 **돈**	소 한 **마리**
옷 한 **벌**	열 **살**	조기 한 **손**	연필 한 **자루**
버선 한 **죽**	집 한 **채**	신 두 **켤레**	북어 한 **쾌**

다만, 순서를 나타내는 경우나 숫자와 어울리어 쓰이는 경우에는 붙여 쓸 수 있다.

두시 삼십**분** 오**초**	제일**과**	삼학년
육**층**	1446년 10월 9일	2**대대**
16**동** 502**호**	제1**실습실**	80원
10개	7**미터**	

제44항 수를 적을 적에는 '만(萬)' 단위로 띄어 쓴다.

십이억 삼천사백오십육만 칠천팔백구십팔   12억 3456만 7898

제45항 두 말을 이어 주거나 열거할 적에 쓰이는 다음의 말들은 띄어 쓴다.

국장 **겸** 과장	열 **내지** 스물	청군 **대** 백군
책상, 걸상 **등**이 있다	이사장 **및** 이사들	사과, 배, 귤 **등등**
사과, 배 **등속**	부산, 광주 **등지**	

제46항 단음절로 된 단어가 연이어 나타날 적에는 붙여 쓸 수 있다.

그때 그곳   좀더 큰것   이말 저말   한잎 두잎

제3절 보조 용언

제47항 보조 용언은 띄어 씀을 원칙으로 하되, 경우에 따라 붙여 씀도 허용한
다.(ㄱ을 원칙으로 하고, ㄴ을 허용함.)

ㄱ	ㄴ
불이 꺼져 **간다**.	불이 꺼져**간다**.
내 힘으로 막아 **낸다**.	내 힘으로 막아**낸다**.
어머니를 도와 **드린다**.	어머니를 도와**드린다**.
그릇을 깨뜨려 **버렸다**.	그릇을 깨뜨려**버렸다**.
비가 올 **듯하다**.	비가 올**듯하다**.
그 일은 할 **만하다**.	그 일은 할**만하다**.
일이 될 **법하다**.	일이 될**법하다**.
비가 올 **성싶다**.	비가 올**성싶다**.
잘 아는 **척한다**.	잘 아는**척한다**.

다만, 앞말에 조사가 붙거나 앞말이 합성 동사인 경우, 그리고 중간에 조사

가 들어갈 적에는 그 뒤에 오는 보조 용언은 띄어 쓴다.

잘도 놀아만 **나는구나!**　　　　책을 읽어도 **보고…….**

네가 덤벼들어 **보아라.**　　　　강물에 떠내려가 **버렸다.**

그가 올 듯도 **하다.**　　　　잘난 체를 **한다.**

제4절　고유 명사 및 전문 용어

제48항　성과 이름, 성과 호 등은 붙여 쓰고, 이에 덧붙는 호칭어, 관직명 등은 띄어 쓴다.

김양수(金良洙)　　　　서화담(徐花潭)　　　　채영신 씨

최치원 선생　　　　박동식 박사　　　　충무공 이순신 장군

다만, 성과 이름, 성과 호를 분명히 구분할 필요가 있을 경우에는 띄어 쓸 수 있다.

남궁억/남궁 억　　　　독고준/독고 준　　　　황보지봉(皇甫芝峰)/황보 지봉

제49항　성명 이외의 고유 명사는 단어별로 띄어 씀을 원칙으로 하되, 단위별로 띄어 쓸 수 있다.(ㄱ을 원칙으로 하고, ㄴ을 허용함.)

ㄱ	ㄴ
대한 중학교	대한중학교
한국 대학교 사범 대학	한국대학교 사범대학

제50항　전문 용어는 단어별로 띄어 씀을 원칙으로 하되, 붙여 쓸 수 있다.(ㄱ을 원칙으로 하고, ㄴ을 허용함.)

ㄱ	ㄴ
만성 골수성 백혈병	만성골수성백혈병
중거리 탄도 유도탄	중거리탄도유도탄

제6장 그 밖의 것

제51항 부사의 끝음절이 분명히 '이'로만 나는 것은 '-이'로 적고, '히'로만 나거나 '이'나 '히'로 나는 것은 '-히'로 적는다.

1. '이'로만 나는 것

가붓이	깨끗이	나붓이	느긋이	둥긋이	따뜻이
반듯이	버젓이	산뜻이	의젓이	가까이	고이날
카로이	대수로이	번거로이	많이	적이	헛되이
겹겹이	번번이	일일이	집집이	틈틈이	

2. '히'로만 나는 것

극히	급히	딱히	속히	작히
족히	특히	엄격히	정확히	

3. '이, 히'로 나는 것

솔직히	가만히	간편히	나른히	무단히
각별히	소홀히	쓸쓸히	정결히	과감히
꼼꼼히	심히	열심히	급급히	답답히
섭섭히	공평히	능히	당당히	분명히
상당히	조용히	간소히	고요히	도저히

제52항 한자어에서 본음으로도 나고 속음으로도 나는 것은 각각 그 소리에 따라 적는다.

(본음으로 나는 것)	(속음으로 나는 것)
승낙(承諾)	수락(受諾), 쾌락(快諾), 허락(許諾)
만난(萬難)	곤란(困難), 논란(論難)
안녕(安寧)	의령(宜寧), 회령(會寧)
분노(忿怒)	대로(大怒), 희로애락(喜怒哀樂)
토론(討論)	의논(議論)
오륙십(五六十)	오뉴월, 유월(六月)
목재(木材)	모과(木瓜)

십일(十日)   시방정토(十方淨土), 시왕(十王), 시월(十月)

팔일(八日)   초파일(初八日)

제53항 다음과 같은 어미는 예사소리로 적는다.(ㄱ을 취하고, ㄴ을 버림.)

ㄱ	ㄴ
-(으)ㄹ거나	-(으)ㄹ꺼나
-(으)ㄹ걸	-(으)ㄹ껄
-(으)ㄹ게	-(으)ㄹ께
-(으)ㄹ세	-(으)ㄹ쎄
-(으)ㄹ세라	-(으)ㄹ쎄라
-(으)ㄹ수록	-(으)ㄹ쑤록
-(으)ㄹ시	-(으)ㄹ씨
-(으)ㄹ지	-(으)ㄹ찌
-(으)ㄹ지니라	-(으)ㄹ찌니라
-(으)ㄹ지라도	-(으)ㄹ찌라도
-(으)ㄹ지어다	-(으)ㄹ찌어다
-(으)ㄹ지언정	-(으)ㄹ찌언정
-(으)ㄹ진대	-(으)ㄹ찐대
-(으)ㄹ진저	-(으)ㄹ찐저
-올시다	-올씨다

다만, 의문을 나타내는 다음 어미들은 된소리로 적는다.

-(으)ㄹ까?   -(으)ㄹ꼬?   -(스)ㅂ니까?   -(으)리까?

-(으)ㄹ쏘냐?

제54항 다음과 같은 접미사는 된소리로 적는다.(ㄱ을 취하고, ㄴ을 버림.)

ㄱ	ㄴ	ㄱ	ㄴ
심부름꾼	심부름군	귀때기	귓대기
익살꾼	익살군	볼때기	볼대기
일꾼	일군	판자때기	판잣대기
장꾼	장군	뒤꿈치	뒷굼치
장난꾼	장난군	팔꿈치	팔굼치
지게꾼	지겟군	이마빼기	이맛배기

때깔	땟갈	코빼기	콧배기
빛깔	빛갈	객쩍다	객적다
성깔	성갈	겸연쩍다	겸연적다

제55항 두 가지로 구별하여 적던 다음 말들은 한 가지로 적는다.(ㄱ을 취하고, ㄴ을 버림.)

ㄱ	ㄴ
맞추다(입을 맞춘다. 양복을 맞춘다.)	마추다
뻗치다(다리를 뻗친다. 멀리 뻗친다.)	뻐치다

제56항 '-더라, -던'과 '-든지'는 다음과 같이 적는다.

1. 지난 일을 나타내는 어미는 '-더라, -던'으로 적는다.(ㄱ을 취하고, ㄴ을 버림.)

ㄱ	ㄴ
지난 겨울은 몹시 춥더라.	지난 겨울은 몹시 춥드라.
깊던 물이 얕아졌다.	깊든 물이 얕아졌다.
그렇게 좋던가?	그렇게 좋든가?
그 사람 말 잘하던데!	그 사람 말 잘하든데!
얼마나 놀랐던지 몰라.	얼마나 놀랐든지 몰라.

2. 물건이나 일의 내용을 가리지 아니하는 뜻을 나타내는 조사와 어미는 '(-)든지'로 적는다.(ㄱ을 취하고, ㄴ을 버림.)

ㄱ	ㄴ
배든지 사과든지 마음대로 먹어라	배던지 사과던지 마음대로 먹어라
가든지 오든지 마음대로 해라.	가던지 오던지 마음대로 해라.

제57항 다음 말들은 각각 구별하여 적는다.

가름	둘로 가름.
갈음	새 책상으로 갈음하였다.
거름	풀을 썩인 거름.
걸음	빠른 걸음.

거치다	영월을 거쳐 왔다.
걷히다	외상값이 잘 걷힌다.
걷잡다	걷잡을 수 없는 상태.
겉잡다	겉잡아서 이틀 걸릴 일.
그러므로(그러니까)	그는 부지런하다. 그러므로 잘 산다.
그럼으로(써)	그는 열심히 공부한다. 그럼으로(써)
(그렇게 하는 것으로)	은혜에 보답한다.
노름	노름판이 벌어졌다.
놀음(놀이)	즐거운 놀음.
느리다	진도가 너무 느리다.
늘이다	고무줄을 늘인다.
늘리다	수출량을 더 늘린다.
다리다	옷을 다린다.
달이다	약을 달인다.
다치다	부주의로 손을 다쳤다.
닫히다	문이 저절로 닫혔다.
닫치다	문을 힘껏 닫쳤다.
마치다	벌써 일을 마쳤다.
맞히다	여러 문제를 더 맞혔다.
목거리	목거리가 덧났다.
목걸이	금 목걸이, 은 목걸이.
바치다	나라를 위해 목숨을 바쳤다.
받치다	우산을 받치고 간다.
	책받침을 받친다.
받히다	쇠뿔에 받혔다.
밭치다	술을 체에 밭친다.
반드시	약속은 반드시 지켜라.
반듯이	고개를 반듯이 들어라.

부딪치다	차와 차가 마주 부딪쳤다.
부딪히다	마차가 화물차에 부딪혔다.
부치다	힘이 부치는 일이다.
	편지를 부친다.
	논밭을 부친다.
	빈대떡을 부친다.
	식목일에 부치는 글.
	회의에 부치는 안건.
	인쇄에 부치는 원고.
	삼촌 집에 숙식을 부친다.
붙이다	우표를 붙인다.
	책상을 벽에 붙였다.
	홍정을 붙인다.
	불을 붙인다.
	감시원을 붙인다.
	조건을 붙인다.
	취미를 붙인다.
	별명을 붙인다.
시키다	일을 시킨다.
식히다	끓인 물을 식힌다.
아름	세 아름 되는 둘레.
알음	전부터 알음이 있는 사이.
앎	앎이 힘이다.
안치다	밥을 안친다.
앉히다	윗자리에 앉힌다.
어름	두 물건의 어름에서 일어난 현상.
얼음	얼음이 얼었다.

이따가	이따가 오너라.
있다가	돈은 있다가도 없다.
저리다	다친 다리가 저린다.
절이다	김장 배추를 절인다.
조리다	생선을 조린다. 통조림, 병조림.
졸이다	마음을 졸인다.
주리다	여러 날을 주렸다.
줄이다	비용을 줄인다.
하노라고	하노라고 한 것이 이 모양이다.
하느라고	공부하느라고 밤을 새웠다.
-느니보다(어미)	나를 찾아오느니보다 집에 있거라.
-는 이보다(의존 명사)	오는 이가 가는 이보다 많다.
-(으)리만큼(어미)	나를 미워하리만큼 그에게 잘못한 일이 없다
-(으)ㄹ 이만큼(의존 명사)	찬성할 이도 반대할 이만큼이나 많을 것이다.
-(으)러(목적)	공부하러 간다.
-(으)려(의도)	서울 가려 한다.
-(으)로서(자격)	사람으로서 그럴 수는 없다.
-(으)로써(수단)	닭으로써 꿩을 대신했다.
-(으)므로(어미)	그가 나를 믿으므로 나도 그를 믿는다.
(-ㅁ, -음)으로(써)(조사)	그는 믿음으로(써) 산 보람을 느꼈다.

문장 부호

문장 부호의 이름과 그 사용법은 다음과 같이 정한다.

I. 마침표〔終止符〕

1. 온점(.), 고리점(。)
   가로쓰기에는 온점, 세로쓰기에는 고리점을 쓴다.

   (1) 서술, 명령, 청유 등을 나타내는 문장의 끝에 쓴다.
       젊은이는 나라의 기둥이다.
       황금 보기를 돌같이 하라.
       집으로 돌아가자.

   다만, 표제어나 표어에는 쓰지 않는다.
       압록강은 흐른다(표제어)
       꺼진 불도 다시 보자(표어)

   (2) 아라비아 숫자만으로 연월일을 표시할 적에 쓴다.
       1919. 3. 1. (1919년 3월 1일)

   (3) 표시 문자 다음에 쓴다.
       1. 마침표   ㄱ. 물음표   가. 인명

   (4) 준말을 나타내는 데 쓴다.
       서. 1987. 3. 5. (서기)

2. 물음표(?)
   의심이나 물음을 나타낸다.

(1) 직접 질문할 때에 쓴다.

　　이제 가면 언제 돌아오니?

　　이름이 뭐지?

(2) 반어나 수사 의문(修辭疑問)을 나타낼 때 쓴다.

　　제가 감히 거역할 리가 있습니까?

　　이게 은혜에 대한 보답이냐?

　　남북 통일이 되면 얼마나 좋을까?

(3) 특정한 어구 또는 그 내용에 대하여 의심이나 빈정거림, 비웃음 등을 표시할 때, 또는 적절한 말을 쓰기 어려운 경우에 소괄호 안에 쓴다.

　　그것 참 훌륭한(?) 태도야.

　　우리 집 고양이가 가출(?)을 했어요.

〔붙임 1〕 한 문장에서 몇 개의 선택적인 물음이 겹쳤을 때에는 맨 끝의 물음에만 쓰지만, 각각 독립된 물음인 경우에는 물음마다 쓴다.

　　너는 한국인이냐, 중국인이냐?

　　너는 언제 왔니? 어디서 왔니? 무엇하러?

〔붙임 2〕 의문형 어미로 끝나는 문장이라도 의문의 정도가 약할 때에는 물음표 대신 온점(또는 고리점)을 쓸 수도 있다.

　　이 일을 도대체 어쩐단 말이냐.

　　아무도 그 일에 찬성하지 않을 거야. 혹 미친 사람이면 모를까.

3. 느낌표(!)

　감탄이나 놀람, 부르짖음, 명령 등 강한 느낌을 나타낸다.

(1) 느낌을 힘차게 나타내기 위해 감탄사나 감탄형 종결 어미 다음에 쓴다.

　　앗!

　　아, 달이 밝구나!

(2) 강한 명령문 또는 청유문에 쓴다.

지금 즉시 대답해!

부디 몸조심하도록!

(3) 감정을 넣어 다른 사람을 부르거나 대답할 적에 쓴다.

춘향아!

예, 도련님!

(4) 물음의 말로써 놀람이나 항의의 뜻을 나타내는 경우에 쓴다.

이게 누구야!

내가 왜 나빠!

〔붙임〕 감탄형 어미로 끝나는 문장이라도 감탄의 정도가 약할 때에는 느낌표 대신 온점(또는 고리점)을 쓸 수도 있다.

개구리가 나온 것을 보니, 봄이 오긴 왔구나.

Ⅱ. 쉼표〔休止符〕

1. 반점(,), 모점(、)

가로쓰기에는 반점, 세로쓰기에는 모점을 쓴다.

문장 안에서 짧은 휴지를 나타낸다.

(1) 같은 자격의 어구가 열거될 때에 쓴다.

근면, 검소, 협동은 우리 겨레의 미덕이다.

충청도의 계룡산, 전라도의 내장산, 강원도의 설악산은 모두 국립 공원이다.

다만, 조사로 연결될 적에는 쓰지 않는다.

매화와 난초와 국화와 대나무를 사군자라고 한다.

(2) 짝을 지어 구별할 필요가 있을 때에 쓴다.

　　닭과 지네, 개와 고양이는 상극이다.

(3) 바로 다음의 말을 꾸미지 않을 때에 쓴다.

　　슬픈 사연을 간직한, 경주 불국사의 무영탑.

　　성질 급한, 철수의 누이동생이 화를 내었다.

(4) 대등하거나 종속적인 절이 이어질 때에 절 사이에 쓴다.

　　콩 심으면 콩 나고, 팥 심으면 팥 난다.

　　흰 눈이 내리니, 경치가 더욱 아름답다.

(5) 부르는 말이나 대답하는 말 뒤에 쓴다.

　　얘야, 이리 오너라.

　　예, 지금 가겠습니다.

(6) 제시어 다음에 쓴다.

　　빵, 빵이 인생의 전부이더냐?

　　용기, 이것이야말로 무엇과도 바꿀 수 없는 젊은이의 자산이다.

(7) 도치된 문장에 쓴다.

　　이리 오세요, 어머님.

　　다시 보자, 한강수야.

(8) 가벼운 감탄을 나타내는 말 뒤에 쓴다.

　　아, 깜빡 잊었구나.

(9) 문장 첫머리의 접속이나 연결을 나타내는 말 다음에 쓴다.

　　첫째, 몸이 튼튼해야 된다.

　　아무튼, 나는 집에 돌아가겠다.

다만, 일반적으로 쓰이는 접속어(그러나, 그러므로, 그리고, 그런데 등) 뒤에는 쓰지 않음을 원칙으로 한다.
그러나 너는 실망할 필요가 없다.

(10) 문장 중간에 끼어든3 구절 앞뒤에 쓴다.
나는, 솔직히 말하면, 그 말이 별로 탐탁하지 않소.
철수는 미소를 띠고, 속으로는 화가 치밀었지만, 그들을 맞았다.

(11) 되풀이를 피하기 위하여 한 부분을 줄일 때에 쓴다.
여름에는 바다에서, 겨울에는 산에서 휴가를 즐겼다.

(12) 문맥상 끊어 읽어야 할 곳에 쓴다.
갑돌이가 울면서, 떠나는 갑순이를 배웅했다.
갑돌이가, 울면서 떠나는 갑순이를 배웅했다.
철수가, 내가 제일 좋아하는 친구이다.
남을 괴롭히는 사람들은, 만약 그들이 다른 사람에게 괴롭힘을 당해 본다
면, 남을 괴롭히는 일이 얼마나 나쁜 일인지 깨달을 것이다.

(13) 숫자를 나열할 때에 쓴다.
1, 2, 3, 4

(14) 수의 폭이나 개략의 수를 나타낼 때에 쓴다.
5, 6 세기   6, 7 개

(15) 수의 자릿점을 나타낼 때에 쓴다.
14,314

2. 가운뎃점(·)
열거된 여러 단위가 대등하거나 밀접한 관계임을 나타낸다.

(1) 쉼표로 열거된 어구가 다시 여러 단위로 나누어질 때에 쓴다.

---

3 이 경우, '끼어들다'냐 '끼여들다'냐에 대하여 논란의 여지가 있으나, 여기에서는 고시본대로 두기로 한다. 이하 같다.

Syntopical Essay Art

철수·영이, 영수·순이가 서로 짝이 되어 윷놀이를 하였다.
공주·논산, 천안·아산·천원 등 각 지역구에서 2명씩 국회 의원을 뽑는다.
시장에 가서 사과·배·복숭아, 고추·마늘·파, 조기·명태·고등어를 샀다.

(2) 특정한 의미를 가지는 날을 나타내는 숫자에 쓴다.

3·1 운동   8·15 광복

(3) 같은 계열의 단어 사이에 쓴다.

경북 방언의 조사·연구
충북·충남 두 도를 합하여 충청도라고 한다.
동사·형용사를 합하여 용언이라고 한다.

3. 쌍점(:)

(1) 내포되는 종류를 들 적에 쓴다.

문장 부호: 마침표, 쉼표, 따옴표, 묶음표 등.
문방 사우: 붓, 먹, 벼루, 종이.

(2) 소표제 뒤에 간단한 설명이 붙을 때에 쓴다.

일시: 1984 년 10 월 15 일 10 시.
마침표: 문장이 끝남을 나타낸다.

(3) 저자명 다음에 저서명을 적을 때에 쓴다.

정약용: 목민심서, 경세유표.
주시경: 국어 문법, 서울 박문 서관, 1910.

(4) 시(時)와 분(分), 장(章)과 절(節) 따위를 구별할 때나, 둘 이상을 대비
할 때에 쓴다.

오전 10:20 (오전 10 시 20 분)
요한 3:16 (요한 복음 3 장 16 절)[4]
대비 65:60 (65 대 60)

---

4 이 규정집에서 '편(編)·부(部)·장(章)·항(項)'이 아라비아 숫자와 결합하여 쓰이는 경우 등은 편의상 띄어쓰기의 허용 쪽
을 따라 붙여 썼으나,(일러두기의 3번을 참조함.) 이 용례는 고시본대로 보이기로 한다.

4. 빗금(/)

  (1) 대응, 대립되거나 대등한 것을 함께 보이는 단어와 구, 절 사이에 쓴다.

    남궁만/남궁 만   백이십오 원/125 원

    착한 사람/악한 사람   맞닥뜨리다/맞닥트리다

  (2) 분수를 나타낼 때에 쓰기도 한다.

    3/4 분기   3/20

Ⅲ. 따옴표〔引用符〕

1. 큰따옴표(" "), 겹낫표(『 』)

가로쓰기에는 큰따옴표, 세로쓰기에는 겹낫표를 쓴다.

대화, 인용, 특별 어구 따위를 나타낸다.

  (1) 글 가운데서 직접 대화를 표시할 때에 쓴다.

    "전기가 없었을 때는 어떻게 책을 보았을까?"

    "그야 등잔불을 켜고 보았겠지."

  (2) 남의 말을 인용할 경우에 쓴다.

    예로부터 "민심은 천심이다."라고 하였다.

    "사람은 사회적 동물이다."라고 말한 학자가 있다.

2. 작은따옴표(' '), 낫표(「 」)

가로쓰기에는 작은따옴표, 세로쓰기에는 낫표를 쓴다.

  (1) 따온 말 가운데 다시 따온 말이 들어 있을 때에 쓴다.

    "여러분! 침착해야 합니다. '하늘이 무너져도 솟아날 구멍이 있다.'고 합니다."

  (2) 마음속으로 한 말을 적을 때에 쓴다.

'만약 내가 이런 모습으로 돌아간다면, 모두들 깜짝 놀라겠지.'

〔붙임〕 문장에서 중요한 부분을 두드러지게 하기 위해 드러냄표 대신에 쓰기
　도 한다.
　　지금 필요한 것은 '지식'이 아니라 '실천'입니다.
　　'배부른 돼지'보다는 '배고픈 소크라테스'가 되겠다.

Ⅳ. 묶음표〔括弧符〕

1. 소괄호(( ))

　(1) 원어, 연대, 주석, 설명 등을 넣을 적에 쓴다.
　　　커피(coffee)는 기호 식품이다.
　　　3·1 운동(1919) 당시 나는 중학생이었다.
　　　'무정(無情)'은 춘원(6·25 때 납북)의 작품이다.
　　　니체(독일의 철학자)는 이렇게 말했다.

　(2) 특히 기호 또는 기호적인 구실을 하는 문자, 단어, 구에 쓴다.
　　　(1) 주어　　　(ㄱ) 명사　　　(라) 소리에 관한 것

　(3) 빈 자리임을 나타낼 적에 쓴다.
　　　우리 나라의 수도는 (　　)이다.

2. 중괄호({ })
　여러 단위를 동등하게 묶어서 보일 때에 쓴다.

주격 조사 { 이 / 가 }　　　　국가의 3 요소 { 국토 / 국민 / 주민 }

3. 대괄호(〔 〕)

(1) 묶음표 안의 말이 바깥 말과 음이 다를 때에 쓴다.
    나이〔年歲〕   낱말〔單語〕   手足〔손발〕

(2) 묶음표 안에 또 묶음표가 있을 때에 쓴다.
    명령에 있어서의 불확실〔단호(斷乎)하지 못함〕은 복종에 있어서의 불확실〔모호(模糊)함〕을 낳는다.

V. 이음표〔連結符〕

1. 줄표 (—)
이미 말한 내용을 다른 말로 부연하거나 보충함을 나타낸다.
  (1) 문장 중간에 앞의 내용에 대해 부연하는 말이 끼여들 때 쓴다.
      그 신동은 네 살에 — 보통 아이 같으면 천자문도 모를 나이에 — 벌써 시를 지었다.

  (2) 앞의 말을 정정 또는 변명하는 말이 이어질 때 쓴다.
      어머님께 말했다가 — 아니, 말씀드렸다가 — 꾸중만 들었다.
      이건 내 것이니까 — 아니, 내가 처음 발견한 것이니까 — 절대로 양보할 수가 없다.

2. 붙임표(-)

  (1) 사전, 논문 등에서 합성어를 나타낼 적에, 또는 접사나 어미임을 나타낼 적에 쓴다.
      겨울-나그네   불-구경   손-발
      휘-날리다   슬기-롭다   -(으)ㄹ걸

(2) 외래어와 고유어 또는 한자어가 결합되는 경우에 쓴다.

나일론-실   디-장조   빛-에너지   염화-칼륨

3. 물결표(∼)

(1) '내지'라는 뜻에 쓴다.

9월 15일 ∼ 9월 25일

(2) 어떤 말의 앞이나 뒤에 들어갈 말 대신 쓴다.

새마을: ∼ 운동   ∼ 노래
-가(家):   음악∼   미술∼

Ⅵ. 드러냄표〔顯在符〕

1. 드러냄표(˙, ˚)5

· 이나 ˚을 가로쓰기에는 글자 위에, 세로쓰기에는 글자 오른쪽에 쓴다.

문장 내용 중에서 주의가 미쳐야 할 곳이나 중요한 부분을 특별히 드러내 보일 때 쓴다.

한글의 본 이름은 훈민정음이다.

중요한 것은 왜 사느냐가 아니라 어떻게 사느냐 하는 문제이다.

〔붙임〕 가로쓰기에서는 밑줄(＿, ∼∼∼∼)을 치기도 한다.

다음 보기에서 명사가 아닌 것은?

---

5 고시본에는 (˚, ˙)의 순으로 되어 있으나, 사용법에 대한 규정문이나 용례에서 '˙'을 앞세웠으므로 이와 같이 제시하였다.

Ⅶ. 안드러냄표〔潛在符〕

1. 숨김표(××, ○○)

알면서도 고의로 드러내지 않음을 나타낸다.

(1) 금기어나 공공연히 쓰기 어려운 비속어의 경우, 그 글자의 수효만큼 쓴다.

배운 사람 입에서 어찌 ○○○란 말이 나올 수 있느냐?

그 말을 듣는 순간 ×××란 말이 목구멍까지 치밀었다.

(2) 비밀을 유지할 사항일 경우, 그 글자의 수효만큼 쓴다.

육군 ○○부대 ○○○ 명이 작전에 참가하였다.

그 모임의 참석자는 김×× 씨, 정×× 씨 등 5명이었다.

2. 빠짐표(□)

글자의 자리를 비워 둠을 나타낸다.

(1) 옛 비문이나 서적 등에서 글자가 분명하지 않을 때에 그 글자의 수효만큼 쓴다.

大師爲法主□□賴之大□薦 (옛 비문)

(2) 글자가 들어가야 할 자리를 나타낼 때 쓴다.

훈민정음의 초성 중에서 아음(牙音)은 □□□의 석 자다.

3. 줄임표(……)

(1) 할 말을 줄였을 때에 쓴다.

"어디 나하고 한번……."

하고 철수가 나섰다.

(2) 말이 없음을 나타낼 때에 쓴다.

"빨리 말해!"

"……."